Charles Henry Benson

Die griechischen christlichen Schriftsteller der ersten drei

Jahrhunderte

Hegemonius

Charles Henry Benson

Die griechischen christlichen Schriftsteller der ersten drei Jahrhunderte
Hegemonius

ISBN/EAN: 9783743676053

Hergestellt in Europa, USA, Kanada, Australien, Japan

Cover: Foto ©Thomas Meinert / pixelio.de

Weitere Bücher finden Sie auf **www.hansebooks.com**

DIE GRIECHISCHEN

CHRISTLICHEN SCHRIFTSTELLER

DER

ERSTEN DREI JAHRHUNDERTE

HERAUSGEGEBEN VON DER KIRCHENVÄTER-COMMISSION

DER KÖNIGL. PREUSSISCHEN AKADEMIE DER WISSENSCHAFTEN

HEGEMONIUS

LEIPZIG

J. C. HINRICHS'sche BUCHHANDLUNG

1906

IN DER REIHENFOLGE DES ERSCHEINENS BAND 16

Druck von August Pries in Leipzig.

HEGEMONIUS

ACTA ARCHELAI

HERAUSGEGEBEN

IM AUFTRAGE DER KIRCHENVÄTER-COMMISSION

DER KÖNIGL. PREUSSISCHEN AKADEMIE DER WISSENSCHAFTEN

VON

CHARLES HENRY BEESON

LEIPZIG

J. C. HINRICHS'sche BUCHHANDLUNG

1906

ACTA ARCHELAI

Einleitung.

Die Acta Archelai[1], die Hauptquelle fast aller abendländischen Berichte über den Manichäismus, sind, wie bekannt, vollständig nur in einer lateinischen Übersetzung auf uns gekommen[2]. Über die handschriftliche Grundlage der lateinischen Fassung, die im Verlauf dieser Einleitung speciell als Acta bezeichnet wird, s. unten S. XIX ff. Hier sei zunächst zusammengestellt, was uns von Nachrichten und Auszügen überliefert ist, die sich auf das mit Sicherheit vorauszusetzende griechische Original der lateinischen Fassung beziehen. Dies Original heiße einstweilen ohne weitere Begründung: Hegemonius und nur da Acta, wo der Gegensatz zwischen Original und Übersetzung nicht scharf betont wird.

1. Die literarischen Zeugnisse.

Cyrill von Jerusalem (Cat. 6, 20 ff.) erzählt vom Aufenthalt des Scythianus in Ägypten, seinen vier Büchern Evangelium, Capitulorum, Mysteriorum und Thesaurus, von seinem Schüler Terebinthus und seinem Tode in Judäa. Nach dem Tode seines Lehrers reiste Terebinthus nach Persien, veränderte seinen Namen zu Budda (die HSS schwanken bei der Orthographie des Namens) und wurde von Priestern des Mithras in einem Streit überwunden. Er floh zu einer Witwe und wurde, während er vom Dache des Hauses die Dämonen der Luft anrief, vom Gotte niedergestürzt und zerschmettert. Die Witwe ererbte seine Bücher und sein Geld und kaufte sich einen Sklavenknaben, den sie erzog. Der Knabe wurde ihr Erbe, nahm den Namen Manes an und ernannte sich zum Paraklet. Er versuchte den kranken Sohn des Königs zu heilen;

---

1) Sowohl dieser als die anderen in der Literatur gebräuchlichen Namen sind nicht überliefert. Wahrscheinlich haben als Titel die ersten Worte der Acta zu gelten: *Thesaurus verus sive disputatio* usw.

2) Vgl. Traube, Acta Archelai, Sitzungsberichte d. k. bayer. Akad. d. Wissensch. 1903, S. 533—549 und Harnack, Chronologie d. altchristl. Literatur Bd. 2, S. 163 f. und 548 f.

der Prinz aber starb und Manes wurde gefangen genommen. Nachdem es ihm gelungen war, zu entkommen, begab er sich nach Mesopotamien, und die Gefängniswärter wurden wegen seines Entlaufens hingerichtet. In Mesopotamien begegnete ihm der Bischof Archelaus, der ihn in einem Redekampf besiegte. Manes floh vor der drohenden Menge nach einem Dorfe, durfte aber nicht dort bleiben, weil er von Archelaus verfolgt wurde. Endlich wurde er vom persischen König gefangen genommen und für den Tod des Prinzen und der Gefängniswärter grausam bestraft. Der Bericht schließt mit der Angabe einiger Lehren des Manes, die im Bericht des Turbo in den Acta nicht enthalten sind. Cyrill berichtet ein Stück der Disputation zwischen Archelaus und Manes, dessen Inhalt jedoch mit den Angaben der Acta nicht übereinstimmt. Von den sechzehn bei Cyrill erwähnten Bibelcitaten finden sich nur drei in den Acta; zwei davon sind solche, die die Manichäer in ihrem Kampfe gegen das Alte Testament gewöhnlich vorbrachten. Es liegt daher die Vermutung nahe, daß Cyrill den Dialog einfach aus dem Gedächtnis niedergeschrieben und nur für die Darstellung des geschichtlichen Teiles den Hegemonius als Quelle benützt habe. Die allgemeine Ansicht — die jetzt aber an Wahrscheinlichkeit verloren hat, seitdem durch Traubes Fund der Schluß der Acta bekannt ist — geht dahin, daß Cyrill eine abweichende oder umfangreichere Fassung benützte als die von den lateinischen Acta wiedergegebene. Diese Frage kann aber hier dahingestellt bleiben, da Cyrill für die Ausgabe der Acta kaum in Betracht kommt.

Sehr wichtig ist das Zeugnis des Epiphanius. Er hat nicht nur ein großes Stück aus dem Hegemonius in sein Panarium (Haer. 66, 6—7, 25—31, in der vorliegenden Ausgabe S. 5—22) wörtlich übernommen, sondern auch den größten Teil seiner Geschichte des Manichäismus aus Hegemonius geschöpft. Sein Bericht zerfällt in vier Teile, die für die Kritik der Acta von verschiedenem Werte sind.

1. Der oben erwähnte wörtliche Auszug, einen Bericht des Turbo, eines Schülers des Manes, über die Lehren seines Meisters enthaltend, darf in den meisten Fällen herangezogen werden, wenn die lateinischen HSS abweichende Lesarten aufweisen, da die Übersetzung des Hegemonius ins Lateinische eine ziemlich wortgetreue ist; das Zeugnis des Epiphanius ist natürlich auch dann zu berücksichtigen, wenn es der ganzen lateinischen Überlieferung gegenübersteht, obgleich sein Wert durch den schlechten Zustand der Überlieferung dieses Teils des Panariums beeinträchtigt wird.

2. Der zweite Teil von Epiphanius' Bericht über den Manichäismus, der die Geschichte des Manes und seiner Vorgänger behandelt, stimmt im

wesentlichen mit den Acta überein, z. B. Cap. 1—5 mit Acta Cap. 62—65;
Cap. 7, 8 mit Acta 5, 6, 14; Cap. 10, 11 mit Acta 14, 43, 53. Doch finden
sich einige Abweichungen; z. B. bei Epiphanius (Cap. 5) läßt Manes
seine Anhänger vor seiner Gefangenschaft nach den Büchern der Christen
suchen, während er dies nach den Acta (Cap. 65) erst während seiner
Gefangenschaft tut. Ferner bringen Epiphanius (Cap. 10) und die Acta
verschiedene Angaben über die Namen und den Stand der Richter (vgl.
im Apparat der vorliegenden Ausgabe zu S. 23, 11). Bei Epiphanius
(Cap. 11) ist es nicht Archelaus (Acta, Cap. 43), sondern Marcellus, der
die Menge beruhigt und das Blutvergießen verhindert; ferner flieht bei
ihm (Cap. 11) Manes nach einem Dorfe Διοδωρίς, wo der Presbyter
Τρύφων wohnt, während in den Acta (Cap. 43) sowohl das Dorf als der
Presbyter Diodorus heißen. Epiphanius (Cap. 11) läßt den Presbyter
nach seiner ersten Disputation mit Manes einen Brief an Archelaus
schreiben und um Rat und Hilfe bitten; Archelaus schickt zwei λόγοι
und rät dem Diodorus, seine Ankunft abzuwarten. In den Acta, die die
beiden Briefe enthalten (Cap. 44—51), ist weder von zwei λόγοι die
Rede, noch von einem beabsichtigten Besuch bei Diodorus.

3. Der dritte Teil (Cap. 32—58) verbreitet sich hauptsächlich über
die von Turbo berichteten Lehren des Manes; Unterbrechungen und Ab-
schweifungen sind ziemlich häufig; eine Menge von Argumenten, Er-
läuterungen und Citaten lassen eine ausgiebige Benützung des Hegemonius erkennen. Dieser Teil ist wertvoll für die Bestätigung der
Lesarten des ersten Teils.

4. Im letzten Teile, etwa einem Drittel des Ganzen, beschäftigt sich
Epiphanius mit den Argumenten des Manes und sucht sie zu widerlegen.
Das Material ist hauptsächlich aus Hegemonius genommen; doch ist
Epiphanius sehr frei damit verfahren und hat viel Eigenes beigesteuert;
sehr oft ist der Zusammenhang mit den Acta nur leise angedeutet. Im
allgemeinen aber deckt sich der Inhalt, und es besteht kaum ein Grund
anzunehmen, Epiphanius habe eine andere griechische Fassung benützt
als die von den lateinischen Acta wiedergegebene [1]. Eine Zusammen-

---

1) Brückner, Faustus von Mileve, S. 33 ff., bespricht das Verhältnis von Epiphanius zu den Acta, mit Angabe einiger Übereinstimmungen. Aber wegen einiger
Verschiedenheiten (besonders bei Epiphanius, Cap. 40, 66, 88, und in dem geschichtlichen Teile) vermutet er, daß Epiphanius (wie Cyrill) eine andere, von dem Original
der lateinischen Übersetzung abweichende Fassung benützt habe; z. B. die Um-
stände des Todes des Scythianus werden ausführlich behandelt (Cap. 3), ebenso die
Reise des Terebinthus nach Persien (vgl. Cyrill, a. a. O. Cap. 23). Nichts wird von
der jungfräulichen Geburt des Terebinthus und seiner Aufziehung auf einem Berge
gesagt (vgl. Acta S. 91, 18); das Alter des Manes (vgl. Acta, Cap. 64) wird nicht

stellung der wichtigsten Übereinstimmungen wird das Verhältnis der
Acta zu diesem vierten Teile des Epiphanius klar machen:

Epiphanius Cap. 59 — Acta Cap. 17ff.: die Frage von *conversibilitas*
und *inconversibilitas* wird besprochen. Epiphanius (Cap. 61) widerlegt
die Behauptung des Manes, er sei der verheißene Paraklet (Acta, Cap. 38 ff.)
und führt dazu 1 Kor. 13, 8. 10 (Acta Cap. 40) an, wobei er dem Manes
vorwirft, er habe nicht vorausgesehen, daß er den Marcellus nicht be-
kehren könne (Acta Cap. 53). Epiphanius (Cap. 67) behandelt den Passus
totus mundus in maligno positus est (Acta Cap. 16); im Cap. 74 wird die
Frage von zwei neuen und zwei alten Testamenten berührt (Acta Cap. 52).
Im Cap. 75 ist das Verhältnis zwischen dem Alten und dem Neuen
Testament erläutert an der Hand der Geschichte des Knaben und dessen
Pädagogen, sowie durch die des ausgesetzten Kindes und seines Retters
(Acta Cap. 46). Epiphanius (Cap. 78) bespricht den Punkt, daß nur die-
jenigen, die in der Zeit der Regierung des Tiberius bis zu der des
Probus leben, erlöst werden können (Acta Cap. 31, 32); in Cap. 80 be-
handelt er das *ministerium mortis* (Acta Cap. 34), und in Cap. 81, 82, 85
die angeblichen Widersprüche des Alten und des Neuen Testamentes
(Acta Cap. 47, 48).

Dieser Teil darf auch in einigen Fällen für die Kritik der Acta
herangezogen werden, z. B.: Epiphanius, Cap. 74 zu Acta, S. 25, 16, und
Epiphanius, Cap. 44, zu Acta, Cap. 28, besonders S. 41, 4.

Auch in De mens. et pond., Cap. 20, gibt Epiphanius einen
kurzen Bericht über Manes.

Hieronymus (De vir. inl. 72) überliefert die folgende Notiz:
*Archelaus episcopus Mesopotamiae librum disputationis suae, quam habuit
adversum Manichaeum exeuntem de Perside Syro sermone composuit, qui
translatus in Graecum habetur a multis. Claruit sub imperatore Probo,
qui Aureliano Tacitoque successerat.* Ob Hieronymus das Werk selbst
gelesen hat, können wir nicht wissen. Harnack meint, a. a. O. S. 163 Anm.,
es sei wahrscheinlich, daß er den ‚Probus‘ aus dem Abschnitte habe,
der Cap. 32 der Acta entspricht.

Heraklian von Chalkedon (bei Photius, Bibl. 85) ist der erste und
einzige, der den Namen des Verfassers angibt: χαταλέγει (d. h. Heraklian) καὶ ὅσοι πρὸ αὐτοῦ κατὰ τῆς τοῦ Μανιχαίου συνέγραψαν ἀθε-

erwähnt (so auch Cyrill). Wegen der ‚durchgängigen Verwandtschaft‘ des Epi-
phaniusberichts mit den Acta möchte Brückner nicht, wie es nahe liegt, auf eine
neue Quelle schließen. Die Frage muß unerledigt bleiben, bis die Quellen des
Epiphanius für die späteren Häresien untersucht sind, wie es Lipsius für die
früheren getan hat.

ὅτι̣τος, Ἡγεμόνιόν τε τὸν τὰς Ἀρχελάου πρὸς αὐτὸν (d. h. Manes) ἀν-
τιλογίας ἀναγράψαντα.

Socrates (Hist. eccl. I, 22) gibt eine aus dem Hegemonius (Cap. 62, 63)
excerpierte Geschichte des Manes und einen kurzen Bericht über dessen
Lehre; am Schluß schreibt er: ταῦτα δὲ ἡμεῖς οὐ πλάσαντες λέγομεν,
ἀλλὰ διαλόγου Ἀρχελάου τοῦ ἐπισκόπου Κασχάρων, μιᾶς τῶν ἐν
Μεσοποταμίᾳ πόλεων, ἐντυχόντες συνηγάγομεν· αὐτὸς γὰρ Ἀρχέλαος
διαλεχθῆναι αὐτῷ φησι κατὰ πρόσωπον καὶ τὰ προγεγραμμένα εἰς
τὸν βίον αὐτοῦ ἐκτίθεται.

Bei den späteren Geschichtschreibern kann eine Benützung der
Acta oder eine direkte Bekanntschaft mit ihnen nicht nachgewiesen
werden.

Die Frage nach den Quellen und der Autorschaft der früheren
Geschichte des Manichäismus, die sich bei Photius, Georgius Monachus,
Petrus Hegumenus und Petrus Siculus findet, und nach deren gegen-
seitigem Verhältnisse ist noch nicht ganz erledigt. Das Material aus
den Acta ist durch Cyrill, Epiphanius und Socrates vermittelt [1].

Zuletzt erscheint die Notiz eines anonymen Schreibers, der um 880
gelebt haben soll (Συνοδικόν, Libellus synodicus, Joh. Pappus, Argen-
torati 1601, Nr. 28, S. 12), deren Angaben aber nicht aus Hegemonius
geschöpft sind. Die Notiz lautet: Σύνοδος θεία καὶ ἱερὰ μερικὴ
συναθροισθεῖσα ἐν τῇ Μεσοποταμίᾳ ὑπὸ Ἀρχελάου ἐπισκόπου Καρχάρων καὶ Διοδώρου ἱερέως, κατὰ Μάνεντος τοῦ ἐρεβώδους καὶ
Διοδωριάδου πρεσβυτέρου, ἥτις πολυτρόπως τούτους ἐλέγξασα ἀπε-
κήρυξε.

2. Das Original. Sprache und Autorschaft.

Über die Sprache, in der das Werk ursprünglich abgefaßt war,
herrschte bis in die jüngste Zeit Streit. Die Annahme eines griechischen
Originals wäre wohl nie in Zweifel gezogen worden, wenn nicht Hieronymus das Syrische als Originalsprache bezeichnet hätte. Die Frage nach
der Sprache hängt mit der nach der Autorschaft zusammen. Läge in
der Schrift ein echter Bericht über eine tatsächlich zu Carchar in Mesopotamien gehaltene Disputation vor, dann hätte die Annahme eines
syrischen Originals die größte Wahrscheinlichkeit für sich. Dies ver-

---

1) Wie bei Cyrill und Epiphanius, fehlen auch bei Photius die jungfräuliche
Geburt und die Aufziehung auf dem Berge. Photius sagt an dieser Stelle nur:
(Contra Manichaeos 1, 12, Migne Gr. 102, 37) ὁ δὲ Τερέβινθος υἱὸν τοῦ θεοῦ ἐκ
παρθένου τε γεννηθῆναι ὀνομάζειν ἀπετόλμησεν. Beide Begebenheiten sind von
den anderen Schriftstellern erwähnt und, wie es scheint, direkt oder indirekt aus
Socrates übernommen.

anlaßte vielleicht Hieronymus, einen Kenner des Orients, seine Behauptung aufzustellen. Wenn man aber die Disputation als erdichtet ansieht, dann erklärt sich die Verlegung des Disputationsortes in ein entferntes Grenzgebiet als ein Versuch, die Begegnung des Archelaus und Manes wahrscheinlich zu machen: Schlüsse über die Ursprache dürfen dann aus der Ortsangabe nicht gezogen werden. Daß der Verfasser die Gegend von Mesopotamien nicht genau kannte, beweisen seine geographischen Angaben.

In früher Zeit scheint niemand an der Ursprünglichkeit des Berichtes gezweifelt zu haben. Die Autorschaft des Hegemonius blieb unbekannt, oder er wurde nur für den Stenographen gehalten und nicht näher beachtet.

Daß Cyrill, Epiphanius und Socrates einen griechischen Text benützten, ist ziemlich sicher; es ist nur fraglich, ob es mehr als eine griechische Fassung gab und wie die Versionen in den anderen Sprachen (z. B. die arabische Version vom Bischof Severus bei Renaudot, Hist. Patriarch. Alexandr. S. 40—48, und die koptische, excerpiert in englischer Übersetzung von Crum, Proceedings of the Society of Bibl. Archaeology, 1902 p. 68 ff.)[1] sich zur griechischen Fassung verhielten.

Der erste Versuch, das Original und die Autorschaft zu bestimmen, wurde von Zacagni in der Einleitung zu seiner Ausgabe der Acta (Rom, 1698) gemacht. Er versuchte die widersprechenden Angaben des Heraklian und Hieronymus durch die Annahme in Einklang zu bringen, Archelaus habe zunächst einen Bericht über seine Disputation geschrieben, diesen Bericht habe Hegemonius umgearbeitet und mit Einleitung, Epilog usw. versehen, wobei er die Acta vielleicht zu gleicher Zeit ins Griechische übersetzte. Zacagnis Ansichten wurden von Beausobre (Manichéisme, I. 1734) bekämpft, der sowohl die Echtheit der Disputation als auch die Existenz eines syrischen Originals in Abrede stellte. Seitdem haben beide Meinungen ihre Vertreter gefunden, doch geht in der letzten Zeit die communis opinio dahin, daß das Werk von Hegemonius erdichtet sei, und es wird wohl nur wenige geben, die jetzt noch an das Vorhandensein eines syrischen Originals glauben. Der letzte Versuch, die Behauptung des Hieronymus zu verteidigen, wurde von Kessler (Mani, 1889) unternommen. Dieser hat zwar auf Grund sprachlicher Indicien die Behauptung des Hieronymus zu verteidigen gesucht, doch kann sein Versuch nicht als gelungen bezeichnet werden (vgl. Nöldeke, Ztschr. d. deutschen morgenl.

---

1) Crum macht darauf aufmerksam, daß Renaudot viele interessante Stellen ausgelassen hat. Die Verschiedenheiten, die besonders bemerkenswert in der Geschichte des wohltätigen Marcellus sein sollen, werden sich herausstellen, sobald die neue Ausgabe von Evetts erschienen sein wird.

Gesellsch. Bd. 43, 1889, S. 537 ff. und Rahlfs, Gött. gel. Anz. 1889, S. 927 ff.). Auch scheint Kessler selbst seine Ansichten nicht mehr im vollen Umfange aufrecht zu halten, da er in der neuen Auflage der Realencyklopädie f. prot. Theol. u. Kirche, Bd. 12, S. 193 ff. sagt, daß die griechische Vorlage vielleicht selbst nicht die Urschrift ist, sondern wenigstens in ihren Bestandteilen, namentlich wegen sprachlicher Indicien, auf ein syrisches Original zurückgeht.

Die Fragen, die sich an die Abfassung des Werkes knüpfen und die Kessler hier berührt, können an dieser Stelle nicht behandelt werden. Daß Hegemonius echte alte Urkunden benützte, ist längst anerkannt, aber wie er sie benutzt hat, wie viel Eigenes er hinzugefügt hat, in welcher Sprache sie verfasst waren, das alles sind noch umstrittene Fragen. Es genügt, hier auf die Abhandlungen von Zittwitz (Ztschr. f. d. hist. Theol., 1873, S. 467 ff.), Oblasiński, (Acta disp. Archelai cum Manete, Leipziger Dissertation, 1874) und Rochat (Essai sur Mani et sa doctrine, Genève, 1897), die auch die ältere Literatur berücksichtigt haben, zu verweisen. Neuerdings hat Ficker (Petrusakten, 1903) die Benützung der Petrusakten durch Hegemonius nachgewiesen, und seine Gegenüberstellung der Acta Archelai (S. 4,11—17) und der Petrusakten (Cap. 8, Lipsius, S. 54, 55), *nemo fuit tam sapientior inter homines, quam hic Marcellus, viduae omnes sperantes in Christo ad hunc refugium habebant: omnes orfani ab eo pascebantur. quid plura, frater? Marcellum omnes pauperi patronum vocabant; cuius domus peregrinorum et pauperorum vocabulum habebat,* wirft ein helles Licht auf die Arbeitsweise des Hegemonius und liefert, beiläufig bemerkt, eine sehr willkommene Bestätigung der Lesart der Traubeschen HS *et quid amplius . . . cognominatus est* (S. 4, 15, 16), die in dem Codex Casinensis fehlt, und eine Erklärung des *Marcellus vetus* der Acta (S. 4, 11. 12). Außer dieser Stelle, die Hegemonius wörtlich aus den Petrusakten übernommen hat, führt Ficker noch andere an, bei denen er einen Anklang an die Petrusakten konstatieren zu können glaubt. Die Acta haben übrigens einen sehr geringen literarischen Wert; man beachte, wie unvollständig die Idee einer Disputation durchgeführt ist und welche erbärmliche Rolle Manes darin spielt. Man darf daher bei dem Versuch, verschiedene Bestandteile scharf zu unterscheiden, kein zu großes Gewicht legen auf den Mangel an Zusammenhang und Einheit und auf die verschiedenen Inconsequenzen, die klar zutage treten.

Der Entstehungsort des Werkes läßt sich nicht mit Sicherheit feststellen. Die Hoffnung Nöldekes (‚ob es aus Ägypten oder etwa aus Kleinasien oder sonst woher stamme, wird vielleicht noch einmal ermittelt werden') können wir immer noch hegen. Als Abfassungszeit

nimmt man die erste Hälfte des vierten Jahrhunderts an; Harnack ist
geneigt, sich für postnicänische Zeit zu erklären und die Heimat der
Schrift in Syrien zu suchen.

Die Stadt, in der angeblich die Disputation stattfand, kann nicht
ermittelt werden. Die Annahme, es sei Carrhä gemeint, findet keine
Stütze in den Acta. Zacagni verwertet zum Beweise dafür fälschlich
eine Lesart seiner HS *charram* (S. 4, 4), aber die neue HS hat an dieser
Stelle *carcaram*, freilich nicht dieselbe Form wie auf S. 1, 2, aber doch
eine leicht erklärliche und im Zusammenhang mit der im Griechischen
überlieferten Form verständliche Lesart.

3. Die lateinische Übersetzung.

Wenn auch über die Frage, in welcher Sprache die Acta zuerst
abgefaßt wurden, die Meinungen stets auseinandergingen, so hat man doch
nie daran gezweifelt, daß der lateinische Text eine Übersetzung aus dem
Griechischen ist. Zacagni hat schon auf die Vertauschungen von ἀνήϱ
und ἀήϱ (S. 13, 11. 25), von λιμός und λοιμός (S. 15, 2. 17) und auf die
Erklärung von griechischen Wörtern durch die entsprechenden lateinischen
(z. B. *cubum quod nomen est aleae* S. 93, 20) und *apocrusin*, *detrimentum*
(S. 13, 19) aufmerksam gemacht. Man braucht ja nur wenige Zeilen
des bei Epiphanius griechisch und in den Acta lateinisch überlieferten
Textes miteinander zu vergleichen, um den Sachverhalt klar zu erkennen. Die Übersetzung kann im allgemeinen als ziemlich treu bezeichnet werden. Der griechische Text ist größtenteils wortwörtlich
übersetzt, wobei oft der Geist der lateinischen Sprache verletzt wird.
Die Sprachkenntnis des Übersetzers war nicht sehr groß; er hat das
Griechische vielfach nicht verstanden und falsch übersetzt[1], aber die
Schwierigkeit des Stoffes und die Unklarheit des Stils entschuldigen
einigermaßen seine Fehler. Man darf auch annehmen, daß es schon in
seiner Vorlage nicht an Textverderbnissen gefehlt hat, die seine Aufgabe
erschwerten.

Die Latinität der Übersetzung zeigt im allgemeinen dieselben Züge
wie andere Übersetzungen jener Zeit. Für die Einzelheiten des Sprachgebrauches verweise ich auf das lateinische Wortregister am Ende des
vorliegenden Bandes.

Die Methode der Übersetzung läßt sich ganz gut aus einem Vergleich mit den Citaten des Epiphanius erkennen. Die Irrtümer und

---

1) Dieser Punkt ist bei der Textkritik der Acta nicht außer acht zu lassen.
Viele Fehler, die man als Textverderbnisse erklären möchte, sind vielmehr als
falsche Übersetzungen anzusehen. Einige solche habe ich im Apparat angeführt.

Abweichungen sind zwar meistens im kritischen Apparat angegeben, aber eine Zusammenstellung der wichtigsten von ihnen wird einen klaren Überblick gewähren:·

Paraphrase und freie oder erweiterte Übersetzung, um Einfachheit und Klarheit zu gewinnen, z. B. S. 13,28; 14,15—17. 19. 20. 23. 24; 15,18. 19; manchmal hat der Übersetzer, wo er das Griechische nicht verstand, den Sinn ganz verändert, z. B. S. 21,25—30.

Einschiebungen und Erklärungen, z. B. *id est in* ... *humeris* 11,22; *vel germina* 12,18; *id est sol* 12,29; *detrimentum* 13,19; *quod gerit* 13,23; *post eam* 14,20; *quam plantaverat* 16,22; *dicunt* 17,21; *praeter* ... *mundos* 17,21—22; *et illi dicunt* 17,23; *ille dicit* 19,23; *inquit* 19,24; *id est* 20,27—28; *quae obicitur* 21,23—24. Danach möchte man lieber glauben, daß der Satz auf S. 37,14 *quae* ... *vocatur* auch eine Zutat des Übersetzers ist, und nicht, wie Zacagni meinte, ein Beweis für die Annahme eines syrischen Originals.

Dubletten: der Übersetzer selbst scheint zwei Versionen einiger Stellen vorgeschlagen zu haben, obgleich es möglich ist, daß vielmehr die Tätigkeit eines späteren Schreibers anzunehmen ist, z. B. S. 11,15—16; 15,23; 16,16; 17,24, und vielleicht *ex his eorum* 46,28.

Ein unklares oder mattes Wort ist durch einen bestimmten oder prägnanten Ausdruck ersetzt, sehr oft zum Nachteil der Genauigkeit; auf dieses Streben des Übersetzers nach Klarheit sind zweifellos manche Irrtümer zurückzuführen, z. B. μηχανήν = *rotam* 12,14. 27, aber = *molam* 17,5. 18; λαβών = *adimens* 13,1. 12,29; εὐσέβειαν = *alimenta* 16,11. 25, aber = *misericordias* 16,12. 26; βῶλον = *animam* 21,7. 23, aber = *massam* 19,4. 17. Wie consequent er aber im allgemeinen ist, zeigt das griechisch-lateinische Wortverzeichnis am Ende der vorliegenden Ausgabe.

Nicht verstandener und mißverstandener Zusammenhang [1], z. B. S. 9,11. 18; 16,10. 24; 17,12. 25; 18,1. 15; Irrtümer: αὐτῶν = *eius* 11,6. 19 (Beausobre zieht die Lesart der Acta vor, aber vgl. Epiphanius Cap. 48); οὕτως ... κυκλεῦσαι = *ea* ... *circuire* 11,8. 20; ἀπ' ἀρχῆς 15,12. 26; φύσεων = *luminarium* 22,1. 9.

Auslassungen kommen sehr selten vor. In den meisten Fällen handelt es sich um Pronomina, Präpositionen und Conjunktionen, wo es gewöhnlich unmöglich ist zu entscheiden, welche Version vorzuziehen ist. Wie es scheint, ist κατὰ σύστασιν (S. 10,3) nicht, wie Zittwitz und Oblasiński meinen, ausgelassen, sondern irrtümlicher Weise durch *acciderit ut* übersetzt.

In einigen Fällen ist es klar, daß der Übersetzer einen von Epi-

---

1) Vgl. auch 57, 24. 25.

phanius abweichenden griechischen Text vor sich hatte, und bisweilen
kann der Text des Epiphanius danach verbessert werden, z. B. S. 9,
17. 23; 10, 6. 20; 11, 9. 21; 13, 6. 20; 18, 3. 17; 18, 4. 18; 19, 1. 15; 20, 4. 22.

Über die Zeit und den Ort der Übersetzung vgl. Traube, a. a. O.
S. 547, 548 und Harnack a. a. O., S. 548, 549.

Da man annahm, der Übersetzer habe den Anhang, der sich in
Traubes HS am Schluß der Acta findet und einen Ketzerkatalog enthält, selbst verfaßt, so schloß man aus inneren Gründen, die Übersetzung sei ums Jahr 400 in Rom angefertigt worden. Ich glaube nach
einem eingehenden Vergleich des Sprachgebrauches der Acta und dieses
Ketzerkataloges beweisen oder wenigstens sehr wahrscheinlich machen
zu können, daß der Anhang nicht von dem Übersetzer herrühren kann.
Zwar ist das Material für eine solche Vergleichung nicht sehr umfang-
reich, und die Tatsache, daß der eine Teil eine Übersetzung, der andere
eine freie Schöpfung ist, erschwert die Aufgabe; aber eine Summe verschiedener geringfügiger Indicien scheint dagegen zu sprechen, daß der
Übersetzer den Anhang verfaßt hat [1].

Dadurch wird der Beweis hinfällig, daß die Übersetzung in Rom
entstand, weil es möglich wäre, daß sie anderswo (z. B. in Afrika, worauf
Traube 'mit leiser Vermutung' hingewiesen hat) bewerkstelligt sein
könnte und erst in Rom ihren Anhang erhalten hätte. An der von
Harnack angenommenen Übersetzungszeit kann man kaum rütteln, weil
eine frühere Datierung wegen des von Hieronymus gegebenen terminus
a quo (392) unmöglich ist. Auch scheint es nicht unwahrscheinlich,
daß der Ketzerkatalog sich nicht zufällig mit der Übersetzung verbunden habe, sondern von vornherein für diese berechnet sei, zugefügt
vielleicht von einem der ersten Leser. Dann wären also die Acta, gleich-
viel wo und wann sie verfaßt worden sind, doch schon um 400 in Rom
gewesen [2].

Nimmt man an, daß die Übersetzung vor 392 entstanden sei, ohne daß
Hieronymus Kenntnis davon gehabt hätte, so könnte man doch kaum
in viel frühere Zeit zurückgehen. Möglich bleibt immer die Vermutung

---

1) Vgl. das lateinische Wortregister am Ende des vorliegenden Bandes; die
Wörter, die nur im Anhang vorkommen, sind mit * gekennzeichnet; einige Abweichungen in Wortbedeutung und Sprachgebrauch werden angeführt unter *a*, *addo*,
alter, *aeones*, *disrutio*, *modicum*, *multum*, *quippe*, *quod*, *sic*. Im Anhang liest man
Maron und *Valentinus*, aber in den Acta richtig *Marcion* und *Valentinianus*;
im Anhang *Mytram* und *Mytras*, in den Acta immer *Mitra*.

2) Daß der Ketzerkatalog in der sehr alten Vorlage von *CM* stand, macht
schon allein die Schreibung *IS* für *Iesus* (vgl. unten S. XXXVII) wahrscheinlich.

Harnacks, nämlich daß die Übersetzung in Zusammenhang mit der Notiz des Hieronymus steht und vielleicht auf dessen Anregung unternommen wurde.

4. Die Handschriften[1].

(*A*) Mailand, Ambros. O. 210. Sup., im Ausgang des sechsten Jahrhunderts[2] in Halb-Unciale geschrieben, ist aus Bobbio nach Mailand gekommen und trägt die alte Nummer 20 (= 20 des im Jahre 1461 verfaßten Katalogs von Bobbio, den Peyron in seiner Ausgabe der Fragmente von Ciceros Reden, Stuttgart u. Tübingen, 1824, S. 5 u. 128, veröffentlicht hat). Die HS enthält auf fol. 33ᵛ—46 zwei Auszüge aus den Acta (= Cap. 4—14 und 46—52 der vorliegenden Ausgabe), die zuerst von Valesius in seiner Ausgabe der Kirchengeschichte des Socrates und Sozomenus (Paris, 1668) hinter den Observationes gedruckt wurden. Valesius war von Emery Bigot darauf aufmerksam gemacht worden, der anscheinend zu gleicher Zeit die Auszüge seiner Collectanea — jetzt Collectanea Bigotiana Nr. 3089 in dem Inventaire d. mss. grecs de la bibl. nat. von Omont — einverleibt hat. Zacagni hat die wichtigsten Lesarten des Valesius in seine Ausgabe der Acta übernommen. Ich habe die HS im Frühjahr 1905 in Mailand collationiert.

Die Blätter (25×19) des älteren Teiles der HS haben 32 bezw. 33 Langzeilen, die mit einem blinden Griffel vorgezogen sind. Der Schriftraum ist durch senkrechte Linien vom Rande getrennt. Die Tinte ist die schöne braune der älteren HSS, doch ist sie sehr oft verblichen. Das Pergament ist teils fein und weich, so daß die Tinte oft zerflossen ist und die Buchstaben sehr schwer zu lesen sind, teils dick und roh. Der Umfang der Lagen ist verschieden. Die erste, zweite und vierte sind Quaternionen; die dritte ist ein Quinio, dessen zweites Blatt herausgeschnitten ist; das Blatt 39—39ᵛ steht allein; die sechste Lage ist ein Quaternio, dessen erstes Blatt fehlt. Die Signaturen stehen auf der letzten Seite, unten in der rechten Ecke: sie fehlen in der zweiten und in der letzten Lage. Eine Lage, ursprünglich die fünfte, ist verloren gegangen. Zu diesem ursprünglichen Bestandteile des Codex ist später ein ebenfalls in Halb-Unciale geschriebener Quaternio hinzugefügt worden, der einen Teil eines Briefes des Papstes Gelasius enthält. Vgl. auch Reifferscheid, Bibl. patr. lat. Bd. 2, 94—96, und Ficker, Studien zu Vigilius von Thapsus (Leipzig, 1897), S. 59.

---

1) S. auch Traube a. a. O.

2) Die Angabe von O. Seebass (Centralblatt f. Bibliothekswesen, Bd. 13, 66), daß diese HS dem IX/X. Jahrhundert angehöre, ist wohl nur ein Versehen; er scheint sie selbst nicht gesehen zu haben.

Die Abkürzungen sind: q, b, $\overline{ihs}$, $\overline{xps}$ (auch $\overline{xpianus}$), ds, $\overline{dns}$, scs, $\overline{eps}$, $\overline{omnps}$ und $\overline{n}$ (= $noster$), $\overline{ni}$ usw. Der m-Strich kommt häufig auch innerhalb der Zeile vor; zuweilen steht er für n. Die Schrift ist im allgemeinen regelmäßig, weist stellenweise Kursiveinfluß auf, z. B. offenes a, kleines o, und l longa mit einer geschlossenen Schleife versehen; einige Ligaturen zeigen denselben Einfluß, z. B. ael, al, ep, ob, ol, od, ri, ro, st, te; andere Ligaturen sind: ae, dns, et, ru, tu, ul, um, up, ur, us, ut; das u steht oft über der Zeile.

Als Interpunktion sind Punkt und Komma verwendet. Größere Buchstaben kommen sehr oft am Anfang eines Satzes vor und sind manchmal ein wenig über den Schriftraum herausgerückt. Die Orthographie ist ziemlich unregelmäßig und läßt auf einen unwissenden, ungebildeten und nachlässigen Schreiber schließen. Um seine Art zu zeigen und zugleich den Apparat möglichst zu entlasten, lasse ich die Einzelheiten seiner Schreibweise hier folgen: ae ist meistens beibehalten, also *aegyptum*, *aegyptii*, *iudaeus*, *saeculum*, *haec*, *quae* (aber dreimal steht q, d. h. *que*), *prae* (*pre* einmal): dagegen immer *demon*, *hereditas*, *heresis*, *pedagogus*, *exceco*, *lxlit*; unregelmäßig steht *manicaei* S. 10,29; *maniceo* 5,13; *maniceus* 5,25; *manicheo* 8,17; unrichtig *aelectis* 16,27; *praesbytero* 67,6; *quae* (für *que*) 74,5; *dilectissimae* 67,7; *adpraehendere* 14,18; *ieiunabit* 75,9. 10; *adprimae* 23,10; *cotidiae* (*cottidiae* 20,27) immer; *dilucidae* 9,10; *indiscraetae* 6,30 (aber *indescretos* 6,24); *saed* 70,14.

ae, oe, e: *poenas* 16,20; *paenis* 16,25; *quepit* 68,6; *queperunt* 74,11; *quaeperunt* 74,13; *ceptus est* 74,12.

e, i (die häufigen Abweichungen bei Flexionsendungen sind im Apparat verzeichnet): *debetorem* 68,3; *lapidebus* 72,9; *dilegens* 69,1; *descedebat* 9,7; *descutere* 74,18; dagegen *pistilentia* (später corrigiert) 15,17; *princips* (später corrigiert) 14,25; *profitia* 73,26; *discendere* 69,4; *distruo* immer; *pervinisset* 7,23; *praeciperat* 70,7.

o, u: verwechselt bei Casusendungen, s. Apparat; *prodentissimus* 23,6; *edocauerat* 68,11; *notrire* 68,6; dagegen *intruducit* 9,20; *prudeest* 70,27.

b, p: immer *scribtura*, *scribsi*, *scribtus* usw.

c, ch: *arciater* 23,10; *archilaus* usw. 22,17. 18. 20; 23 2; 67,6; *arcilaus* usw. 5,21; 8,6; 9,8; *catecumenorum* 16,26; *cristeanorum* 5,13.

c, g: *docma* immer.

c, qu: s. *quepit* usw.; vgl. oben unter ae, oe, e.

t, d: *quod* (= *quot*); *inquid* immer; *ad* (= *at*) immer; *adque* immer; dagegen *aliut* 76,18; *illut* immer; *ipsut* 19,21; *aput* immer.

f, ph: ph wird fast stets durch f ersetzt, also *farao*, *farisaei*, *gazofilacium*, *profeta* (*prophetis* 18,26; 21,17); aber immer *spera* statt *sphera*.

h: ausgelassen, *olera* 15, 29; *aurio* immer; *exorrescere* 68, 2; *aduc* 67, 26; dagegen *honore* (= *onere*) 13, 19; *honus* 13, 23; *exhonerari* 13, 20; *horti* 15, 26.

m ist sehr oft beim Accusativ weggefallen, und beim Ablativ hinzugefügt (s. S. XXXVIII, XL).

p: unregelmäßig *sumsi* 8, 18 und *sumpsit* 12, 19; *adsumtum* 68, 13.

s: ausgelassen, *exemet* 9, 19; 76, 12; *trangan* 4, 21; *intruxerat* 5, 11; statt *x*, *escitati* 14, 19; dagegen *detextanda* 72, 1.

t, *th*: *sathanae* 7, 21; *thunc* 10, 24; 12, 17; 21, 21 (vgl. *ttunc* 23, 14); *retores* 23, 11; *retoricae* 23, 9; statt *s*, *excelltiores* 23, 15.

Betacismus: *certabit* 76, 1; *iaeiunabit* 75, 8. 10; *inperabit* 75, 24. 25; *saluabit* 75, 4; dagegen *ciuos* 68, 2; *ciuum* 69, 3; *guuernatores* 21, 27; *bilissimae* 72, 2; *alligauit* 73, 18; *guuernentur* 69, 9; *suscitauit* 73, 22; 74, 26.

Andere Irrtümer: *hosptiis* 5, 15; *saluotoris* 7, 19; *eclesiastica* 67, 9 (vgl. auch S. XXXVIII—XLI).

Assimiliert sind die folgenden Wörter: *accedo, accendo, accipio, accitus, adimpleo* (*adinpleo* 18, 21), *agnosco, ascendo, assero, collega, colligo* (und *conligo*), *comm-, comparo, comperio, corripio, corrumpo* (und *conrumpo*), *occ-, succedo, suff-, circundo* einmal.

(*T*) Turin, Bibliothek des Hofarchivs, I. b. VI. 28, im sechsten oder siebenten Jahrhundert geschrieben, war ebenfalls früher in Bobbio und trägt die Nummer 67 (= 67 in dem Verzeichnis von 1461; s. Peyron a. a. O. S. 21, 177). Die HS ist in Unciale geschrieben, außer den fol. 61ᵛ/62, die eine kurze, aus den Acta (S. 90, 22—95, 20) gezogene Geschichte des Manes enthalten und in Halb-Unciale geschrieben sind. Für die Beschreibung der HS s. Reifferscheid a. a. O. S. 140 ff, Mommsen, Chronica Minora, Bd. I, 156, und Brandt, S. LXXVI f. der Prolegomena seiner Ausgabe des Lactanz; Abbildung bei Vayra, Curiosità e ricerche di storia subalpina, Bd. 3, S. 350 (Turin, 1879), und bei Cipolla, Monumenta palaeographica sacra, tav. 7.

Lagarde (Septuaginta-Studien, zweiter Teil, S. 4, 1892) meint, im Widerspruch mit Holder, Reifferscheid und Studemund, die Uncialschrift sei 'eine künstliche', und die HS müsse später datiert werden, weil die Geschichte des Manes (fol. 61ᵛ/62) in 'Minuskeln' geschrieben sei; sie könne daher nur in einer Zeit, in der Minuskel die gebräuchliche Schriftart war, entstanden sein. Aber der betreffende Abschnitt ist nicht in Minuskel, sondern, wie oben gesagt, in Halb-Unciale geschrieben; die Uncialschrift ist keine spätere künstliche Nachahmung; auch spricht die Art der Abkürzungen gegen eine spätere Datierung. Der Gebrauch der Halb-Unciale erklärt sich wohl dadurch, daß der Schreiber in dem erwähnten Passus einfach die Schrift seiner Vorlage wiedergegeben hat.

Die Geschichte des Manes wurde zuerst abgedruckt bei Pfaff,
S. 182—184 seiner Ausgabe der Epitome des Lactanz (Paris, 1712);
später bei Fabricius, S. 196 seiner Ausgabe des Hippolytus (Hamburg, 1718),
dessen Text Gallandius, Migne und Routh in ihre Ausgaben aufnahmen;
Fleck veröffentlichte das Stück, ohne von den Arbeiten Pfaffs und
Fabricius' Kenntnis zu haben (Wissenschaftliche Reise, II, 3, S. 202,
mit Abbildung, Taf. 2, Leipzig, 1837); zuletzt publizierte sie Reifferscheid a. a. O., unabhängig von seinen Vorgängern. Ich lasse das Stück nach
Photographien, die ich Professor Traube verdanke, noch einmal drucken.

Scitianus quidam fuit ex genere sarracenorum a quo | heresis manicheo-
rum orta est qui aduersus ueram rectamq. fidem | quattuor libros conscribsit
quorum unum uocauit mysterium | secundum capitulorum tertium euange-
lium quartum uero | librum thensaurum appellauit. et habuit discipulum
5 *nomine | terebintus qui discipulus mortuo sciliano sumens memora|tos qua-*
tuor libros nec non et pecuniam non paruam quoniam | fuit scilianus ualde
ditissimus erat. ergo ut memorabimus | terebintus deuenit in persida et a
quadam uidua solitaria | susceptus est que sola secta eius scire potuit hic
elatione tu|midus dicebat se de uirgine natum et ab angelo in montibus | enu-
10 *tritum. qui etiam mutato sibi nomine baiddam[1] se pro te|rebintho appellauit.*
sed cum quadam die in solario ascenderet | ab inmundo spiritu exinde deiec-
tus repente spiritum reddidit. tum | uidua quae eum susceperat pro morte
eius pecuniae cupidita|te gauisa puerum sibi pro senectutis solacio compa-
rabit | nomine curbicius quem et litteris non mediocribus | erudiuit post cuius
15 *mortem non solum libros quos terebin tus relinquerat sed et pecuniam cur-*
bicis sumens. tres si|bi discipulos adquisiuit quorum unus thomas. alius
abda | tertius est hermas hos ad predicandum libros quos scitia|nus conscrib-
serat p̄ millebat per quibus plurimae prouin|ciae in memorata secta inretitae sunt.
tamen et ipse cur|bicius post mortem uiduae inmutato sibi nomine manen|
20 *se pro curbicium nuncupauit qui aliquando a rege persarum | conprehensus*
tali sententia damnatus est ut hircorum | mortem (zu more corr.) discoriatus
uter eius ad portam penderet carnes | uero eius uolucribus caeli ad escam pro-
ficerent haec ita | esse melius nosse cupientes (i übergesch.) archelaum legant.

Die erste Zeile ist in Unciale, die übrigen sind in sehr schöner
Halb-Unciale geschrieben. Die Abkürzungen sind: *q.* (Z. 2), *spu* und
spm mit Strich darüber (Z. 11 und 12). Der *m*-Strich kommt nur am
Zeilenende vor (Z. 2. 3. 20. 21). Als Interpunktion dient der Punkt; doch
werden die Wörter gewöhnlich nicht getrennt. *a* hat immer, *b* und *g*
haben einmal die Uncialform; *l* longa kommt nur nach *t* und *r* vor; die
einzigen Ligaturen sind *-ret* (Z. 11. 22) und *-rtem* (Z. 15. 19. 21).

---

1) Die Lesart ist nicht sicher; vielleicht ist *ai* zu *u* corrigiert.

(*C*) Montecassino 371 wurde im XI/XII Jahrhundert in beneventanischer Schrift geschrieben, enthält auf fol. 1ᵛ/65ᵛ den Commentar des Presbyters Philippus zu Hiob (Abdruck im Spicilegium Casinense III, 1897, 335—417, mit Abbildung Taf. IV) und auf fol. 66/113ᵛ die Acta Archelai. Zacagni hatte gelegentlich eines Besuches in Montecassino diese HS gesehen und eine Abschrift davon anfertigen lassen, die er für die erste Ausgabe der Acta in seinen Collectanea monumentorum veterum Bd. I. S. 1—105 (Rom 1698) benützte. Ich habe sie im Frühjahr vorigen Jahres in Montecassino collationiert.

Die Blätter (24,5×16,8) haben 28 (im ersten Teile 30) Langzeilen, das Blatt 98—105 ausgenommen, das nur 27 Zeilen hat. Senkrechte Linien trennen den Schriftraum vom Rande.

Die Tinte ist gewöhnlich schwarz, erscheint aber oft gelblich, besonders wenn sie dünn aufgetragen ist; einige Seiten sind ganz mit gelber Tinte geschrieben, die sehr oft verblichen oder abgesprungen ist, wie es ja häufig gerade bei cassinesischen HSS dieser Zeit vorkommt.

Ornamentik fehlt fast vollständig. Im ersten Teile sind zwei Initialen (1ᵛ, 2) und Unterschriften rot geschrieben; im zweiten Teile ragt der erste Buchstabe durch seine Größe hervor und ist mit Rot und Grün verziert.

Die Ränder des größtenteils feinen Pergaments sind beim Binden beschnitten worden, wobei einige Randbemerkungen verloren gingen. Quaternionensignaturen finden sich nicht; in Anbetracht des breiten unteren Randes kann man annehmen, daß sie wohl nie vorhanden waren.

Außer den letzten Lagen der beiden Teile waren alle ursprünglich Quaternionen. Die erste Lage ist vielfach ausgebessert worden; das Blatt (Schmutzblatt), das dem Blatt 7 entspricht, fehlt; bei der sechsten Lage ist ein weiteres Blatt (Blatt 43 entsprechend) verloren gegangen; die neunte Lage (63—73) ist in seinem jetzigen Zustand ein Septenio, dessen letzte drei Blätter (63, 64, 65 entsprechend) herausgeschnitten sind. Mit fol. 66 fängt die 28-zeilige Linierung an. Daher haben wir zwischen den beiden Teilen des Codex keine Lücke anzunehmen, doch war der erste Teil schon zur Zeit des Zusammenbindens am Ende verstümmelt; die letzte Lage ist in ihrem jetzigen Zustand ein Quaternio, aber, wie Traube hervorhebt, geht aus Reifferscheids Beschreibung klar hervor (s. 422 a. a. O.), daß eine äußere Verletzung des Codex vorliegt. Wie viele Blätter verloren gegangen sind, ist fraglich. Zwischen 105 und 106 ist der Rest eines Pergamentstreifchens, das einst zur Befestigung des verlorenen Blattes 114 gedient hat, noch erhalten; ob noch ein zweites Blatt fehlt, hängt von der ursprünglichen Größe des Codex ab. Wenn die HS mit der Subscriptio *Ego Egemonius* usw. schloß, die wir in Traubes HS finden, so fehlt nur ein Blatt; wenn sie aber auch den Anhang enthielt (und daß der Anhang schon in der sehr alten Vorlage von *CM* vorhanden war, ist nicht zu bezweifeln, s. S. XVIII, Anm. 2), so sind zwei Blätter des ursprünglichen Codex nicht auf uns gekommen; aber in letzterem Falle wäre die letzte Lage wohl nicht ein Quaternio plus zwei Blätter, sondern ein Quinio gewesen.

Höchst wahrscheinlich ermöglichte es die Hegemonius-Subscriptio einem Schreiber des vierzehnten Jahrhunderts, den Nachtrag *vel manes scripta ab emogenio* (?) *presbytero* zu der auf S. 66 mit roter Tinte geschriebenen Überschrift *Disputatio archelay et manychei* hinzuzufügen. Zwar ist die Lesart *emogenio* nicht absolut sicher; man kann, falls ein Strich nach dem *g* nicht ein Versehen ist, vielleicht *emogrenio* lesen, und statt *ni na* erkennen; doch sprechen stärkere Gründe für die Lesart *emogenio*, eine Form, die höchst wahrscheinlich durch eine Art Metathesis aus *egemonio* entstanden ist. Sicher ist die Lesart Reifferscheids, *anonymo*, falsch. Es wäre doch auch merkwürdig, wenn ein Schreiber bei einer Disputation, nach deren Echtheit und Verfasser zu forschen er von vornherein keinen Anlaß hatte, nachträglich den Verfasser als anonym bezeichnet hätte; vielmehr darf man annehmen, daß er gerade deswegen, weil er die Hegemonius-Subscriptio auf fol. 114ᵛ sah, die Überschrift durch die Angabe des Verfassers (oder vielleicht, seiner Ansicht nach, nur des Stenographen) vervollständigen wollte.

Wie es scheint, waren im zweiten Teile des Codex sieben Schreiber tätig. Der erste schrieb fol. 66—78ᵛ, Z. 16 (S. 1—33, 28 meiner Ausgabe). Auf 78ᵛ, Z. 16—89ᵛ, dem Ende eines Quaternios (= S. 33, 28—53, 4), erkennen wir die Hand eines zweiten Schreibers, der auch eine andere Tinte benützte; bei den letzten Seiten dehnte er seine Schrift aus, damit der ihm zugeteilte Text bis zum Ende des Quaternios ausreiche. Der dritte Schreiber schrieb 90 (= S. 53, 4—29); der vierte 90ᵛ, Z. 1—18 (= S. 53, 29—54, 14) mit einer dünnen, braunen, verblichenen Tinte; der fünfte 90ᵛ, Z. 18—28 (= S. 54, 14—24); der sechste 91 (= S. 54, 24—55, 22) in etwas zusammengedrängter Schrift, und der siebente 91ᵛ bis zum Ende. Dieser Wechsel der Schreiber, schon durch äußerliche Indizien erkennbar, läßt sich mit Sicherheit feststellen, wenn man die Orthographie und die Abkürzungsweise der einzelnen aufmerksam verfolgt. Möglicherweise ist der dritte oder der fünfte Schreiber mit dem letzten identisch; auch kann man daran denken, für fol. 91—113ᵛ mehrere Hände anzunehmen, da die Art der Formen und Abkürzungen hier schwankt. Doch spricht die größere Wahrscheinlichkeit gegen diese Möglichkeiten und für die Annahme von sieben Schreibern.

Die Abkürzungen sind die im beneventanischen Schriftkreis jener

Zeit gebräuchlichen; neben *t*; (= *tus*) verwenden der vierte und sechste Schreiber auch *t* mit einem über der Zeile stehenden Haken; der letztere Schreiber *t* mit darübergeschriebenem *s*; neben dem gewöhnlichen *m*-Striche gebraucht der sechste Schreiber einen Doppelhaken, der auf der Zeile steht. In der Lesart *estis* (S. 18, 18) für *est Iesus* (= IS mit Strich darüber) stecken die Reste einer sehr alten Abkürzung für *Iesus*. IS wird auch im Anhang von *M* (98, 25) vorauszusetzen sein[1].

Der Unterschied zwischen den zwei Ligaturen von *ti* ist sorgfältig beachtet; wenn ein Schreiber aus Versehen die einfache Form anwendet, so ist sie immer entweder vom Schreiber selbst oder vom Corrector in die Epsilonform corrigiert.

Die Orthographie wechselt bei den verschiedenen Schreibern. Der erste unterscheidet sich von allen anderen durch folgende Formen: *mannes*, *mannichaeus*, *moyses*, *aput* (die andern Schreiber geben immer *manes*, *moses*, *apud*), und von dem einen oder anderen in vereinzelten Fällen. Der Gebrauch der Schreiber läßt sich vielleicht am bequemsten durch das folgende, etwas willkürliche Schema übersehen:

Vokale: I, *defetigatis* 3, 4; *ingemescentes* 3, 11; *lacrymas* 3, 19; *diuorsoria* 5, 10; *paradisus* 18, 15 (aber *paradysum* 53, 18); *paracletus* 19, 18; 24, 3 (auch 52, 32, aber *paraclitus* 37, 1; 43, 3, sonst immer *paraclytus*); *contrauersiam* 27, 31: II, *discriba* 34, 6; *distructa* 40, 19; *audimitur* 41, 17; *adsteterit* 44, 11; *tiberio* 44, 22; *tyberio* 45, 4. 13: VI, *misteriorum* 59, 28; *hylares* 62, 16; *gazophilacio* 70, 4.5; *perstetit* 78, 30; *uendicare* 90, 14.

t, *d*: I, *athibita* (corr.) 3, 32; *athibetur* 21, 28; *ad* (= *at* corr.) 4, 6; *ipsud* 18, 21; *quod* (= *quot*) 21, 30: II, *inquid* 40, 31; 45, 21: VI, *caput* 54, 26.

f, *ph*: I, *orfani* 4, 15; *elefantia eorum* 15, 23: II, *fera* (= *sphera*) 37, 14; *orfanos* 44, 25; *orfani* 44, 26; *farao* 50, 17: IV, *farao* 53, 32; *furisaeis* 54, 8: VII, *faraonis* 75, 11; *spera* (= *sphera*) 92, 2.

h: I, neben *humeris* 3, 24; *umeris* 11, 22; *umero*, *umerum* 12, 16; *nichil hominus* 24, 31; 33, 8 (so auch II, 35, 6) aber *nichilominus* 38, 18: II, *edum* 40, 35; 42. 24; *abeo* 46. 26; *abere* 46. 28; *odiernum* 51, 14; dagegen *hierit* 44, 10; *habraam* 46, 11 (*abraam* 66, 17; 69, 7, sonst immer *abraham*); *honeribus* 50, 18: VII, *geenna* 59, 33 (sonst immer *gehenna*); *exorresco* 68, 2: *ac* (= *hac*) 86, 24; dagegen *hac* = *ac* 66, 28; *habundare* 63, 15; *habundabit* 60, 5; *his* 74, 2; *honus* 82, 18; *honerari* 93, 25; *his* 96, 1.

p: I, *peremtorum* 4, 3; *tentaret* 5, 2 (sonst *tempto*); *sumsi* 8, 18; *sumsit* 12, 19: II, *contenserint* 51, 6.

---

1) Vgl. S. XVIII Anm. 2 und XXIX.

x: I, *exspectat* 28, 21 (sonst *exp-*): II, *dextruatur* 39, 28 (so 40, 11. 16. 21, aber auch *des-*); *asxpeximus* 39, 34; *uox* (= *uos*) 46, 19; *admisti* 50, 21 (aber *admixtus* 50, 23); *exubiecta* 39, 18; *exanguine* 45, 23; *exemet* 46, 2: VII, *exsisteret* 78, 17; *uos* (= *uox*) 80, 14.

t, *th*: I, *retoricas* (*h* übergesch.) 23, 9; *retores* 23, 11: VII, *galathis* 57, 11; *galatham* 58, 30.

Betacismus [1]: I, *aceruitatibus* 3, 12; *transformabit* 12, 24 (corr.): II, *duuitamus* 34, 18; *infrenauis* 36, 10; *bobi* 36, 10; *audeuit* 36, 22; *uideuitur* 40, 20 (corr.); *inuecillius* 40, 26 (corr.); *absoruere* 41, 1; *conseruauit* 41, 4; *saluauitur* 41, 6; *comparauimus* 41, 8; *saluauit* 41, 12. 15; *ciuum* 42, 1; *ciuos* 42, 29; *pronuntiauimus* 44, 9; *confiteueris* 47, 16; *inconuersiuilis* 51, 31: VII, *ciuis* 57, 26; *sonauit* 63, 30; *obseruauit* 73, 1; *suscitauit* 73, 22; 84, 31; *immouilibus* (corr.) 78, 31; *monstrauit* 82, 8; *recusauit* 89, 19; *perstauit* 96, 19.

Es erübrigt noch, vereinzelte Fälle nachzutragen: *michi* und *mihi* kommen bei I und II vor; nur *michi* oder die Abkürzung bei VII; *camelum* 15, 22, aber *camellum* 35, 26; *macchinam* 12, 26 und *macchinis* 41, 22; *gelatus* (= *xelatus*) 31, 29; *obtunsissimi* 32, 21; *zoziacum* 38, 6; *idcirco* 40, 19, aber *iccirco* 66, 26; 94, 22; *agebat* (= *aiebat*) 43, 7; 46, 19; *pos* 48, 17; *mammillas* 68, 3; *compuncxerunt* 88, 10.

Der Gebrauch der Assimilation ist unregelmäßig, da die Schreiber dabei selbst nicht consequent verfahren; der zweite gebraucht sie am wenigsten. Außer den schon in *A* assimilierten Wörtern kommen die folgenden in Betracht. (Ich belege zugleich den Gebrauch aus *M*, der gleich zu erwähnenden anderen vollständigen HS durch Beispiele, wobei die im Folgenden mit 'auch' angeführten Wörtern sowohl assimiliert wie nicht assimiliert vorkommen, während die mit 'aber' angeführten nur die nicht assimilierte Form aufweisen. Die römische Zahl bedeutet den Schreiber.)

acc - *CM* (aber *adcurrens* II); *aff* - *CM* (auch *adfuit* II, aber *adfigo* VII); *agg* - *CM*; *all* - *CM*; *amminiculum* *CM*, *ammiror* *CM* (auch *adm* - VII), *ammisceo* *CM* (auch *adm* - II), *ammitto* und *adm* - *CM*, *quemammodum* *CM* (zu *quem admodum* corr. 4, 23, aber *quemadmodum* VII), *ammoneo* *M* (aber *admoneo* C), *ammoueo* *M* (aber *admoueo* C); *ann* - *CM* (aber *adnumero* II); *app* - *CM* (auch *adprehendo* II, *M*, *adprime* II, aber *adprobo* II); *acq* - *CM* (auch *adq* - VII); *arr* - *CM*; *ascribo* *CM* (auch *ads* - C), *ascriptio* *M*; *asp* - *CM*; *ass* - *CM* (auch *adsero* VII, *adsertor* VII, *adseuero* VII, *adsisto* VII, aber *adsocio* I, VII), *asto* *M*, aber *adsto* C, *astruo* I,

---

1) Den Betacismus lassen folgende Beispiele als eine Fehlerquelle erkennen: *si ut* (statt *sibi*) 59, 33; *a ueris* (statt *ab aeris*) 92, 12; *paruulam* (statt *parabolam*) 96, 19; vielleicht ist auch *monstrantur* (statt *monstrabitur*) 80, 32, so zu erklären.

adstruo II, aber *adsurgo* VII, auch *adsumentum* *M*; *att - CM*; *coll - CM* (aber *conlaudo* VII, *conlocutio* IV, *conlusor CM*); *comp - CM* (aber *conplurimum* VII); *corr - CM*; *ill - CM* (auch *inlatus* II, *inliceo* I, *inlino* VII, *inludo* II, *inlumino* II); *imb - M* (aber *inbeccillitas* und *inbeccillus* *C*); *imm - CM* (aber *inmanitas* VI, *inmunditia* II, auch *inmensus* II, *inmoror* I, II); *imp - CM* (aber *inpatiens* II, *inproviso* I, auch *inportunitas* II, *inpossibilis* II); *irr - CM* (auch *inruo* II, aber *inrationabiliter* I, *inrepo* II, *inretio* I, *inrideo* I, *inrogo* II); *off - CM*; *opp - CM* (aber *obpugno* II); *opt -* nur bei *optempero* II, *M* (auch *obtempero* II, VII, *M*), bei *optineo* immer *CM*, und bei *optuli CM*; *succ - CM* (aber *subcumbo* II); *sugg - CM*; *sup -* nur *suptilioris* 88, 24 *CM*.

Bei Formen wie *tamquam, numquid* usw. haben die zwei ersten Schreiber regelmäßig *tamquam* usw., die anderen *tanquam*.

Im allgemeinen sind die verschiedenen Schreiber beim Gebrauche der *E* caudata ziemlich consequent, am wenigsten innerhalb eines Wortes. Bei den folgenden Wörtern findet sich ausnahmslos *e*: *hedus, hereditas, heres, heresis, hereticus, pedagogus*, und wo *A* in Betracht kommt (nämlich bei *hereditas, heresis* und *pedagogus*), ist die Richtigkeit der Überlieferung bestätigt; bei *caelum* fehlt unter dreißig Fällen die Cauda nur einmal, und bei *coepit* unter fünfzehn Fällen ebenfalls nur einmal. Dagegen: *ille* = *illae* 3, 12; *iste* = *istae* 30, 16, wie das bei den Endungen recht häufig vorkommt. Oft ist die Cauda unrichtig gesetzt, z. B. *etiam, ecclesia, aliene* (Adverbium), *religiosissime archelae, rescribe, stamine, naue*; wie notwendig es ist, der Cauda etwas Aufmerksamkeit zu widmen, zeigt S. 52, 30, wo *E* caudata statt eines Bindewortes steht. Hier las Zacagni ganz begreiflich *et*, während *M ac* hat. Die Lesart von *C* ist durch eine Vertauschung von uncialem *C* und *E* entstanden, was auch sonst in *C* vorkommt; *ac* wird zu *ae*, dies hinwiederum zu *E* caudata.

Apices und Striche über den betonten Silben sind häufig, besonders über einsilbigen Wörtern, Adverbien, wie *eo, una*, und über einigen Eigennamen, z. B. *cain*, über der zweiten Silbe von *diodorus*, und über den letzten Silben von *abraam, cefe, iamnes, iesus, mambres, manes, moyses*.

Die Interpunktion ist mannigfaltig; es finden sich Strich, Punkt, Komma zwischen zwei Punkten (selten) und Fragezeichen. Der Strich dient zur Bezeichnung kleiner Pausen und zur Worttrennung; zuweilen ist er mit einem Punkte verbunden. Der fünfte Schreiber gebraucht ihn nicht, der zweite nur ein paarmal. Beim ersten Schreiber darf man wegen der sich deutlich unterscheidenden Tinte an eine Zutat des Correctors denken, was wohl auch bei den anderen Schreibern anzunehmen ist. Als Fragezeichen scheint der erste Schreiber nur einen Punkt gebraucht und der Corrector die zwei zickzackartigen Striche,

C *

einen über dem Fragewort und einen über dem Punkt hinzugefügt zu
haben. Bei dem zweiten Schreiber steht (abgesehen von Fällen, in denen
wohl der Corrector eingegriffen hat) nur der Punkt als Fragezeichen.
Der letzte Schreiber bildet das Fragezeichen, indem er eine größere Zick-
zacklinie mit zwei Punkten am Ende des Satzes und eine kleinere über
dem Fragewort anbringt.

Wie bei anderen beneventanischen HSS, so finden sich auch in
unserer HS einige Lücken in der Schrift, von meistens vier bis acht, in
einem Falle von fünfzehn Buchstaben. Gewöhnlich aber stehen sie
zwischen Satzschluß und Satzanfang, so daß im Texte keine Lücken anzunehmen sind.

Im Text gibt es keine Varianten. Der Corrector hat ausgelassene
Wörter an den Rand geschrieben. Er corrigiert gewöhnlich durch
Rasur, aber auch durch Streichen und Tilgung; bisweilen schreibt er
einfach einen Buchstaben über den andern. Der Schreiber selbst benützte gewöhnlich den Schwamm. Man kann mit ziemlicher Sicherheit
einen ganz späten Corrector erkennen, doch läßt sich nicht mit Gewiß-
heit feststellen, ob mehrere Correctoren tätig waren. Jedenfalls ist nur
einer spät; die anderen müssen ungefähr als gleichzeitig mit dem
Schreiber arbeitend angenommen werden. Ebenso schwierig ist es manchmal zu entscheiden, ob der Schreiber oder der Corrector eine Verbesserung vorgenommen hat, wenn beide dieselbe Tinte benutzt haben.

Der Corrector hat, wie es scheint, auf fol. 111^v—113 den Text mit
einigen sehr nachlässig geschriebenen Rubriken versehen; einige davon
sind teils weggeschnitten, teils verblichen.

(*M*) Monacensis, im Besitz des Herrn Professor Traube seiner
Ansicht nach um 1200 in Süditalien geschrieben, ist die einzige voll-
ständige HS der Acta. Traubes Vermutung über den Entstehungsort
scheint neuerdings dadurch gestützt zu werden, daß der in dieser HS
vorkommende Text von Augustinus *De consensu evangelistarum* in
nächster Verwandtschaft zu dem des Codex Casinensis 20 steht, wie ich
aus der neuen Ausgabe von Weirich (Wien, 1904) feststellen konnte.

Die Blätter (35×27) sind senkrecht und wagerecht liniert und haben
zwei Columnen von 41—44 Zeilen. Die Tinte ist dunkel gelbbraun.
Es kommen viele größere Initialen in mehreren Farben vor, und die
ziemlich häufigen, auf jeder Seite vorkommenden Anfangsbuchstaben
sind fast ausnahmslos (z. B. S. 50, 1 hat 46 solche) mit Grün und Gelb
verziert. Die Überschriften, Subscriptionen, Capitelzahlen usw. sind mit
roter Tinte geschrieben; auch sind bei den Acta die meisten Eigennamen
(auch *Manes dixit, Archelaus dixit*, usw.) und einige wichtige Stellen (oft
von 3 bis 8 Zeilen) durch rote Tinte hervorgehoben.

Die Lagen sind, außer der letzten (einem Binio) immer unsignierte Quaternionen. Die Acta sind anscheinend die Arbeit eines einzigen Schreibers. Ein gleichzeitiger Corrector hat die HS durchgesehen und mit derselben Tinte einige Verbesserungen eingetragen. In manchen Fällen ist es unmöglich festzustellen, ob die Correcturen vom Schreiber selbst oder von diesem Corrector herrühren.

Die Abkürzungen sind die gewöhnlichen. Es ist nur darauf hinzuweisen, daß auf S. 98, 25 wahrscheinlich IS in die Abkürzung für *Iesus* (d. h. IS mit Strich darüber) irrtümlich verlesen wurde (vgl. oben S. XXV).

Die Orthographie ist ziemlich regelmäßig und zeigt nur wenige Abweichungen. Neben einigen im Apparat angegebenen Fällen kommen die folgenden in Betracht: *intremiscit* S. 11, 22; *cayn* immer; *paradysus* immer; *symulacra* immer; *tyberius* immer; *tybin* 75, 1; *ydola* 61, 4; aber *paraclitus* immer und *gazophilacio* 70, 4. 5; *anticristo* 94, 1; *iccirco* immer, *ebes* 32, 24; *cdum* 40, 35; *exalabunt* 3, 3; *ymeneus* 24, 9; *ac* (= *hac*) 86, 24; *exhorta* 96, 8; *michi* immer (aber gewöhnlich abgekürzt); *nichil* immer; *fera* (= *sphera*) 11, 19, aber sonst *spera*; *gramatice* 23, 9; *s*; (= *set*), auch *sed*; *galathis* 57, 11; *galatham* 58, 30; *exolue* 86, 7.

Die fünf Fälle von Betacismus, die in *C* und *M* vorkommen, *conseruauit* 41, 4, *monstrauit* 82, 8, *saluauit* 41, 12. 15, *suscitauit* 84, 31, fanden sich wohl schon in der Vorlage dieser HSS, und man darf vermuten, daß der Schreiber von *M* oder dessen Vorlage andere Fälle beim Abschreiben verbessert hat [1].

Über den Gebrauch der Assimilation ist oben (S. XXVI, XXVII) gehandelt.

Was oben über die E caudata in *C* gesagt wurde, gilt im allgemeinen auch für *M*. *Hedus*, *hereditas*, *heresis*, *hereticus* und *pedagogus* sind immer mit *e* geschrieben; auch liegen dieselben Schwankungen vor. *Celum* — wir behalten die früheren Beispiele bei — kommt zweimal vor, aber *cepit* sechsmal; *ille* = *illae* 3, 12. Fälschlich findet sich E caudata bei *episcopus*, *epistula*, *cephas*, *animose*, *apprime*, *otiose* und anderen Wörtern.

Striche und Apices sind ungefähr ebenso wie in *C* gebraucht. Als Interpunktion dient Punkt, Punkt mit Strich darüber, Strich (auch für Worttrennung gebraucht) und Fragezeichen (aber nur am Schluß der Frage).

Auch in dieser HS fehlen Varianten, außer in ein paar Fällen, wo

---

1) Betacismus als Fehlerquelle ist in den folgenden Lesarten zu erkennen: *uidere desiderans* (statt *sibi desiderans dari*) 8, 8; *ablatiui* (statt *ablata tibi*) 27, 32; *paruulam* (statt *parabolam*) 96, 19, wie auch in *C*.

der Corrector die Orthographie geändert hat: die ziemlich seltenen Verbesserungen wurden durch Tilgung oder Rasur hergestellt; in letzterem
Falle kann man das Ursprüngliche nicht mit Sicherheit feststellen. Die
richtige Aufeinanderfolge der Wörter wird manchmal durch die gebräuchlichen Doppelstriche wiederhergestellt.

Der Text ist mit einigen Rubriken versehen (S. 9, 12; 16, 29; 22, 21;
23, 8; 23, 17; 95, 6), die nicht als Überlieferung, sondern als Zutat eines
späteren Schreibers anzusehen sind, da sie nur in M vorkommen.

(*F*) Es gibt noch eine Sonderüberlieferung für S. 90, 11—95, 20, wo-
für sechs HSS in Betracht kommen. Diese Überlieferung hängt mit der
des augustinischen *Commonitorium quomodo sit agendum* zusammen, und
zwar mit dessen zweiter Handschriften-Klasse (s. Zycha, S. LXXVI der
Praefatio seiner Ausgabe im Wiener Corpus, Bd. 25, Pars II). Sie wurde
zuerst von Zacagni aus einem Codex Reginensis bekannt gemacht, und
die Lesarten dieser HS wurden in seiner Ausgabe der Acta berücksichtigt.

Traube (a. a. O. S. 537) hat aus der Subscriptio zweier von Zycha
benützten Pariser HSS (s. Zycha, a. a. O. S. 982) den Schluß gezogen,
daß in diesen HSS die Auszüge aus den Acta dem Commonitorium folgen,
eine Vermutung, die eine genaue Prüfung als richtig erwiesen hat. Zu
diesen HSS habe ich noch drei weitere hinzugefunden: nämlich Douai
275, Douai 280 und Rouen 470. Alle diese HSS (außer dem Reginensis,
der eine Abschrift der HS Rouen 470 ist) stammen aus einem ganz
engen Gebiet in der Nähe von Valenciennes. Man darf vielleicht annehmen, daß im zehnten oder elften Jahrhundert in Nordfrankreich ein
vollständiges Exemplar der Acta vorhanden war, aus dem man den die
Geschichte des Manes enthaltenden Teil excerpiert hat, in einer Zeit,
in der der Kampf gegen die Katharer die Aufmerksamkeit wieder auf
diese alte erprobte Waffe gegen den Manichäismus lenkte. Der Ex-
cerptor scheint ein kleines Corpus über die Häresien zusammengestellt
zu haben. Alle die erwähnten HSS (außer Rom Reginensis lat. 562) haben
folgende Bestandteile gemeinsam: 1. Briefwechsel zwischen Augustinus
und Quodvultdeus, 2. *Liber de heresibus*, 3. *Augustinus episcopus catholicae
ecclesiae. Iam anathematizavi*, 4. [1] *Commonitorium . . ad presbyterum Manichaeum. Sine causa tergiversaris*, 5. *Commonitorium . . quomodo sit
agendum . . Cum anathematizaverint*, mit der Subscriptio *Commonitorium*

---

1) Dieses Stück findet sich auch unter den Briefen des Augustinus bei
Migne L. Bd. 33, 272, Brief 79, und bei Goldbacher im Wiener Corpus Bd. 34, II,
S. 345, 346. Mai (Nov. Pat. bibl. 1, 382 f.) hat schon darauf aufmerksam gemacht,
daß dieser Brief in Reg. lat. 562 (er schreibt irrtümlicherweise 569) vorhanden ist.
Die Mauriner gaben einen Codex Vaticanus als ihre Quelle an; Goldbacher aber
konnte die betreffende HS nicht finden und mußte daher den Text nach den Aus-

(*Commentarium* Paris 1908, 1918) *beati Augustini* (+ *episcopi* Rouen 470, Reg. 562) *de heresi Manichaeorum sub execratione anathematis, explicit*, 6. *Quod iste Manes non sit auctor huius heresis sed potius quidam Stutianus.* (Die Überschrift fehlt in Douai 275). *Iste non sit primus auctor* usw. (S. 90, 11 der vorliegenden Ausgabe.) Die Stücke 3, 4 und 5 sind bei Migne (65, 23—30) abgedruckt.

Die Auszüge folgen dem Commonitorium nur in dieser Reihenfolge; sie fehlen daher in den anderen von Zycha benützten HSS und in Paris Arsenal 351, Berlin Phill. 1671, Brüssel 1115, Cesena Malatestiana Plut. XXI, 5 und auch, wo man sie erwarten sollte, in der HS Barrois (früher Ashburnham) 33, S. 14 des Versteigerungskatalogs von 1901, jetzt im Besitz von Mr. Bernard Quaritch, London.

Über die einzelnen HSS dieser Gruppe ist folgendes zu sagen: Douai 275, im zehnten oder elften Jahrhundert geschrieben (s. Cat. gén. VI, 145), enthält auf fol. 14ᵛ—16 die Auszüge ohne die Überschrift. Der Codex gehörte früher der Bibliothek des Klosters von Marchiennes, unweit von Douai. Diese und die folgende HS konnte ich collationieren nach Photographien, die ich dem Bibliothekar M. Rivière verdanke.

Douai 280, im zwölften Jahrhundert geschrieben, gehörte früher dem Kloster von Anchin in der Nähe von Douai. Nach einer Mitteilung des Bibliothekars deckt sich der Inhalt von fol. 108ᵛ—110 mit den sechs oben verzeichneten Stücken.

Paris lat. 1918, im zwölften Jahrhundert geschrieben, bietet die Auszüge auf fol. 102, 1—103, 1. Die 153 Blätter (31,2×23,3) sind zu zwei Columnen von 32 bis 38 Zeilen liniert. Der Schriftraum geht aber bisweilen über die Linierung hinaus. Zwischen den Pensa der verschiedenen Schreiber, die an der HS arbeiteten, sind Lücken von einigen Zeilen bis zu mehr als einer Seite vorhanden. Die Hefte 1 bis 13 (105ᵛ) tragen Signaturen. Farbige Initialen sind häufig; einige ziemlich große (10—20 cm) haben Schnörkel- und Bandverzierung in drei bis vier Farben; von mehreren sind nur die Umrisse gezeichnet. Nach einer kurzen, unvollständigen Inhaltsangabe von: *Augustini confessiones, de decem cordis, de utilitate penitentie, contra omnes hereses, de opere Manicheorum et de fide ad Petrum* folgt auf fol. 1: *Liber ecclesie S. Amandi in pabula 34*; weiter unten schließen sich an: *Codex Telleriano-Remensis 251* und *Reg. 3762* (darunter *2*); am Rande steht *1918*. Die HS ist in einem Ka-

---

gaben herstellen. Wie es scheint, ist in diesem Fall Codex Vaticanus = Codex Reginensis (= Reg. lat. 562); die Mauriner haben ja die letztere HS für ihre Ausgabe des Commonitoriums herangezogen. Jedenfalls steht das Stück in den sechs HSS der *F*-Gruppe und möglicherweise auch in Barrois 33.

talog der HSS von Saint Amand, der im Codex Paris lat. 1650 aus dem
zwölften Jahrhundert überliefert ist, unter der Nummer 71 verzeichnet.
Delisle (Journal des savants, 1860, S. 370—382 und S. 573—581 und Le
cabinet des manuscrits II, 448 ff., wo der Katalog abgedruckt ist) zeigt,
daß die HS durch *Bovo secundus abbas* (Abt von 1107 bis 1121) dem
Kloster verschafft wurde und daß sie daher dem ersten Viertel des
zwölften Jahrhunderts angehört, nicht dem dreizehnten Jahrhundert, wie
der Katalog der Bibliotheca Regia (Paris 1744) und noch Zycha in seiner
Ausgabe des Commonitoriums angeben. Die HS kam später in den
Besitz Le Telliers, des Erzbischofs von Rheims, und wurde von ihm im
Jahre 1700 der Bibliothèque du roi geschenkt.

    `\` Diese und die folgende HS konnte ich im Sommer 1904 in München
collationieren.

    `ç` Paris lat. 1908, im zwölften Jahrhundert geschrieben, enthält die
Auszüge auf fol. 55, 1—56, 2. Die 131 Blätter dieser HS (29,3×20,3)
sind zu zwei Columnen von 36 (fol. 11 bis zum Ende) bis 39 Zeilen
(fol. 1—10) liniert. Zwischen den Pensa der verschiedenen Schreiber
finden sich dieselben Lücken wie in der vorhergehenden HS. Die Hefte
sind unsigniert. Die HS ist nicht so sorgfältig geschrieben wie Paris
lat. 1915 und steht in der Ornamentik der anderen weit nach.

    Auch die Geschichte dieser HS kann erschlossen werden. Auf fol. 1
steht: *Liber sancti Martini tornacensis: continens libros duos Retractatio-*
num sancti Augustini episcopi. Item epistulas quasdam quoduultei (so) *dia-*
coni ad Augustinum. et Augustini ad eundem. Item eiusdem librum unum
de diuersis heresibus; deinde commonitorium eiusdem quid agatur de Mani-
cheis conuersis. Deinde dialogum magistri hugonis de ueteri testamento. et
alium de creatione mundi. Item expositionem eiusdem super librum ecclesiasten.
Auferenti anathema. fiat. fiat. amen. amen. Dann folgt darunter: *1908* und
Codex Telleriano-Remensis 207, Reg. 3781 (darunter *2*). Nun wird am Ende
des zweiten Bandes des Codex 116 in der Bibliothèque communale zu
Boulogne-sur-Mer ein Verzeichnis der HSS von Saint Martin von Tournai,
aus dem Ende des zwölften Jahrhunderts gegeben (s. Delisle, Le cabinet
des manuscrits II, 457—492, wo das Verzeichnis abgedruckt ist). Unter
der Rubrik *Opuscula Augustini Yponensis episcopi*, Num. 27 steht: *Libri*
retractationum, et liber de heresibus, et dialogus magistri Hugonis, et tractatus
super Ecclesiasten, aliaque Augustini opuscula in uno volumine. Es unter-
liegt keinem Zweifel, daß unser Codex 1908 gemeint ist, der nicht mehr,
wie bisher, ins dreizehnte, sondern ins zwölfte Jahrbundert zu setzen ist.

    Rouen, Cod. 470 der Bibliothèque communale wurde auch im
zwölften Jahrhundert geschrieben; vgl. die Beschreibung von Omont in
dem Catalogue général des manuscrits, Départ., I, 97. Nach den Aus-

zügen (fol. 125^v —127), die am Ende des Codex stehen, folgen von derselben Hand das *Explicit* und die Subscriptio: *Liber santi* (so) *Salvii episcopi et martiris. Scriptus tempore Hugonis prioris. Quicumque uero hec legerit, oret pro ipso ad dominum ... De libro isto scripsit Rodolfus. primos. V. quaterniones.* Zaccagni war der Ansicht, daß mit *santi Salvii* das Kloster Saint Saulve in der Diözese Amiens gemeint sei; in der Tat wird ein Hugo als Abt dieses Klosters in Urkunden aus den Jahren 1167, 1173 und 1177 erwähnt; aber, wie Traube hervorgehoben hat, gibt es in Frankreich und außerhalb Frankreichs auch andere Klöster desselben Namens. Bei weiterem Nachforschen muß die Wahl aus zwei Gründen auf Saint Saulve bei Valenciennes fallen. Erstens war dieses Kloster eine Priorei und wurde erst im Jahre 1629 eine Abtei, und in der Subscriptio ist nicht ein Abt, sondern ein Prior Hugo erwähnt. Nun wissen wir, daß ein Hugo um 1145 zu Saint Saulve bei Valenciennes Prior wurde, was sehr gut mit unseren anderen Beobachtungen übereinstimmt. Zweitens gehört die HS einem ganz bestimmten engen Kreise an, der die Klöster Saint Amand, Saint Martin von Tournai, Marchiennes und Anchin umschloß, die damals regen Verkehr miteinander gehabt zu haben scheinen. Obgleich aus dem Codex selbst nichts weiteres über sein Schicksal erschlossen werden kann, bieten doch Notizen aus späterer Zeit einige Anhaltspunkte.

Labbe (Concilia Gall. V^2 802, bei Migne L. Bd. 65, 23—30) bemerkt am Schlusse der Anathematismen Prospers: *In veteri codice, qui est in Bibliotheca collegii Gervasiani Parisiis, diciturque fuisse liber prioratus S. Silvii episcopi et martyris ad Valentinianas in marchia Franciae scriptus tempore Hugonis prioris, post librum S. Augustini de heresibus ad Quodvultdeum episcopum proxime sequuntur nonnulla quae lucem concilient praecedenti opusculo;* dann folgen: *Item Augustinus episcopus* usw., *Commonitorium .. ad presbyterum* und *Commonitorium .. quomodo sit agendum.* Mit dieser Angabe stimmt eine Notiz überein, die auf fol. 18 des Cod. Reg. lat. 562, über der Überschrift *Item Augustinus episcopus catholicae ecclesiae* steht. Sie lautet: *In vet. codice, qui est in bibliotheca collegii Gervasiani praecedit liber B. Augustini de heresibus ad Quodvultdeum.* Aber diese Notiz hat höchst wahrscheinlich keinen selbständigen Wert, da sie wohl von den Maurinern herrührt, die diese HS benützten und ihre Kenntnis des Gervasianus aus zweiter Hand bekommen hatten, nämlich von Baronius (s. die Admonitiones, Migne L., Bd. 42, 517, 1153), der im fünften Bande seiner Annales ecclesiasticae (zunächst in der Appendix unter dem Jahre 404) einen Text des Commonitoriums aus einem Codex *ex bibliotheca Colon. Gervasiani* veröffentlichte. In diesem Codex geht, nach Angabe des Baronius, dem Commonitorium *De heresibus* und ein

Stück[1] *Ego C. unus ex Manicheis* usw. voran. Das letztere ist aber die
zweite Hälfte des Stückes mit der Überschrift: *Item Augustinus* usw.,
und das *C.* ist als *Cresconius* aufzulösen, nicht als *conversus*, wie bei
Labbe und Migne 65 steht. Daß es sich in diesen drei Fällen nur um
eine HS handeln kann, liegt auf der Hand. Eine Vergleichung der Texte
von Labbe und Baronius zeigt, daß beide dieselbe Vorlage gehabt haben
müssen, und die Collationierung nur eines Teiles der HS Rouen 470 beweist, daß sie mit dem oben genannten Codex Gervasianus identisch ist.
Auch die Subscriptio: *Commonitorium beati Augustini episcopi de heresi
Manicheorum sub execratione anathematis explicit* kommt in dieser Form
(vgl. S. XXXI) nur bei Labbe, Baronius und in Rouen 470 (und
Reg. 562) vor.

Wie die HS nach Saint-Gervais kam, ist nicht nachweisbar. Sie
wurde in 1857 für die Bibliothek von Rouen von einem Buchhändler
erworben. Ich habe das Stück collationiert nach Photographien, die ich
dem Bibliothekar M. Loriquet verdanke.

Rom Reg. lat. 562, ein Sammelband des fünfzehnten oder sech-
zehnten Jahrhunderts, enthält auf fol. 18—24 einen Teil des oben angegebenen Corpus, nämlich: 3. *Item Augustinus episcopus catholicae ecclesiae*, bis 6., mit der Subscriptio *Explicit liber sancti Salvii* usw. am Ende.
Doch hat die HS für die Gestaltung des Textes keinen Wert, weil alles
aus Rouen 470, fol. 124—127 abgeschrieben ist. Dies ist das *vetus
opusculum*, dessen Auffindung Angelo Mai (Nov. patr. bibl. IV, 2, S. 28
Rom 1847) herbeigewünscht hat: er scheint die Notiz bei Montfaucon (Bibl.
bibliothecar. 1, 44 und 69) mißverstanden zu haben. Die HS wurde, wie
aus einigen Lesarten hervorgeht, von den Maurinern für ihre Ausgabe des
Commonitoriums benützt (s. auch die Admonitio, Migne L., Bd. 42, 1153).

Daß die HS eine Abschrift von Rouen 470 ist, läßt sich ganz sicher
sowohl aus der Subscriptio als aus folgenden nur in dieser HS vorkommenden Lesarten beweisen: nach *declinantes* 90, 19, *directe* unterstrichen Rouen, durchstrichen Reg.; *protulerant* (statt *protulerat*) 92, 16;
nach *illa* 92, 23, *qua* (darübergeschrieben, Rouen); *docendas* 93, 26; *quid*
(statt *quae*) 94, 3; nach *suggerentes* 94, 5, *sui*; nach *ad* 94, 13, *illa;* nach
repertum 95, 5, *ostendimus*, unterstrichen in beiden HSS; *repetans* 95, 15,
Rouen, Reg. (von erster Hand). Ich habe die HS im Frühjahr 1904
collationiert.

Die Lesarten des mit *F* bezeichneten Zweiges der Überlieferung
sind mit ziemlicher Sicherheit festzustellen. Die beste HS ist Douai 275,

---

1) Dieses Stück *Ego Cresconius* usw. wurde von Angelo Mai (Nova Pat. bibl.
1, 382 f. Rom 1852) aus dem Codex Reg. lat. 562 zum ersten Mal, wie er glaubte,
publiciert.

die allein unter diesen HSS die folgenden von *CM* bezeugten Lesarten bewahrt hat: *introducit* 90, 17; *testificati* 91, 3; *librum* 91, 6; *decreuerant* 91, 8; *simulauit* 91, 18; *enutritum* 91, 19; *LXX*, darübergeschrieben *sexaginta* 93, 5. Die anderen HSS haben *decreuissent* (*decreuerant* mit darübergeschriebenem *uissent* Douai 280), *introduxit, testati, librum* ausgelassen, *simulabat, nutritum, septuaginta.* Für *connasatis* 91, 12 hat Douai 270 *con satis* mit einer Lücke zwischen den beiden Wörtern. Douai 275 unterscheidet sich von den anderen HSS durch die unrichtigen Lesarten *exhibent* 93, 21; *gesta sint* 93, 23; *demiserat* 95, 4; einige Fehler von Douai 275 kommen sonst nur in Douai 280 vor.

Wie es scheint, wurde Douai 280 direkt von der vorhergehenden HS oder erst von einer Abschrift dieser HS abgeschrieben. In diesem Fall muß der Schreiber, bezw. der Corrector, die Irrtümer von Douai 275 verbessert haben, vielleicht nach dem Original von Douai 275, und die Veränderungen vorgenommen haben, die sich in den anderen HSS dieser Gruppe fortpflanzten. Eine andere Möglichkeit ist, daß die zwei HSS von Douai dieselbe Vorlage hatten und daß Douai 280 nach einer anderen HS dieser Gruppe corrigiert wurde. Das ungenügende Material erlaubt mir nicht, das Verhältnis der HSS dieser Gruppe mit Sicherheit zu bestimmen; auch ist der Apparat der Zychaschen Ausgabe des Commonitoriums für diesen Zweck unzureichend.

In folgenden Fällen hat Douai 280 Lesarten, die sonst nur in Douai 275 vorkommen, in Übereinstimmung mit den Lesarten der anderen HSS dieser Gruppe gebracht: *con satis* 91, 12 wird zu *congregatis*; über *decreuerant* 91, 8 ist *uissent* geschrieben; *quicumque* 91, 12 ist in *quaecumque* corrigiert; *eius* (nach *quaecumque* 91, 12), das in Douai 275 fehlt, ist über die Zeile geschrieben (so auch in Paris lat. 1918); *subdi* 94, 30 wird zu *subdere*; *requirere* 95, 5 zu *requiri*; *archelai* 95, 13 zu *et archelai*; *relati ne* 95, 14 zu *relatione*, und *inflare*, was Douai 275 bietet, wird (95, 20) zu *inflari*. Über *LXX* 93, 5 steht nicht *sexaginta*, wie in Douai 275 und wahrscheinlich in dessen Vorlage, sondern *septuaginta*. Der Schreiber hat das Wort nicht als Variante erkannt.

Rouen 470 ist, wie man auch aus einigen Lesarten des Commonitoriums schließen darf, mit der vorhergehenden HS am nächsten verwandt; über sein Verhältnis zu Reg. lat. 564 und einige abweichende Lesarten dieser beiden HSS s. oben S. XXXIV.

Die zwei Pariser HSS gehören zusammen. Sie unterscheiden sich von den anderen HSS nur durch die Variante *prope* ↑ *pene* 93, 6, die Lesart *huiusmodi* 92, 3, und die unrichtige Reihenfolge der Worte *pseudoprophetam ostendimus eum* 95, 3; die HS 1908 hat richtig *praestari* (statt *praestare* der anderen HSS) 91, 14, vielleicht aus Correctur.

Außer den oben erwähnten Fehlern stimmen die HSS dieser Gruppe, einige orthographische oder sonstige geringfügige Differenzen ausgenommen, überein, und ihre Lesarten sind im Apparat mit der Signatur *F* bezeichnet.

5. Das Verhältnis der Handschriften.

Das erste Problem, dem man begegnet, ist die Beziehung zwischen *A*, *C* und *M*, und hierbei fällt zunächst auf, daß *A* und *M* in unrichtigen Lesarten übereinstimmend von *C* abweichen: z. B. *a te* ausgelassen (ὑπὸ σοῦ Epiphanius) 8, 18; *manen* (*mannichei C*) 9, 8; *animam* (*anima C*, ψυχή Epiphanius) 10, 24; *quod illum* (*illam M*) *ut paret* (*parerent A*) *cohercerent* (*quo illum ut par erat coherceret C*, ὅπως αὐτῷ τὴν προσήκουσαν ἐπιτιμίαν δῷ Epiphanius) 11, 25; *subditur* (*subdetur C*, κολασθήσεται Epiphanius) 16, 25; *respondit* (*respondet C*, λέγει Epiphanius) 17, 16; *qui* (d. h. *spiritus*) . . *ascenderunt* (*quae* d. h. *tenebrae* . . *ascenderunt C*, σκότους τοῦ . . ἀνελθόντος Epiphanius) 18, 27; *feceris* (*fecerit C*, προφάνῃ Epiphanius) 21, 21; *uincantur* (*uinciantur C*, δεθῶσιν Epiphanius) 21, 24; *probationes* (*prolationes C*, προβολαί Epiphanius) 21, 25; doch gibt es einige Stellen, wo sowohl *AM* wie *C* richtig sein können; z. B. *remoratione non prospera* (*praesagus A*) *praesagatus M*, *remorationem non prosperam praesagatus C*, ἐσκέπτετο οὐκ ἀγαθὴν εἶναι τὴν τοῦ Τύρβωνος ἐν καθέξει γενομένην παρουσίαν Epiphanius 9, 5; *omnis heresis esse dicitur AM*, *omnes hereses esse dicunt C*, πάσας τὰς αἱρέσεις εἶναι λέγει Epiphanius 11, 15; *leuat AM*, *mouet C*, κινῶν Epiphanius 17, 24. Diesen Stellen stehen aber eine Anzahl von Fällen gegenüber, wo *C* und *M* übereinstimmend in unrichtigen Lesarten von *A* abweichen (s. unten), und ebenso eine Menge Varianten von *A* und *CM*, wo beide das Richtige bieten können. Hier kann man unmöglich *AM* als einen Zweig der Überlieferung betrachten, und es bleibt nur übrig, eine Erklärung für die oben erwähnte Übereinstimmung von *A* und *M* zu suchen. Für jene erste Gruppe von Abweichungen zwischen *AM* einer- und *C* anderseits, wo *C* das Richtige bietet, muß man annehmen, daß die Irrtümer schon in der Vorlage vorhanden waren (z. B. *manen, animam, feceris*) und von *C* corrigiert wurden, oder daß sie sich, in *A* sowohl als in *M*, jedoch bei gegenseitiger Unabhängigkeit, einschlichen (z. B. *uincantur, subditur, respondit, probationes*). *feceris* ist möglicherweise eine falsche Übersetzung von προφάνῃ; *probationes* ist vielleicht aus einer Verlesung eines halb-uncialen *l* entstanden; *qui* (statt *quae*) kann als die ursprüngliche, aus einem Mißverständnis des Übersetzers entstandene Lesart betrachtet werden, die *C* in *quae* verbesserte, oder umgekehrt: hatte die Vorlage *qui*, so änderten *A* und *M*. *a te* ist eher von *A* und *M* ausge-

lassen, als von *C* und Epiphanius eingeschoben. Vielleicht stand es in
der gemeinsamen Vorlage von *ACM* über der Zeile und wurde daher
von *A* und *M* übersehen oder aus irgend einem Grund als Interpolation
angesehen. *quod . . cohercere*t ist vielleicht der schwierigste Fall; den
Irrtum müssen doch wohl *A* und *M* unabhängig voneinander begangen
haben, denn die Verbesserung in *C* ist wohl zu kühn, als daß man sie
dem Schreiber von *C* zutrauen könnte. Für die zweite Gruppe, die
Abweichungen zwischen *A* Meiner- und *C* anderseits, wobei aber beide das
Richtige bieten können, wird alles klar, wenn man annimmt, daß der
Übersetzer, in der gemeinsamen Vorlage von *A*, *C* und *M*, an den
betreffenden Stellen zwei Lesarten vorgeschlagen habe. Daß *C* an diesen
Stellen verbessert hat, ist nicht wahrscheinlich; *mouet* aus *leuat* zu ver-
bessern, wäre einem Schreiber kaum eingefallen; daß es sich bei der
Lesart *cephalorum* (eine Art Metathesis für κελεφῶν) 15,23 um eine
solche Dublette handelt, ist unverkennbar.

Wo diese drei HSS in Betracht kommen, muß daher *CM* als ein
Zweig der Überlieferung angesehen werden, dessen gemeinsame Lesarten auf derselben Stufe stehen wie die von *A*. Wegen seines Alters
gebührt *A* keine besondere Berücksichtigung, weil die Vorlage von *CM*
wenigstens ebenso alt war wie *A*. Daß dies der Fall ist, geht besonders daraus hervor, daß in *C IS* (= *Iesus*) 1S, 1S in *is* verlesen
wurde[1], was nur bei einer ganz alten Vorlage geschehen konnte. Daß
die Vorlage von *CM* auf eine HS in Uncialen zurückgeht, zeigt die
Verlesung von PECCATI als FECERAT 49, 24. Für das Alter der in
C vorliegenden Überlieferung[2] sprechen die häufigen Vertauschungen
von *i* und *l*, z. B. *ci* (statt *et*) 54, 24; 90, 1; *ct* (statt *ci*) 37, 23; 54, 7;
interit ul (statt *interitui*) 48, 15; *ila* (statt *ii a*) 57, 10; *uicit o* (statt *ut
cito*) 58, 30; *sibi* (statt *si ut*) 59, 33; *iam* (statt *tam*) 64, 24: die Vertauschung von *c* und *e* (die aber auch in Minuskeln stattfinden kann),
eum (statt *cum*) 44, 22; 81, 22; *E* caudata (= *ae*) statt *ac* 52, 30; und
die von *f* und *p*, *perfessus* (statt *perpessus*) 40, 14.

---

1) Vgl. oben S. XXV.

2) Die Schreibungen *luna et radit* (für *lunae tradit*) 13, 16 und *malitia eradi-
cem* (für *malitiae radicem*) 32, 6 gehören einer Zeit an, in der die Diphthonge für
gewöhnlich noch ausgeschrieben wurden. Das war freilich auch im IX. Jahrhundert
noch die Regel. In der alten Vorlage war ferner das enklitische -*que* ausgeschrieben: vgl. *moseus que* (= *mose usque*) 45, 7; *excipiat que* (= *excipi atque*)
63, 28; *circumcisione que* (= *circumcisio neque*) 66, 16; *et que* (= *atque*) 67, 20;
que (statt *atque*) 68, 21 (der umgekehrte Fall *q*; = *quae* 54, 13; 54, 30); und die
Wörter waren noch nicht getrennt, vgl. die unrichtige Trennung *luce rescimus*
(= *lucere scimus*) 36, 26; *mose seducens* (= *moses educens*) 75, 3; *testi doneus* (= *et
est idoneus*) 80, 11 usw.

In *M* fehlen diese Irrtümer; daher ist kaum anzunehmen, daß sie
schon in der Vorlage vorhanden waren, und alle in dem *M*-Zweig der
Überlieferung beseitigt wurden; sie entstanden vielmehr dadurch, daß
eine HS in Uncialen von *C*, oder vielmehr, wie wir später sehen werden,
von der Vorlage von *C*, mißverstanden wurde. Für den umgekehrten
Fall, daß *M* ein altes Verderbnis beibehalten hat, gibt es sehr wenig
Beispiele; *quae* (statt *atque*) 7, 26 gehört hierher. Vielleicht ist *moriuntur*
(statt *oboriuntur*) 17, 23, aus einer Uncial-Vorlage (oder eher aus *ouo-
riuntur*) entstanden, und möglicherweise auch *inuenit* (statt *inuehi in*)
23, 3; an *obiecto* (statt *obtecto*) 37, 15 wird wohl das vorhergehende *obiectu*
schuld sein, (so auch an *obtectu* in *CM* 37, 5).

Die Lesarten von *CM* und die von *A* sind daher von vornherein als
gleichwertig zu betrachten, was gewiß nicht verhindert, daß die eine
Überlieferung besser als die andere sein kann. *A* hat viel mehr unverkennbare Irrtümer als *CM*, wie schon aus dem Charakter des Schreibers
zu erwarten war (vgl. die Beschreibung der HSS, S. XX).

Eine Vergleichung derjenigen Lesarten, die durch den griechischen Text
des Epiphanius controliert werden können, (S. 5,25—8, 4; 8, 17—21; 9, 18
—22, 15) bestätigt den Eindruck, daß wir es hier mit einem nachlässigen, ungebildeten Schreiber zu tun haben. Die folgende Zusammenstellung von Lesarten und Auslassungen in *A*, wovon die meisten einen
lesbaren Text bieten, veranschaulicht das Wesen des Schreibers:

Auslassungen: *et* 6, 21; *in* 7, 18; *de* 7, 23; *a te* 8, 18; *uentus* 10, 21;
et 12, 17; *si* 16, 18; *et .. ante* 17, 17; *aut* 17, 19; *quosdam* 17, 21; *a* 19, 15;
non 19, 18; *hoc* 19, 22; *quia .. dicit* 19, 26; *et* 21, 29.

Einschiebungen: *de* 6, 17; *sum* 6, 21; *et* 6, 22; 9, 20; 16, 18; *uale* 8, 4;
qui 20, 22; *m* finalis ausgelassen oder eingefügt: z. B. 6, 23; 6, 26: 7, 19;
10, 26; 11, 20; 12, 23; 13, 18; 13, 21; 14, 20; 14, 26; 15, 16; 16, 17; 17,
18. 19; 18, 21. 22; 19, 23 (bis); 19, 25; 21, 23.

Veränderungen der Construction: *in firmamentum* (statt *in firmamento*; *ἐν* ist aber nie durch *in* mit Accusativ übersetzt) 11, 18; *in eum*
(statt *in eo*) 12, 21; *magnum .. nomen* 19, 23.

Synonyma: *de* (statt *a*; ἀπό wird aber sonst nie durch *de* übersetzt) 6, 17; *transferuntur* (statt *transfunduntur*) 15, 21; *ita et si quis* (statt
aut si) 17, 20; *illorum* (statt *ipsorum*; αὐτός ist nur einmal durch *ille*
übersetzt) 19, 16.

Andere Irrtümer: *dominum nostrum iesum christum* (statt des Abl)
5, 27; *quiquam* (statt *quicquam*) 6, 26; *dei* (statt *deo*) 7, 16; *fidem* (statt
finem) 7, 17; *malus* (statt *malos*) 7, 20; *actum* (statt *actuum*) 7, 21; *tu*
(statt *ut*) 7, 25; *cognoscis* (statt *cognosces*) 7, 28; *uerum* (statt *uero*) 8, 19;
mani (statt *manis*) 9, 18; *aeternus* (statt *aeternos*) 9, 19; *lumen* (statt

nomen) 9. 21; *alter* (statt *alteri*) 9, 21; *a* (statt *ad*) 10, 19; *maria* (statt *materia*) 10, 22; *ae* (statt *se*) 10, 27; *relinquit* (statt *reliquit*) 10, 29; *reliquae* (statt *reliquiae*) 11, 20; *haec* (statt *hac*) 11, 23; 12, 23; 20, 26; *benedictus* (statt *benignus*) 11, 24; *interioris* (statt *interiores*) 11, 25; *humero* (statt *humerum*) 12, 16; *uixit* (statt *uinxit*) 12, 21; *qui* (statt *quia*) 12, 22; *discursus* (statt *discus*) 13, 16; *tradet* (statt *tradit*) 13, 16; *transfetare* (statt *transfretare*) 13, 18; *honore* (statt *onere*) 13, 19; *reuelata* (statt *releuata*) 13, 19; *spirito* (statt *spiritu*) 14, 15; *amoriis* (statt *amoris*) 14, 19; *amoris calorem* (statt *calore*) 14, 20; *effundet* (statt *effundit*) 14, 25; *famam* (statt *famem*) 14, 25; *rursum* (statt *sursum*) 14, 28; *incipiet* (statt *incipit*) 15, 16; *purgantur* (statt *purgatur*) 15, 21; *elefantorum* (statt *elephantiacorum*) 15, 23; *quod* (statt *qui*) 16, 17; *per se eam* (statt *perseam*) 16, 21; *elementa* (statt *alimenta*) 16, 25; *obriuntur* (statt *oboriuntur*) 17, 23; *quo* (statt *qua*) 18, 17; *bono* (statt *bonum*) 18, 19; *tradetur* (statt *traditur*) 18, 23; *deceptio* (statt *decepti*) 19, 15; *deuictus* (statt *deuinctus*) 19, 17; *desinerint* (statt *desinerent*) 19, 19; *extorcidiatum* (statt *exorcidiatum*) 19, 20; *uidemus* (statt *uidimus*) 20. 18. 21; *quia* (statt *qui*) 20, 18; *accipimus* (statt *accepimus*) 20, 20; *esse* (statt *est*) 20, 23; *patrem* (statt *partem*) 20, 24; *aborta* (statt *oborta*) 20, 26; *omnes* (statt *omnis*) 20, 28; *rapatur* (statt *raptatur*) 20, 28; *moysen* (statt *moyse*) 20, 29; 21, 17; *derelinquet* (statt *derelinquit*) 21, 22; *consummat* (statt *consumat*) 21, 23; *dimittur* (statt *demittunt*) 21, 23; *fiet* (statt *fient*) 21, 25; *maior* (statt *maiori*) 21, 27; *uiuens que* (statt *uini quae*) 21, 29; *obsumat* (statt *absumat*) 21, 30; *omnes* (statt *omnis*) 22, 11; *recipies* (statt *recipiens*) 22, 11; *parte* (statt *partes*) 22, 13.

Die HS hat eine ältere Stufe des Verderbnisses als *CM* beibehalten: *radices A*, *radicum CM* (= *radicis*) 15, 18; *ista tota A*, *statuta dies C*, *statuta probatio M* (= *statua*) 21, 25; *maior in naui A*, *maiori naui C M* 21, 27.

Dagegen hat *A* gegen die Lesarten von *CM* recht nur mit *rectam rationem* 6, 20; *gehenna* 18, 23 und möglicherweise mit *quotiens* 11, 25; *rursum* 13, 20 (s. lat. Wortregister s. v.); *nec tribulaui* 17, 14; *et* 19, 27; *uero* 22, 13 und in 13, 26 und 19, 20, wo es sich um die richtige Wortfolge handelt.

Diese Vergleichung führt aber zu einem ungünstigeren Urteil über *A*, als diese HS tatsächlich verdient, weil in demjenigen Teile des Textes, den man durch Epiphanius controlieren kann, die Überlieferung von *CM* ungewöhnlich gut ist; auch dort, wo *A* unrecht hat, gehen in einigen Fällen *C* und *M* selbst auseinander. In dem anderen Teile des Textes, wo *A* in Betracht kommt (Cap. 46—52), muß das Urteil, wenn nicht günstiger für *A*, wenigstens ungünstiger für *CM* ausfallen. *A* hat die richtigen Lesarten in den folgenden Stellen bewahrt: *omne* (*omnem CM*)

67, 18; *ueste* (*uestem CM*) 67, 21; *doctores* (*doctore iis C. doctorem M*) 67,
25; *opera* (*ora CM*) 67, 27; *offeruntur* (*offerentur CM*) 70, 4; *parum* (*pau-*
perum CM) 70, 4; *conparemur* (*comparamur CM*) 71, 4; *aliquis* (*alius CM*)
71, 25; *omne* (*omnes CM*) 71, 26; *nequaquam* (*nec quenquam C. neque*
iam M) 72, 2; *omni genere* (*omnigene CM*) 72, 14; *contrariam* (*contra C,*
contraria M) 72, 25; *manet* (*tenet et CM*) 73, 5; *iustificare* (*iustificari CM*)
74, 7; *omne* (*omnem CM*) 75, 13; *uentis* (*uenti CM*) 75, 25; *inter sese* (*in*
esse CM) 76, 12; *ambos antiquos* (*ambo sancti quos C, ambo sancti. quos*
M) 76, 26; *iannem* (*iamne CM*) 77, 2; *mambrem* (*mambre CM*) 77, 3.

Dagegen hat *A* offenbar unrecht in den folgenden Fällen:

Auslassungen: *ut* 69, 9; *nec* 71, 18; *ut* 71, 26; *sit* 72, 13; *esse* 74, 17;
ex eo . . . unumquemque 76. 24; *uetus* 76, 25.

Einschiebungen: *cum* 68, 15; *si* 70, 19.

M finalis ausgelassen oder eingeschoben: 67, 26; 68, 10. 20. 27;
69, 13. 16. 25; 70, 1. 7. 11. 26; 71, 23; 72, 7. 17; 73, 11. 13. 19. 23; 74, 13. 23;
75, 11. 12. 16; 76, 7 (bis); 77, 3. 9. 11. 12.

Andere Irrtümer: *ut* (*aut CM*) 68, 1; *colet* (*colit CM*) 68, 3; *colligit*
(*collegit CM*) 68, 6; *colerauit* (*tolerauit CM*) 68, 7; *uenire* (*euenire CM*) 68, 7;
educauerat (*educauerat CM*) 68, 11; *intellegi* (*intellegendum est CM*) 68, 12;
regebatur (*regebat ut CM*) 68, 14; *cognita* (*cognata CM*) 68, 21; *dextras*
(*dexteras CM*) 68, 24; *quid* (*quis CM*) 68, 26; *delegens* (*degens CM*) 69, 1;
potest (*poterat CM*) 69, 3; *discendere* (*descendere CM*) 69, 4; *pauperum*
(*pauperem CM*) 69, 4; *erat* (*erant CM*) 69, 5; *diuisit* (*diuiti CM*) 69, 5;
gerat (*egerat CM*) 69, 5; *a tunc* (*adhuc CM*) 69, 8; *pedagogum* (*pedagogo*
CM) 69, 9; *poterint* (*poterunt CM*) 69, 10; *censum* (*caesum CM*) 69, 14;
bonita (*bonitas CM*) 69, 14; *absentia* (*abstinentia CM*) 69, 22; *enuntians*
(*renuntians C,* vgl. 70, 16) 69, 22; *manita* (*minuta CM*) 70, 6; *diuitis* (*di-*
uitiis CM) 70, 14. 15; *circumcidentis ac* (*circumcidenti se M*) 70, 27; *sepurclis*
(*sepulchris CM*) 71, 5; *uere* (*ueste CM*) 71, 6; *praesta tenta* (*praestat eis*
ista CM) 71, 8; *praedicator* (*praeuaricator CM*) 71, 20; *uas* (*uasis M*) 71, 27;
educari (*edoceri M*) 72, 4; *praetractam* (*pertractata, tractata CM*) 72, 5; *pro-*
feticus (*propositus CM*) 72, 8; *firmatum* (*formatum M*) 72, 9; *deputat* (aus
deputat corr., *disputat CM*) 72, 15; *lucerna* (*lucernae CM*) 72, 24; *quid*
(*quod CM*) 73, 3; *arguet* (*arguit CM*) 73, 12; *qua* (*quod CM*) 73, 15; *in-*
tellege (*in lege CM*) 73, 16; *uinum* (*uino CM*) 73, 19; *sum* (*suum CM*)
73, 20; *suffulsi* (*suffusi CM*) 73, 20; *equidem* (*et quidem CM*) 73, 23;
agausto (*augusto CM*) 74, 10; *abscriptio* (*adscriptio CM*) 74, 10; *posito* (*po-*
situm CM) 74, 21; *ostentarum* (*ostensurum CM*) 74, 29; *primam* (*ripas*
CM) 75, 1; *oratur* (*orat ut CM*) 75, 13; *moyses* (*moysi M*) 75, 16; *ubi*
(*ibi CM*) 75, 20; *partes* (*partis CM*) 76, 7; *hanc* (*hac M*) 76, 9; *conclau-*
daretur (*conlaudaretur CM*) 76, 10; *ueniens* (*inueniens CM*) 76, 12; *tempo-*

ribus (*temporis CM*) 76, 15; *unum* (*unus M*) 76, 18; *educet* (*edocent*) 76, 20;
meum (*eum CM*) 76, 21; *quid* (*qui CM*) 77, 1; *restitebant* (*resistebant CM*)
77, 2; *restitit* (*resistit CM*) 77, 3 (bis); *alia ut* (*alii aut CM*) 77, 3; *pro-
ficent* (*proficient CM*) 77, 7; *differere* (*differre CM*) 77, 11; *credetis* (*creditis*) 77, 15. 16; *a patre ut* (*aptare CM*) 77, 20; *claudetur* (*clauditur CM*)
77, 21; *uidentur* (*uidetur CM*) 77, 22; *ex* (*et CM*) 77, 22.

In den Bibelcitaten sind einige Irrtümer nachzuweisen, z. B. *in* ausgelassen 72, 10; *eius* ausgelassen 73, 17; *et* eingeschoben 73, 20; wie es
scheint, ist *beati mundo* (*mundi CM*) *corde* 71, 9 in Übereinstimmung mit
der Vulgata gebracht; so auch bei *insipientia enim illorum manifesta
erit omnibus* (i. e. *eorum omnibus nota est CM*) 77, 7; nur *illorum* weicht
ab. Durch den Sprachgebrauch können noch andere Fehler nachgewiesen werden, z. B. *debeat* (*debet CM*) 68, 2; *patitur* (*patiatur CM*) 70, 20;
cum (*dum CM*) 71, 2; *multum* (*multo CM*) 71, 5; *orietur* (*oriretur CM*)
73, 3 usw. Doch gibt es viele uncontrolierbare Fälle (mehr als 100),
wo man in Anbetracht der sonstigen Eigenarten von *A* das oben auf-
gestellte Princip rechtfertigen kann, nämlich daß unter sonst gleichen
Umständen die Lesarten von *CM* vorzuziehen sind.

Daß wir es bei den Lesarten von *F* mit einem ganz alten, unab-
hängigen Zweige der Überlieferung zu tun haben, ist unverkennbar. *F*
hat ein paar richtige Lesarten an Stellen bewahrt, wo man an eine
spätere Verbesserung kaum denken kann, z. B. *qui cubum quod nomen
est aleae ludere* (*qui cibum quod nomen est tale eludere CM*) 93, 20 und
ut decebat (*ut dicebant CM*) 94, 5; auch an den folgenden Stellen hat *F*
recht: *buddam* (*aliud cuiusdam C, luddam M*) 91, 17; *quod* (*quo CM*)
92, 15; *reliquiis* (*reliquis CM*) 92, 24; *constitutum* (*constituto CM*)
94, 17; *annuntiaturos* (*annuntiaturas CM*) 94, 28; *reperto* (*repertum M*)
95, 11.

·Unverkennbare und sicher nachweisbare Irrtümer gibt es nur wenige,
z. B. *terybeneus, stutianus*; *metri* (*mitre CM*, d. h. *Mithrae*) 91, 20; *habere*
(statt *ab aeris*) 92, 12; *uocem* ausgelassen 94, 24; *positum* (statt *positam*)
94, 24; *stracum* (*strangum CM*) 95, 9; *ne* (*nemo CM*) 95, 13; *in populus*
95, 13.

In den meisten Fällen, wo *F* von *CM* abweicht (etwa 55), bietet *F*
einen lesbaren Text, und hier muß man wie bei *CM* gegen *A* verfahren.
Man kann in vielen Fällen nach dem Sprachgebrauch und allgemeinen
Erwägungen entscheiden. Aber auch hier sind unter sonst gleichen Umständen die Lesarten von *CM* vorzuziehen, weil diese einer HS etwa
des sechsten Jahrhunderts entstammen, jene der Sonderüberlieferung *F*
aber möglicherweise nicht älter als das zehnte Jahrhundert sind. Wo
die Lesarten von *C* und *M* auseinandergehen (etwa 25 mal), gibt *F*

natürlich den Ausschlag, wenn dessen Lesart mit der einen oder der andern HS übereinstimmt, und wenn alle drei verschiedene Lesarten bieten (es gibt etwa 15 solche Fälle), muß *F* wenigstens als gleichwertig betrachtet werden.

Es erübrigt jetzt noch, den wichtigsten Punkt in dem Verhältnisse der HSS untereinander zu erledigen, nämlich den Wert der HSS *C* und *M* abzuwägen. Wir können dabei für den ersten Schreiber von *C* die Lesarten von *A* und Epiphanius heranziehen und den letzten Schreiber von *C* durch die Lesarten von *F* controlieren. Wie schon aus der Beschreibung von *C* zu erwarten war, stellt sich der erste Schreiber (S. 1—33, 28) als der gebildetste heraus; seine Lesarten sind daher immer mit Vorsicht zu betrachten, obgleich der Corrector seine Arbeit am sorgfältigsten durchgesehen hat (s. die Bemerkungen über Interpunktion in *C*, S. XXVIIf.). Aus der Controle durch *A* und Epiphanius gewinnen wir folgendes Bild seines Verfahrens:

Auslassungen: *adda* 5, 5; *amen* 6, 18; *enim* 7, 16; *et* 7, 21; *non* 7, 27; *per epistulam* 8, 21; *scriptam atque* 8, 22; *autem* 9, 20; *a quibusdam principibus* 12, 18; *dilectum* 12, 23; *eis* 14, 20; *excidere radices hominum et cum* 15, 16; *si* 15, 17; *aut in spicas* 15, 29; *illis* 16, 27; *parte* 18, 20; *ignis* 21, 29.

Einschiebungen: *a* 6, 17; *episcopi* 9, 8; *uirtute* 10, 20; *rota* 12, 28; *anxii effecti fuissent* 14, 20; *ut* 16, 16; *et soluo* 17, 15; *ei* 17, 16; *et* 18, 15; *per* 20, 28; *episcopi* 22, 20.

Umstellungen: 4, 20; 4, 23; 4, 25; 5, 7; 5, 21; 9, 4; 10, 29; 17, 27; 21, 28.

Veränderungen von Construction und Formen: *ruina* (statt *ruinis*) 6, 17; *iuxta te recta ratione* (statt *iuxta rectam rationem*) 6, 20; *promisti* (statt *promisisti*) 8, 21; *futuram* (statt *fore*) 9, 1; *putauerunt* (statt *putabant*) 12, 26; *concinnauit* (statt *concinnatam*) 12, 27; *patitur* (statt *facere*) 13, 19; *comparuit* (statt *conparuerit*) 14, 21; *manducant* (statt *manducat*) 16, 16; *ipsi manducentur pane effecti* (statt *ipsum manducari panem effectum*) 16, 16; *mentes* (statt *mentem*) 19, 16; *horum* (statt *huius*) 19, 21; *eo* (statt *eum*) 20, 25; *mittet* (statt *mittit*) 20, 27; *auxilium* (statt *auxilio*) 22, 17; *requirebat* (statt *requirit*) 22, 23; *plurima* (statt *plurimo*) 23, 16.

Synonyma: *legit* (statt *relegit*) 5, 20; *dominum* (statt *deum*) 7, 21; *referendam* (statt *ferendam*) 8, 22; *eum* (statt *illum*) 8, 25; *mannichei* (statt *manis*) 9, 8. 18; *agnouisset* (statt *cognouisset*) 10, 19; *omnem* (statt *uniuersum*) 14, 22; *commisit* (statt *admisit*) 15, 23; *eum* (statt *illum*) 17, 16; *agitationes* (statt *cogitationes*) 18, 16; *illius* (statt *eius*) 18, 18; *gentes* (statt *gentiles*) 20, 31; *luminariorum* (statt *luminarium*) 22, 9; *repleuit* (statt *donauit*) 22, 20; *quadrisole* (statt *trisolium*) 22, 25; *cernit* (statt *decernit*) 23, 7; *uocati* (statt *conuocati*) 23, 13.

Andere Irrtümer: *manus* (statt *manes*) 4, 22; *utramnam* (statt *utrum-nam*) 5, 1; *adhibendum* (statt *ad bibendum*) 5, 15; *igitur* (statt *uero*) 5, 20; *et* (statt *te*) 6, 17; *docentes* (statt *docent dicentes*) 6, 25; *indiscreta* (statt *indiscrete*) 6, 30; *factorum* (statt *factorem*) 7, 21; *inductus* (statt *indutus*) 10, 22; *esse se* (statt *ex sese*) 12, 18; *naturam* (statt *natum*) 12, 26; *enim* (statt *ergo*) 14, 20; *rursum* (statt *sursum*) 14, 28; *dementiantur* (statt *deme-tantur*) 15, 29; *enim* (statt *eum*) 16, 21; *persa* (statt *perseam*) 16, 21; *fa-cias* (statt *faciat*) 16, 26; *estis* (statt *est Iesus*) 18, 18; *materia* (statt *mate-riae*) 18, 20; *luna* (statt *lunam*) 18, 22; *autem* (statt *enim*) 19, 22; *mun-dum* (statt *mundi*) 20, 24; *uita* (statt *uitae*) 21, 26; *ea quae* (statt *et aquae*) 21, 29; *erat* (statt *uero*) 23, 1; *repletur* (statt *repleretur*) 23, 12. Ich füge hier gleich für denselben Teil des Textes die Fehler von *M* hinzu:

Auslassungen: *saepissime* 4, 20; *posse* 4, 25; *ad* 5, 10; *o fili* 6, 29; *et domini* 7, 19; *a te* 8, 18; *uero* 8, 19; *ilico* 9, 2; *prorsus* 9, 7; *portans* 11, 22; *in* 11, 25; *principes* 12, 19; *est* 16, 16; *non* 16, 24; *ad panem* 16, 28; *et* 17, 17; *et uolatilium* 17, 25; *et si . . ipsorum* 19, 16; *non* 19, 17; *in supe-rioribus* 22, 11; *et* 22, 14; *uiris* 23, 7.

Einschiebungen: *et* 5, 26; *et* 7, 24; *os* 8, 7; *ac* 8, 24; *se* 14, 16; *hoc* 17, 20; *in* 17, 22; *dicit* 20, 24.

Umstellungen: 5, 12; 5, 20; 15, 21.

Veränderungen von Construction und Formen: *malignis* (statt *ma-ligni*) 6, 17; *fidem iuxta recta ratione* 6, 20; *plura* (statt *plurima*) 7, 25; *sufficiant* (statt *sufficit*) 7, 27; *tradit* (statt *tradebat*) 8, 22; *illi* (statt *ad eum*) 8, 23; *praecepit* (statt *praecipit*) 9, 2; *tradit* (statt *tradidit*) 9, 4; *super-uenire* (statt *superuenisse*) 10, 19; *pugnaturus* (statt *pugnare*) 10, 23; *furata* (statt *furatae*) 12, 18; *quam* (statt *quas*) 12, 29; *permanet* (statt *permanent*) 13, 24; *appetiit* (statt *adpetit*) 13, 28; *dispergitur* (statt *dispergetur*) 16, 23; *occiderit* (statt *occiderint*) 17, 22; *materia* (statt *materiae*) 17, 26; *paradisi* (statt *paradisus*) 18, 15; *concupiscentia* (statt *concupiscentiae*) 18, 16; *plas-matur* (statt *plasmatus*) 18, 20; *ipsum* (statt *ipsud*) 18, 21; *transfundetur* (statt *transfunditur*) 18, 24; *morientur* (statt *morietur*) 19, 17; *seculo* (statt *secula*) 19, 17; *orantes* (statt *orarent et*) 19, 19; *exorcizatorum suorum* (statt *exorcidiatum*) 19, 20; *habitabant* (statt *habitabunt*) 21, 30; *dei spectans* (statt *deum expectans*) 22, 17; *domo* (statt *domum*) 22, 20.

Synonyma: *primum* (statt *primo*) 6, 23; *aduersus* (statt *aduersum*) 10, 16; *duxisset* (statt *eduxisset*) 10, 28; *impleta* (statt *repleta*) 13, 18; *le-uata* (statt *releuata*) 13, 19; *qui* (statt *si*) 17, 20; *hi* (statt *illi*) 17, 23; *cor-recta* (statt *correpta*) 18, 24; *fecerunt* (statt *creauerunt*) 20, 22; *quoniam* (statt *quia*) 21, 18; *reliquid* (statt *derelinquit*) 21, 22; *accipiens* (statt *reci-piens*) 22, 11; *uero* (statt *autem*) 22, 18.

Andere Irrtümer: *animose* (statt *animus*) 5, 1; *aliquid* (statt *aliquod*)

5, 3; *labiis* (statt *laqueis*) 6, 17; *patrum* (statt *patrem*) 7, 17; *quae* (statt *atque*) 7, 26; *uidere desiderans* (statt *sibi desiderans dari*) 8, 9; *procuraturam* (statt *procuraturum*) 8, 9; *calisto* (statt *callisto*) 9, 1; *descendebat* (statt *discedebat*) 9, 7; *princeps repugnantese* (statt *principes repugnantes ei*) 10, 23; *ea* (statt *se*) 10, 27; *dextras* (statt *dexteras*) 11, 14; *fera* (statt *sphera*) 11, 19; *quod illam ut pareret cohercerent* (statt *quo illum ut par erat coherceret*) 11, 25; *iunxit* (statt *uinxit*) 12, 21; *uidisset* (statt *uenisset*) 12, 26; *status* (statt *statuit*) 12, 27; *morientum* (statt *morientium*) 12, 29; *nauis* (statt *nobis*) 13, 16; *seducti* (statt *educti*) 14, 15; *excecati* (statt *excitati*) 14, 19; *postea* (statt *post eam*) 14, 20; *ut* (statt *uti*) 14, 22; *imaginis* (statt *magni*) 14, 27; *excipit* (statt *incipit*) 15, 16; *moriuntur* (statt *oboriuntur*) 17, 28; *illud* (statt *illum*) 18, 25; *partem* (statt *patrem*) 19, 24; *conditionis* (statt *conditionem*) 20, 24; *aptatur* (statt *raptatur*) 20, 28; *inuenit eum animo* (statt *inuehi in eum animo*) 23, 3.

Man erkennt auf den ersten Blick, nicht nur aus der Zahl der Irrtümer, sondern speciell aus der Art der Fehler und Veränderungen, daß *M* der HS *C* weit nachsteht, und daher darf man bei abweichenden Lesarten, wenn nichts anderes dagegen spricht, die Lesart des ersten Schreibers von *C* mit ziemlicher Sicherheit in den Text einsetzen.

Für den letzten Schreiber von *C* (S. 55, 22 zum Ende) haben wir die controlierenden Lesarten von *A* (67, 6—77, 23) und *F* (90, 11—95, 20). Aus dieser Controle ersehen wir, daß in *C* sich folgende Fehler finden:

Auslassungen: *proprias* 68, 16; *cordis* 72, 2; *et* 75, 18; *in* 77, 15; *et* 77, 18.

Einschiebung: *et* 67, 27.

Veränderungen von Construction und Formen: *prophetaturi sunt* (statt *prophetarunt*) 68, 20; *secularis substantiae* (statt *seculari substantia*) 69, 25; *extruxit* (statt *extructum*) 70, 19; *qui* (statt *quis*) 71, 19; *destruetur* (statt *destruitur*) 72, 14; 73, 5; *praecellet* (statt *-lit*) 72, 19; *erat* (statt *est*) 73, 6; *aufertur* (statt *auferetur*) 73, 7; *intellegentes* (statt *intellegens*) 74, 3.

Synonyma: *docebat* (statt *edocebat*) 68, 14; *iis* (statt *his*) 74, 22.

Andere Irrtümer: *unam* (statt *una*) 67, 20; *et que* (statt *atque*) 67, 20; *plauditoria* (statt *ad auditoria*) 67, 28; *ceualidiores* (statt *ualidiores*) 68, 2; *abiecere* (statt *abicere*) 68, 2; *iis* (statt *is*) 68, 8; *uenisse* (statt *inuenisse*) 68, 13; *que* (statt *atque*) 68, 21; *nc* (statt *nec*) 69, 2; *moyses* (statt *moysen*) 69, 8; *maiores* (statt *maioris*) 69, 10; *contrariam* (statt *contraria*) 69, 12; *autem* (statt *aut*) 69, 12; *praestate* (statt *praestare*) 69, 14; *circumcidente* (statt *-ti*) 70, 27; *circumcidatur* (statt *circumdatus*) 71, 6; *spiritualis* (statt *-li*) 71, 8; *circumcisionem* (statt *circumcisio nec*) 71, 18; *uasi* (statt *uasis*) 71, 27; *aliis* (statt *aliquis*) 72, 4; *edocere* (statt *-ri*) 72, 4; *mose* (statt *moysi*) 72, 6; *litteri* (statt *litteris*) 72, 9; *formarum* (statt *formatum*) 72, 9; *multo*

(statt *multi*) 72, 11; *testat* (statt *testatur*) 72, 15; *soli* (statt *sol*) 72, 17;
contra (statt *contrariam*) 72, 25; *obseruauit* (statt *reseruabit*) 73, 1; *quod*
(statt *quid*) 73, 8; *ipsa* (statt *ipse*) 73, 13; *quia* (statt *qui*) 73, 18; *uentu-*
rum (statt *uenturus*) 73, 21; *haec* (statt *hoc*) 73, 26; *quamuis* (statt *quam*
uim) 74, 23; *simili* (statt *similia*) 74, 28; *facilem* (statt *facile*) 76, 6; *haec*
(statt *hac*) 76, 9; *dixit* (statt *dixisti*) 76, 14; *esset* (statt *esse*) 76, 21; *scrip-*
tura (statt -*rae*) 76, 27; *resisterunt* (statt *restiterunt*) 77, 5. 6; *iamne et*
mambre (statt *iannem et mambrem*) 77, 8; *ueritatis* (statt *ueritati*) 77, 9;
maximum (statt *maximus*) 77, 10; *iesum* (statt *iesu*) 77, 11; *parens* (statt
par est) 77, 21.

Eine ältere Stufe des Verderbnisses: *doctore iis* (statt *doctores*; *doc-*
torem M) 67, 25.

Für denselben Teil des Textes in *M* sind weniger Fälle zu notieren:
Auslassungen: *renuntians* 69, 22; *etiam* 70, 12; *in* 72, 9; *intellegi*
73, 23; *uel* 74, 6; *quomodo* 77, 17.

Einschiebung: *uester* 73, 22.

Umstellungen: 68, 10; 70, 2; 74, 6; 74, 14; 74, 28; 76, 24; 77, 4; 77, 6.

Veränderungen von Construction und Formen: *si* (statt *hi*) 70, 21;
abicit (statt *abiecit*) 72, 25; *pharaonis* (statt *pharaoni*) 75, 14; *crucem* (statt
cruce) 76, 3.

Synonyma: *quia* (statt *ita*) 76, 14; *dicit* (statt *indicat*) 77, 4.

Andere Irrtümer: *scripta* (statt *scriptura*) 71, 9; *est* (statt *et*) 71, 11;
eius (statt *usus*) 71, 26; *gloriae* (statt *gloria*) 72, 16; *contraria* (statt
contrariam) 72, 25; *preparare* (statt *reparare*) 76, 6.

Die Controle von *C* durch *F* gibt ungefähr dieselben Resultate für
den letzten Teil der Acta (S. 90, 11—95, 20).

Auslassungen: *satis* 91, 20; *ex* 93, 9.

Einschiebungen: *et* 90, 13; *eum* 91, 1; *habitare* 91, 8; *de* 92, 17.

Umstellungen: 91, 17; 92, 9; 94, 10; 95, 1.

Veränderungen von Construction und Formen: *sinet* (statt *sinit*)
90, 16; *arguebat* (statt *arguebant*) 91, 20; *curari* (statt *curare*) 93, 18; *possit*
(statt *posset*) 93, 19; *suam* (statt *sui*) 93, 21; *ipso* (statt *ipsum*) 94, 4;
portam (statt *portas*) 95, 19; *inscripsi* (statt *haec scripsi*) 95, 22.

Synonyma: *et* (statt *ac*) 91, 15; *exaggeratio* (statt *certatio*) 91, 21;
nuntiabat (statt *adnuntiabat*) 92, 1; *illius* (statt *ipsius*) 93, 14.

Andere Irrtümer: *cum sequuntur* (statt *consequuntur*) 90, 22; *uitam*
(statt *uita*) 91, 10; *qui cum eo fuerat conuersatus* (statt *omnibus quaecum-*
que fuerant conuersatis) 91, 12; *aliud cuiusdam* (statt *buddam*) 91, 17; *simul*
(statt *simulauit*) 91, 18; *nunc* (statt *tunc*) 92, 7; *inde* (statt *ne*) 92, 11;
a ueris (statt *ab aeris*) 92, 12; *in uita* (statt *inuitans*) 93, 19; *conuenti*
(statt *conuerti*) 94. 6; *accederet* (statt *accideret*) 94, 8; *oratione* (statt *ora-*

tionem) 94, 8; *simulato* (statt *simulatos*) 94, 28; *mum* (statt *oum*) 94, 29; *dignus* (statt *dignis*) 94, 29; *erant* (statt *erat*) 95, 11.

Für denselben Teil in *M* finden sich folgende Beispiele:

Auslassung: *ea* 94, 4.

Einschiebungen: *uir* 91, 2; *magistri* 91, 12; *ut* 93, 19; *est* 93, 24; *mala* 94, 4; *et* 95, 18.

Umstellung: 92, 1.

Veränderungen von Construction und Formen: *a uidua quadam* (statt *ad uiduam quandam*) 92, 5; *manem* (statt *manen*) 93, 25; *audiebat* (statt *audiebant*) 95, 14.

Andere Irrtümer: *inimicitie* (statt *inimicitias*) 90, 21; *hatabat* (statt *thebaide*) 90, 24; *luddam* (statt *buddam*) 91, 17; *esset* (statt *est et*) 93, 5; *edidicit* (statt *ea didicit*) 93, 6.

Die Stellung von *M* ist daher für diesen Teil des Textes bedeutend günstiger als bei dem ersten Schreiber; aber hier wie sonst sind die Lesarten von *M* oft mit großer Vorsicht anzunehmen aus Gründen, die unten angeführt werden.

Für den zweiten Schreiber von *C* (33, 28—53, 4) haben wir keine solche Controle wie für den ersten und den letzten, aber trotzdem ist der wahre Sachverhalt ganz klar. Wie aus der Beschreibung der HS schon zu sehen war, ist der zweite Schreiber der ungebildetste von allen, und ein Blick in den Apparat zeigt, daß er auch der nachlässigste ist. Seine Abweichungen sind meistens evidente Irrtümer oder Verschreibungen; an Verbesserungen zu denken ist, ein paar Fälle ausgenommen, gar kein Grund vorhanden. Einem Schreiber, der solche Veränderungen vornimmt, wie man sie für den zweiten Schreiber von *C* annehmen müßte, vorausgesetzt daß *M* in diesem Teil des Textes die Überlieferung besser bewahrt hätte, einem solchen Schreiber dürfte man kaum so zahlreiche unverkennbare Irrtümer zutrauen. Man kann Verbesserungen in diesem Teil um so mehr dem Schreiber von *M* zuschreiben, weil Correcturen ganz seiner Eigenart entsprechen und sowohl für diesen Teil als für die anderen bei ihm nachweisbar sind. Ein sehr einleuchtendes Beispiel dafür bietet die Behandlung der Bibelcitate [1] in *M*. Zahlreiche Citate sind in Einklang mit der Vulgata gebracht; 24, 10 *ut discant* (*ut discerent C*) I Tim. 1, 20; 25, 30 *si . . iterum aedifico* (*si . . iterum reaedificio C*) Gal. 2, 18; 32, 31 *alioquin rumpuntur* (*alioquin rumpentur C* und *V. A.*) Matth. 9, 17; 35, 14 *qui est in abscondito* (*qui est in occulto C*) Matth. 6, 6; 50, 16 *inpiis et sceleratis* (*inpiis et scelestis*

---

1) Für die Bibelcitate in den Acta aus den Evangelien vgl. Harnack, Texte und Unters. I. H. 3, S. 137 ff.

C und *V. A.*) I Tim. 1, 9; 56, 19 *an experimentum quaeritis (aut e. q. C)*
II. Kor. 13, 3; 57, 2 *aut alium spiritum accipitis (aut sp. al. acceperitis C,*
ἢ πνεῦμα ἕτερον λαμβάνετε) II Kor. 11, 4; 57, 3 *quod non recepistis*
recte pateremini (q. n. accepistis bene p.) II Kor. 11, 4; 57, 9 *secundum opera*
ipsorum (s. o. eorum C, κατὰ τὰ ἔργα αὐτῶν) II Kor. 11, 15; 58, 27
reposita est mihi corona iustitiae (r. e. m. iustitiae corona C und *V. A.)*
II Tim. 4, 8; 73, 22 *dominus deus uester (dominus deus A C;* vgl. 68, 23;
74, 26) Deut. 18, 15; 81, 31 *deus illum exaltauit (d. eum ex. C,* αὐτόν)
Phil. 2, 9; 85, 11 *ante quorum oculos (quorum ante o. C,* οἷς κατ' ὀφθαλ-
μούς) Gal. 3, 1; wahrscheinlich gehören hierher auch 33, 22 *unumquodque*
membrorum (unumquodque membrum C, τὰ μέλη ἕν ἕκαστον αὐτῶν)
I Kor. 12, 18, und möglicherweise 55, 18 *qui prius quidem blasphemus*
fuit et persecutor (qui prius quidem fuit persecutor C) I Tim. 1, 13; 64, 30
praeterquam quod (praeter quod C, aber vgl. 57, 14 *praeterquam quod CM)*
Gal. 1, 8. Bemerkenswert ist, daß *C* bei dem Citat aus Job. 16, 8 zweimal
(24, 4 und 44, 23) liest *ad arguendum mundum de peccato et de iustitia,*
und *M* *ad arguendum mundum de peccato et de iudicio et de iustitia;* in
der Vulgata steht *et de iudicio* und *et de iustitia,* aber in umgekehrter
Reihenfolge.

Hier sollen gleich die Ergebnisse einer Vergleichung der anderen
Bibelcitate hinzugefügt werden, bei denen *C* und *M* auseinandergehen,
zunächst für *C*:

Auslassungen: *regnauit... moysen* 46, 32; *praedicat quem non* 57, 1;
secundum traditionem hominum 58, 22.

Veränderungen von Formen: *renouet* (statt *renouetur,* vgl. Epiphanius,
a. a. O. Cap. 74, am Anfang) 25, 16; *transferremini* (statt *transferimini*)
57, 11; *facit* (statt *fecit*) 65, 32; *occidet* (statt *occidit*) 66, 1; *destruetur*
(statt *destruitur*) 66, 3. 7; *quis es sanctus deus* (statt *qui sis sanctus dei*) 83, 14.

Synonyma: *dominum* (statt *deum*) 52, 1.

Andere Irrtümer: *satanan et satanas* (statt *satanas satanan*) 29, 16;
est (statt *es*) 35, 13; *rescriptus* (statt *praescriptus*) 85, 12

Für *M*: Auslassungen: *ex parte scire et* 24, 5; *enim* und *in* 29, 20. 21;
uobis 58, 6; *et* 63, 26.

Einschiebung: *illo* 85, 18.

Umstellungen: 26, 10 (unsicher); 32, 30 (unsicher); 58, 2; 60, 11;
84, 33; 85, 18 (unsicher).

Synonyma: *se* (statt *eo* unsicher) 56, 11; *mirum* (statt *magnum*) 57, 8.

Andere Irrtümer: *murum circumcucurri* (statt *circum cucurri*) 58, 26.

Auf gleicher Stufe mit der Veränderung von Bibelcitaten steht in
M der Gebrauch von späteren oder gebräuchlicheren Wörtern und Formen,
z. B. *unanimes* (statt *unanimos*) 35, 20; *loculos* (statt *loculum*) 54, 7.

In Anbetracht von Fällen wie *fecerunt* (statt *creauerunt AC*) 20, 22 (nach dem vorhergehenden *fecerunt* verbessert), *mirum* (statt *magnum C μέγα* N. T.) 57, 8 (nach dem vorhergehenden *mirum* verbessert), darf man wohl annehmen, daß *M* auch in folgenden Stellen Verbesserungen nach nahestehenden Wörtern vorgenommen hat: *conditorem* (statt *creatorem*) 26, 30 nach dem folgenden *conditor*; *praeceptum* (statt *mandatum*) 32, 7 (vgl. *praecepto* 32, 2); *praecipiebatur* (statt *dicebantur*) 32, 3, und *praeceptum* 32, 10; vielleicht auch *expetebant* (*expectabant C*) 36, 3; vgl. *expetentes* 36, 1.

Hierher gehört auch der Ausgleich der Construction; so ist, wie es scheint, *brutissimi sensus* (statt *brutissimus sensu*) 32, 21 dem folgenden *obtusissimi cordis* angepaßt.

Es ist nur noch nötig, auf ein paar Interpolationen in *C* hinzuweisen: *nonne dauid de ore leonis uel ursi eruit ouem hoc dicimus propter ore leonis quod ait* 41, 18 und *peccare nostrum est, ut autem non peccemus dei donum est* 51, 2. Die letztere Stelle hat schon Beausobre (Manichéisme Bd. I. S. 111, 112 und Anmerkung) als Interpolation erkannt; die erstere wurde von Zacagni nicht als interpoliert, sondern als verdorben betrachtet. Aus diesem Fall und anderen ähnlichen, ferner aus den Lücken, die in *C* sowohl innerhalb des Satzes als zwischen den Sätzen vorkommen (s. die Beschreibung von *C* S. XXVIII), wollte Zacagni den Schluß ziehen, daß die HS lückenhaft sei; diese Lücken aber unterbrechen den Zusammenhang nicht. Einmal ist *quae* ausgefallen (S. 53, 3), und die anderen von Zacagni herangezogenen Fälle sind nicht durch die Annahme von Lücken zu erklären.

6. Die Überlieferung.

Den Acta war von Anfang an ein wechselvolles Schicksal beschieden. Die Bedingungen der Überlieferung sind von Traube a. a. O. S. 548 trefflich geschildert:

‚Eine Streitschrift waren die Acta und sind es in allen Phasen ihrer Überlieferung geblieben. Nicht ihr literarischer Wert erhielt und schützte sie, nicht der Name eines berühmten Verfassers. Wenn sie auftauchen und verschwinden und wiederum auftauchen, so hebt und verdrängt sie nicht die literarische Mode. Sie wurden verfaßt, übersetzt, abgeschrieben und neuerdings hervorgesucht in dem langen Kampf gegen Manichäer und Neumanichäer. Der Inhalt der Acta war es, der von Zeit zu Zeit die Frage des Tages wurde.‘

Die Schwierigkeit des Inhaltes und die Unklarheit des Stils mußten schon in der griechischen Version viele Verderbnisse hervorrufen. Der

Zustand des bei Epiphanius erhaltenen Teils der Acta gibt vielleicht keine richtige Vorstellung von dem Grad des Verderbnisses, weil höchst wahrscheinlich gerade in diesem Teile die Überlieferung verhältnismäßig gut ist, wie es auch in der lateinischen Übersetzung der Fall ist. Dies ist zu erklären durch das große Interesse, das man an dem Bericht über die Lehre des Manes nahm: man schrieb daher diesen Teil mit viel größerer Sorgfalt ab. In der lateinischen Übersetzung war die Verderbnis im sechsten Jahrhundert schon ziemlich weit fortgeschritten, wie aus den Irrtümern in *A* und *CM* hervorgeht, und in späteren Stufen der Überlieferung finden sich deutliche Spuren von weiterer Verderbnis.

Wie oben erwähnt, führen einige Irrtümer in den HSS bis zur ältesten Stufe der Überlieferung zurück. Ein Beweis für eine Uncialvorlage scheint die Lesart *fecerat* (statt *peccati*) in *CM* (49, 24) zu sein, obgleich diese Verlesung auch aus einer Halb-Uncialvorlage entstanden sein könnte.

Zwischen dieser alten HS einer- und *C* und *M* anderseits ist wenigstens eine Minuskel-HS anzunehmen. Besonders für *C* läßt sich dies aus der häufigen Vertauschung gewisser Buchstaben feststellen. In folgenden Fällen aber brauchen die Irrtümer natürlich nicht alle auf Buchstabenverwechslungen zu beruhen. An einigen wird die Aussprache schuld sein (besonders in *A*); auch Wortvertauschungen und sogar Verbesserungen können vorliegen.

Vertauschungen von *n* und *u*: *commonentur* (statt *commouentur*) 2, 6; *nolentem* (statt *uolentem*) 27, 12; *uobis* (statt *nobis*) 51, 29; *nobis* (statt *uobis*) 25, 5; 84, 32; *nostra* (statt *uestra*) 85, 5; von *b* und *h*: *adhibendum* (statt *ad bibendum*) 5, 15; *e* und *o*: *dyoderi* (statt *diodori*) 64, 5; *si uero* d. h. *uo* mit Strich darüber (statt *siue*) 60, 29; *et* statt *ex*: 10, 20 (corr.); 49, 29.

Andere Vertauschungen deuten auf eine halb-unciale Zwischenstufe; in den meisten Fällen aber können sie aus einer Minuskel-HS entstanden sein: *n* und *r*: *conuenti* (statt *conuerti*) 94, 6; *r* und *s*: *rursum* (statt *sursum*) 14, 28; *a* und *co*: *agnouisset* (statt *cognouisset*) 10, 19; *agitationes* (statt *cogitationes*) 18. 16; *agitata* (statt *cogitata*) 53, 17; *a* und *u*: *utramnam* (statt *utrumnam*) 5, 1; *fractum* (statt *fructum*) 51, 25; *nullum* (statt *nullam*) 59, 11; *dabant* (statt *dabunt*) 63, 30; *r* und *t*: *formarum* (statt *formatum*) 66, 2; 72, 9; *praestate* (statt *praestare*) 69, 14; vgl. in *A* *regebatur* (statt *regebat ut*) 68, 14, und *orabatur* (statt *orabat ut*) 75, 13, wo nicht an eine Minuskelvorlage zu denken ist; *s* und *t*: *extruis* (statt *extruit*) 34, 4; *introducent* (statt *introducens*) 35, 21; *interpretant* (statt *interpretans*) 36, 9; *adsurgent* (statt *adsurgens*) 63, 20.

In *M* gibt es einige Beispiele, die auf eine Minuskelvorlage deuten: *iunxit* (statt *uinxit*) 12, 21; *gentilifacum* (statt *gentilis cum*) 28, 28. Vielleicht ist *probationes* (statt *prolationes*) 21, 25, wie in *A*, aus einer Halb-Uncialvorlage entstanden und *luddam* (statt *buddam*) 91, 17.

Für *A* darf man mit ziemlicher Sicherheit eine Halb-Uncialvorlage annehmen, wie die folgenden Beispiele zeigen: *uere* (statt *ueste*) 71, 6; *regebatur* (statt *regebat ut*) 68, 14; *ostentarum* (statt *ostensurum*) 74, 29; *oratur* (statt *orat ut*) 75, 13; *colerauit* (statt *tolerauit*) 68, 7; *profeticus* (statt *propositus*) 72, 8 ist eher aus einer Halb-Uncialvorlage als aus einer Uncialvorlage entstanden.

Für *F* kommen nur einige Stellen in Betracht: *c* und *g* sind, wie es scheint, verwechselt in *stracum* (statt *strangum*) 95, 9; diese Verwechslung könnte eine Uncialhandschrift voraussetzen; *e* und *t*: *teribeneus* (statt *terebentus*) immer; *r* und *t*: *syriae* (statt *scytiae*) 93, 16.

Obgleich es immer gefährlich ist, die Beziehung zwischen HSS durch einen Stammbaum andeuten zu wollen, besonders wenn der Anhaltspunkte so wenige und so unsichere sind wie bei den Acta, erscheint es doch nicht unzweckmäßig, an der Hand einer graphischen Darstellung zu zeigen, welche Stellung ungefähr die HSS in ihrer gegenseitigen Abhängigkeit einnehmen.

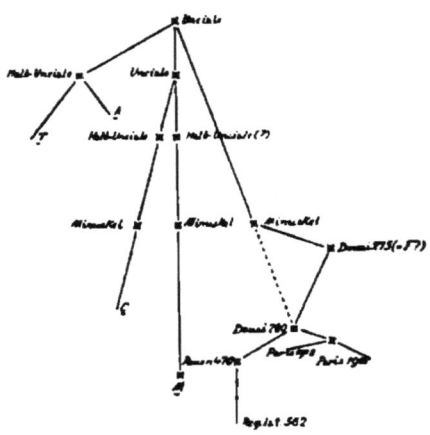

7. Die Ausgaben.

Die erste Ausgabe der Acta wurde, wie bereits erwähnt (S. XXIII), von dem Bibliothekar der Vaticana, L. Zacagni, besorgt (Rom, 1698). Dem Texte gingen eine gelehrte Einleitung und die Testimonia veterum voraus. In der Einleitung bespricht Zacagni (s. oben S. XIV) die Autorschaft der

Acta, die ursprüngliche Sprache, die Zeit der Übersetzung, die Compo-
sition, die Zeit und den Ort der Disputation mit Argumenten, die er
sowohl aus den Acta wie aus anderen Quellen bezogen hat. Einige
Irrtümer von Zacagni sind oben besprochen (S. XLVIII). In den Testi-
monien behandelt er die Quellen der angegebenen Autoren, besonders
aber das Verhältnis zwischen den Acta und Epiphanius.

Als Grundlage der Zacagnischen Ausgabe diente nicht die cassi-
nesische HS (*C*) selbst, sondern eine Abschrift und zwar, wie Zacagni
erkannte, eine sehr unzuverlässige. Obgleich er einige Stellen später
collationieren ließ, bleiben doch viele Fehler in seiner Ausgabe im
Texte sowohl wie im Apparat. Man bekommt aus dieser Ausgabe einen
viel günstigeren Eindruck, als ihn die HS eigentlich erwecken sollte.
Sie bietet zwar die richtige Lesart in mehr als 50 Fällen von 70, wo
Zacagni in seinem Apparat unrichtige Angaben über *C* gemacht hat, doch
gibt es zahllose Stellen, wo *C* Irrtümer aufweist, die von Zacagni nicht
angeführt sind. Die Fehler sind meistens gering und leicht zu ver-
bessern, und es gehört zu seiner unkritischen Methode im allgemeinen, daß
er bei der Anführung der Abweichungen von *C* nicht consequent verfahren ist. Von den Stellen, wo *A* und *F* keine Hilfe boten, sind um
300 Stellen (200 stillschweigend) verbessert; und wo *A* oder *F* Hilfe
boten, ist er oft (um 100 mal) über die kleinen Abweichungen hin-
übergegangen. Von Correcturen ist im Apparat keine Rede. Im
ganzen weist meine Ausgabe mehr als 600 Verschiedenheiten aller
Art von der Zacagnis auf (Lesarten, Auslassungen, Einschiebungen,
verkehrte Reihenfolge usw.) S. 84 der vorliegenden Ausgabe, vielleicht die schlimmste, mag die Art und den Umfang dieser Verschiedenheiten illustrieren: Z. 6 liest Zac. *curans* (statt *curanti*); Z. 7 hat *C*
nisui; Z. 9 liest Zac. *accepisse* (statt *excepisse*) und *intellectum* (statt *in-
teriectum*); Z. 10 *domini* ist ausgelassen; Z. 12 *in se* ist ausgelassen;
Z. 13 *quod* ist ausgelassen; Z. 14 *eum* ist ausgelassen; Z. 16 liest Zac.
aliquis alius (statt *alius aliquis*); Z. 18 *si* ist in *C* ausgelassen; Z. 18 liest
Zac. *non iudicium* (statt *iudicium non*); Z. 20 liest Zac. *connectis* (statt *co-
nectis*); im Apparat zu Z. 21 gibt Zac. *negatis* (statt *negans*) als die Lesart
von *C*; Z. 21 liest Zac. *fueris eum* (statt *eum fueris*); Z. 23 *iam* ist ausgelassen;
Z. 26 hat *C partus* (statt *partu*); Z. 27 liest Zac. *quomodo* (statt *quo*).

Viele Irrtümer sind aus Verlesungen der beneventanischen Schrift
(z. B. *eo* und *a*, *l* und *I* longa, *to* und *ac* sind verlesen) und auch aus Ver-
wechslungen der Abkürzungen, besonders der Präpositionen *per*, *prae*
und *pro* entstanden; einige Veränderungen sind vorgenommen, ob ab-
sichtlich oder nicht, ist schwer zu sagen, z. B. *misertus* (statt *miseratus*)
3, 20; 92, 15; *mesopotamensis* (statt *mesopotamenus*) 5, 13; *praesagitus*

(statt *praesagatus*) 9, 6; *tenentem* (statt *tenacem*) 25, 11; *docere* (statt *doctoris*) 25, 15; *inscitias* (statt *infitias*) 25, 28; *ediscere* (statt *addiscere*) 27, 20; *prudentiae* (statt *prouidentiae*) 32, 18; *editum* (statt *conditum*) 33, 6; *constitui* (statt *construi*) 33, 28; *commixtione* (statt *commixta*) 35, 7; *expectantes* (statt *expetentes*) 36, 1; *reuoluat* (statt *reuolutus*) 37, 17; *dicat* (statt *dic age*) 39, 5; *adducere* (statt *abducere*) 40, 4; *uallum* (statt *uallos*) 42, 11; *rescruatus* (statt *refutatus*; Zac. vermutet *confutatus*) 43, 23; *noster* (statt *meus*) 55, 7. 13; 74, 12; *propterea* (statt *pro certo*) 56, 11; *Christum* (statt *Iesum*) 57, 1; 55, 23 (im letzteren Fall hat Beausobre schon die Lesart *Iesum* als die der manichäischen Lehre erkannt); *penetralibus* (statt *penetrabilibus*) 58, 6; *infirmis* (statt *infimis*) 61, 28 ist vielleicht die richtige Lesart; *fugere* (statt *fugare*) 63, 22; *effugiendum* (statt *effugandum*) 63, 23; *aestimo* (statt *constituo*) 66, 13; *solutionem* (statt *exolutionem*) 66, 31; *pro respectu* (statt *prospectu*) 68, 12; *gloriabitur* (statt *glorificabitur*) 68, 17; *noster* (statt *uester*) 68, 23; *mari* (statt *naui*) 75, 25; *iam* (statt *cum*) 82, 28; *producis* (statt *pronuntias*) 58, 3; *parari* (statt *portari*) 68, 7; *iudicantur* (statt *indicantur*) 89, 30; *commisceri* (statt *et coadmisceri*) 97, 6 und noch viele andere Stellen.

Ausserdem sind viele Auslassungen und einige Einschiebungen gemacht (z. B. nach *primus, parens*, 10, 25; *praedicat quem non* 57, 1; *in manifesto . . . quae* 66, 15 usw.).

Außer *C* und dem von Valesius veröffentlichten Text von *A* zog Zacagni die Lesarten des Codex Reg. lat. 562 und den griechischen Text des von Epiphanius bewahrten Auszuges heran.

Wie es nun auch sein mag, ob Zacagni oder der Abschreiber von *C* an den oben besprochenen Irrtümern schuld ist — und man möchte sie lieber dem letzteren zutrauen — man muß doch sagen, daß Zacagni in dem Teile, der als seine eigene Arbeit anzusehen ist, sich als klug und tüchtig beweist. Die Einleitung, die Behandlung des Epiphanius, die vielen sachlichen Anmerkungen und einige scharfsinnige Conjecturen scheinen das Lob von Mansi, der das Werk ein ‚aureum opusculum‘ genannt hat, zu rechtfertigen.

Die wichtigeren Verbesserungen, die Zacagni vorgeschlagen hat, sind im Apparat verzeichnet; nur der Vollständigkeit wegen füge ich die anderen Verbesserungen (außer rein orthographischen Veränderungen) hinzu: *maiori* (21, 27); *es* (28, 1); *expetet* (28, 12); *spectat* (28, 14 bis. 21); *alteri* (34, 11); *gubernator* (34, 22); *Manen* (34, 31); *extrinsecus* (36, 2); *discubitus* (36, 4); *Lysimachus* (36, 19); *ueram* (38, 15); *demonstrat* (38, 31); *substantia* (40, 6); *fouea* (41, 4); *maligno* (41, 7); *saluabit* (41, 12. 15); *et* (44, 1); *inuisibilia* (49, 14); *protinus* (49, 17); *sermonis* (53, 4); *poenitentia* (55, 2); *nonnulli* (55, 6); *ministros* (57, 9); *deerat* (57, 16); *signum*

(58, 7); *explorandum* (59, 6); *ludes* (59, 29); *die* (65, 25); *hac* (67, 3); *textura* (67, 22); *duarum* (80, 3); *sinere* (83, 14); *suscitabit* (84, 31); *hominem* (86, 12); *hac* (86, 24); *inueniuntur* (86, 26); *eum* (87, 10); *eis* (87, 19); *strangam* (95, 9); *tantum* (95, 28); *tractatuum* (96, 18); *melioris* (97, 6).

Die Ausgabe der Acta von Fabricius (am Schluß seiner Ausgabe des Hippolytus, Bd. 2, S. 134 ff. Hamburg, 1718) bietet außerdem den Text der Auszüge, die sich im Turiner Codex finden.

Seitdem sind die Acta mehrfach wieder gedruckt worden (z. B. bei Mansi, Supplem. Concil. Bd. 1, S. 16 ff. Lucca, 1748 und Amplissima Coll. Concil. Bd. 1, S. 1129 ff. Florenz 1759; von Gallandius, Bibl. Vet. Patr. Bd. 3. S. 569 ff. Venedig 1767); von Routh, Reliquiae Sacrae, Bd. 4, S. 143 ff. Oxford, 1818 (Bd. 5² S. 36 ff. Oxford, 1848); von Caillau, Collectio Patr. Bd. 15, S. 127 ff. Leipzig, 1829 und Migne, Patr. Graec. Bd. 10, 1405 ff). Alle die späteren Ausgaben haben den Text von Zacagni zur Grundlage, und keine außer der Routh'schen, die einige kritische Bemerkungen und Verbesserungen enthält — mehrere Verbesserungen, die er vorschlug, wurden durch die neue aufgefundene HS bestätigt —, bedeutet einen wesentlichen Fortschritt über die Editio princeps hinaus.

8. Schlußwort.

· Einige Bemerkungen über die neue Ausgabe mögen hier ihren Platz finden. Ich habe den Text mit Paragraphenzahlen versehen, um das Citieren zu erleichtern. Weil für diesen Zweck einige der Zacagnischen Capitel zu lang erschienen und einige nicht richtig geteilt wurden, habe ich eine neue Einteilung durchgeführt, dabei aber die Zacagnischen Capitelzahlen beibehalten und in Klammern gesetzt, damit man die früheren Citate nach diesen Zahlen auffinden kann. Die dem griechischen Text in Klammern beigesetzten Zahlen sind die Capitelzahlen der Ausgaben des Epiphanius. Was die Orthographie betrifft, so habe ich im allgemeinen nach der ältesten HS *A* (s. S. XXI) die unassimilierten Formen geschrieben; bei *hedus, hereditas, heresis, pedagogus* usw. bin ich den HSS gefolgt, so auch bei *Aegyptus, Graecus, saeculum* usw.; wo die HSS inconsequent sind, habe ich die gebräuchlicheren Formen vorgezogen, z. B. *Manichaeus, Pharao, propheta* usw.; bei *Istrahel* bin ich *A*, und bei *paracletus C* gefolgt. In bezug auf die gewöhnliche Schwierigkeit der Unterscheidung von *ii* und *hii* ist zu bemerken, daß *ii* nie vorkommt; nur ist es in der Lesart von *C ita* (statt *ii a*) 57, 10 verborgen. *A* hat immer *hii* (= *ii*, bezw. *hi*) 23, 14 (*hi M*); 70, 21 (*hi C, si M*); *his* (= *is*) 68, 8; 74, 2; *CM* haben *hii* 23, 14; 45, 9. 18; 46, 12; 48, 6; *M* hat *hii* (= *ii*) 57, 10 und (= *hi*) 91, 2; *CM* haben *hi* 37, 31; 94, 10. *C* scheint am

consequentesten zu sein, und daher habe ich, wo *C hii* hat, *ii* gelesen, bietet *C* aber *hi*, so habe ich diese Lesart beibehalten. Wo *M*
allein in Betracht kommt, kann man nicht entscheiden, ob *hii* als *ii*
oder als *hi* zu fassen ist. Dieselbe Schwierigkeit besteht bei den Formen
iis und *his*, weil *C*, sogar für *is*, gern *iis* schreibt und *M his*.

In dem griech.-latein. Wortregister habe ich die entsprechenden
lateinischen Wörter und Ausdrücke durchweg aufgeführt. Wie oben
(S. XVII) gesagt, sind diese oft nicht richtige Übersetzungen des
Griechischen.

Für den Zweck und Umfang des lateinischen Wortregisters s. die
Anmerkung zu S. 114.

Es bleibt mir die angenehme Pflicht, denjenigen zu danken, die mir
bei dieser Ausgabe Hilfe geleistet haben. Zunächst den Bibliothekaren,
die mir bei dem Collationieren der HSS behilflich waren, Photographien
besorgt, HSS verschickt, Stellen verglichen und Auskunft über HSS gegeben haben; auch meinen Freunden, den Herren E. Reisinger, E. von
Welz, und Mr. E. A. Loew, die mir in verschiedener Weise behilflich
gewesen sind, und besonders meiner Frau, die den größten Teil des
Stellenregisters, des Namenregisters und des griechischen Wortregisters
und einen vollständigen Wortindex der Acta angefertigt und die meisten
Correcturen mitgelesen hat. Zu großem Dank verpflichtet bin ich Herrn
Professor Holl, der mir die Lesarten des Codex Jenensis, des einzigen,
der für diesen Teil des Epiphanius in Betracht kommt, freundlichst mit-
geteilt und mich dadurch vor einigen Irrtümern bewahrt sowie die
Correctur des griechischen Textes durchgelesen hat, Herrn Professor
Krumbacher, der die Correctur des griechischen Textes gelesen, und
Herrn Professor C. Schmidt, der die Correcturen des Ganzen mitgelesen
und einige Verbesserungen beigesteuert hat. Vor allem aber stehe ich
in der Schuld des Herrn Professor Traube, der mir auf Schritt und
Tritt bei der Vorbereitung dieser Ausgabe mit Hilfe und Rat zur Seite
gestanden und sämtliche Correcturen durchgearbeitet hat. In Anbetracht
seiner Verdienste um die Acta sowohl durch seinen schönen Fund, der
eine neue Ausgabe erst ermöglichte, als durch seine Hilfe bei der Ausgabe
selbst und auch als ein Zeichen persönlicher Bewunderung und Dank-
barkeit würde es mir große Freude und Ehre bereitet haben, meinem hoch-
geehrten Lehrer und Freund diese Arbeit widmen zu dürfen; daran aber
bin ich leider durch eine Satzung der Kirchenvätercommission verhindert.

München, August 1906.

Charles Henry Beeson aus Chicago.

HEGEMONIUS
ACTA ARCHELAI

Verzeichnis der Handschriften und Abkürzungen.

M (Monacensis), XII. Jahrhundert, im Besitz des Herrn Professor Traube, für den ganzen Text.

C (Casinensis 371), XI/XII. Jahrhundert, S. 1—97, 7.

A (Ambrosianus O. Sup. 210), VI. Jahrhundert, S. 4, 20—23, 17 und S. 67, 6 —77, 23.

F S. 90, 11—95, 20.

  Douai 275, X. Jahrhundert.

  Douai 280, XII. Jahrhundert.

  Rouen 470, XII. Jahrhundert.

  Paris lat. 1908, XII. Jahrhundert.

  Paris lat. 1918, XII. Jahrhundert.

  Rom Reg. lat. 562, XV/XVI. Jahrhundert.

T (Turin, Hofarchiv. 1. b. VI. 28.) VI/VII. Jahrhundert, Auszüge aus S. 90, 22—95, 20.

J (Jenensis), XIII. Jahrhundert, für Epiphanius.

C^1 bedeutet, daß der Schreiber selbst eine Veränderung vorgenommen hat;

C^2 daß der Corrector dies getan hat.

C^3 bedeutet den ganz späten Schreiber, der, sei es allein, sei es in Verbindung mit anderen, Änderungen vorgenommen hat.

Veränderungen von ungewisser Hand sind nur mit *C* bezeichnet, aber in den meisten dieser Fälle wird wohl der mit C^2 bezeichnete Corrector eingegriffen haben.

M, M^2 usw. sind ebenso zu verstehen.

Erläuterung der Zeichen.

< = läßt aus

+ = fügt hinzu

∽ = stellt um

* = Lücke

· · = Citat

( ) = Parenthese des Schriftstellers, bezw. des Übersetzers.

⟨ ⟩ = auf Conjectur beruhender Zusatz

[ ] = zu beseitigender Einschub

† = nicht sicher zu heilende Textverderbnis.

ACTA ARCHELAI.

Thesaurus verus sive disputatio habita in Carcharis civitate Mesopotamiae Archelai episcopi adversus Manen, iudicantibus Manippo et
Aegialeo et Claudio et Cleobolo. In qua urbe erat quidam vir Mar- 2
5 cellus nomine qui vita et studiis et genere, prudentia quoque et hones-
tate valde clarus habebatur; facultatibus etiam copiosus et quod
omnium maximum est, religiosissime deum timens, et his quae de
Christo dicebantur semper cum timore auscultans, nec quicquam omnino
boni erat quod illi viro deesset; unde et honore plurimo ab universa 3
10 civitate colebatur plurimisque ipse civitatem suam frequenter largitio-
nibus remunerabatur, pauperibus tribuens, adflictos relevans, tribulatis
auxilium ferens. Sed ne infirmitate verborum virtutibus viri derogemus
potius quam digna proferamus, haec dixisse sufficiat: ad opus quod
propositum est veniam. Quodam in tempore cum Archelao episcopo 4
15 captivorum multitudo fuisset oblata a militibus qui ibi castra servabant,
septem milia numero et septingenti, non mediocris eum sollicitudo con-
strinxerat, eo quod pro salute ipsorum aurum a militibus posceretur;
quique cum dissimulare non posset, pro religione et timore dei vehementer aestuabat et, tandem ad Marcellum properans, rei gestae nego-
20 tium exponit. Verum ut haec audivit piissimus Marcellus, nihil omnino 5

CM

1 Disputatio archelay et munychei (*rot*) vel munes scripta ab emogenio presbytero *von zwei Schreibern des XIV. Jahrhunderts geschrieben C.* Incipit Alter-
catio Sancti Archelay episcopi mesopotamie cum maledicto Manicheo heretico ubi
dicitur et de condicione et de doctrina et de fine ipsius maledicti manichei (*rot*)
M | 2 carcharis] *zu* carchar *durch Ras. corr.* C charcharis *M, rgl. 4, 4; auch bei
den Griechen ist die Form dieses Wortes unsicher; bei Epiphanius findet man die
Formen* Καοχάρων *und* Καλχάρων, *bei Photius* Καρχάρων, *bei Cyrill und Socrates*
Καοχάρων, *bei dem Auctor anonymus libelli Synodici (s. Einleitung)* Καρχάρων |
3 archelai episcopi adversus manen < C *vielleicht mit Recht* | adversus] uersus
a. Ras. M | 4 egealeo M; *vgl. für diese Namen* 23, 9—11 | cleobulo M | *nach*
urbe + mesopotamie C | 8 abscultans M | quicquam] c *a. Ras. w. e. sch.* C |
11 remunerabat M | 13 *nach* sufficit + ut M | 14 ueniamus M | 18 qui C |
19 rei gestae] omne (*aus* omnem *corr.* M²) M | 20 ut vero M | *nach*
audiuit + uir C

Acta Archelai.   1

moratus, ingreditur domum praeparans pretia captivorum quantacumque
poposcissent qui deduxerant vinctos, et continuo, reseratis bonorum
suorum thesauris, pietatis pretia militibus nec numero aliquo nec discretione ulla distinguit, ut magis dona quam pretia viderentur. At illi **6**
5 admirati et amplexi tam inmensam viri pietatem munificentiamque et
facti stupore permoti exemplo misericordiae commoventur, ita ut plurimi
ex ipsis adducerentur ad fidem domini nostri Iesu Christi, derelicto
militiae cingulo: alii vero, vix quarta pretiorum portione suscepta, ad
propria castra discederent; ceteri autem parum omnino aliquid quantum
10 viatico sufficeret accipientes abirent.

    II. His itaque gestis laetus erat valde Marcellus et, accito uno ex
captivis Cortynio nomine, perquirebat ab eo causam belli vel quo casu
ipsi inferiores extiterint ac vinculis captivitatis innexi sint. At ille, **2**
loquendi sibi potestate permissa, ita exorsus est: Nos, domine mi Mar-
15 celle, viventi deo credimus soli. Est autem nobis mos huiusmodi
patrum nostrorum in nos traditione descendens quique a nobis obser-.
vatus est usque ad hunc diem, per annos singulos extra urbem egressi
una cum coniugibus ac liberis, supplicamus soli et invisibili deo, im-
bres ab eo satis nostris ac frugibus obsecrantes; quod cum tempore ac
20 more solito celebraremus, inmorantes ieiunos vesper obtexit et grava-
bant nos duo omnium difficillima, ieiunium et vigiliae. Circa medium **3**
vero noctis invidus nobis et inportunus somnus obrepsit et, cervicibus
degravatis ac laxis, demisso capite, frontem genibus inlidit. Hoc autem
factum est, quoniam tempus aderat ut dei iudicio poenas pro meritis
25 penderemus: forsitan enim peccantes ignorabamus aut etiam agnoscentes non desinebamus. In illa igitur hora subito militum nos multitudo **4**
circumdat, ut aestimo, putantes nos pro insidiis consedisse aut omnino
usum vel studium habere proeliorum; et nulla conventus nostri causa
penitus explorata, bellum nobis denuntiant, non sermone sed gladio, et
30 homines, qui iniuriam facere cuiquam non didicimus, sine ulla misericordia missibilibus vulnerant, hastis confodiunt, mucronibus iugulant.
Et interfecerunt quidem ex nobis ad mille trecentos viros, vulneraverunt **5**
autem quingentos. Cum vero dies inclaruit, qui superfuerant ex nobis
huc perduxerunt captivos, nec sic quidem aliquid nobis misericordiae
35 concedentes; agebant enim nos ante equos, hastilium verberibus stimu-

CM

3 pretium *M* | **4** at] quod *M* | **6** commonentur *C* | ita < *C* | **7** adde-
rentur *C* | **8** vero] autem *M* | *nach* quarta + parte *M* | **9** autem] uero *M* | **12**
cortynio nomine] continuo *M* | **15** credidimus. Solis autem est *M* | **17** intra
C | **20** ieiunos] nos ieiunio *M* | **21** difficilia *C* | **23** lassis *C* | demerso *C*
| elidit *C*   **26** militum nos ∽ *M* | **33** inclinauit *M* | **34** perduxere *M*

latos et equorum frontibus inpulsos. Et perduravit quidem si cui vires **6**
fuerunt tolerandi, plurimi vero ante ora dominorum crudelium conci-
dentes, animas exhalabant; pendentes uberibus parvulos suos matres,
defatigatis ac demissis onere brachiis, humi decidere sinebant, agitatae
5 insequentium minis; omnis vero senilis aetas victa laboribus ac resoluta
per inediam corruebat in terram. Superbi vero milites hoc tam cruento **7**
conlabentium spectaculo tamquam voluptate aliqua fruebantur, cum
alios deficientes sterni solo cernerent, in aliis sitis ardoribus fatigatis
intuerentur etiam vocis meatum, arescente linguae glutino, praepediri;
10 alios vero viderent, conversis post terga oculis, expirantium parvulorum
suorum ingemiscentes exitiis, cum illi infelicissimas matres vagitibus
inclamarent, illae vero praedonum acerbitatibus agitatae, quibus solis
libere uti licebat, gemitibus responderent: quarum si quae tenerius **8**
propriis indulserunt visceribus, interitus sortem sponte sibi parem cum
15 filiis praesumpserunt; si quae vero habere aliquid tolerantiae potuerunt,
captivae huc usque perductae sunt. Triduo itaque exacto, cum ne
noctibus quidem aliquam requiem cepissemus, ad locum hunc perdu-
cimur, in quo post haec iam quid gestum sit melius ipse tu nosti.

III. His auditis piissimus Marcellus plurimum in lacrimas profusus
20 est, miseratus tantos et tam varios casus; sed nihil moratus, cibos praeparat, fatigatis per semetipsum ministeria exhibens, imitatus patrem
nostrum Abraham patriarcham, qui quondam angelis a se hospitio
susceptis, non vernaculis inperavit vitulum deferre de gregibus; sed
ipse senior inpositum humeris pertulit ac per semet praeparatos cibos
25 propriis manibus angelis adposuit. Simili et Marcellus functus officio. **2**
denos praecepit per convivia reclinari, septingentisque omnibus extructis
mensis, cum ingenti laetitia reficiebat universos, ita ut qui superesse
potuerant oblivionem caperent laborum ac totius mali efficerentur in-
memores. Cum autem quintus decimus transigeretur dies, Marcello **3**
30 cuncta adfatim ministrante captivis, placuit eis omnibus remeandi ad
propria tribui facultatem, praeter eos quos vulnerum suorum cura retinebat, quibus conpetenti adhibita medela, ad sua ceteros abire praecepit.

22 Gen. 18

CM

1 expulsos *M* | 2 fuere *M* | 3 exalabant *M* | 4 dimissis *C* | 5 victa] *aus*
uita *durch übergesch. c corr.* *C²* | 9 arescentis *M* | 10 tergum *M* | 11 exitus *M*
13 respondebant *M* | 14 indulgerent *C* indulsere *M* | 18 gesti *M* | tu < *C* | 19
nach auditis + uir *C* | plurimum in lacrimas] plurimas lacrimas *M* | 21 ministerio
parens *M* | 23 de < *M* | 24 se *M* | 25 apponit *M* | 28 potuerunt *M*
obliuione *C* | 29 transgrederetur *M* | 30 cuncta < *M* | ministranti *Routh* | 31
suorum < *C* | 32 competens *C* | adhibita] d *aus* t *corr.* *C²* | medella *steht a. Ras.*
von etwa neun Buchst., das zweite l *ist durchstrichen* *C* ceteros ad sua *M*

Sed his omnibus maiora addidit Marcellus pietatis officia: cum plurima **4**
namque suorum manu progressus est ad sepelienda corpora in itinere
peremptorum et omnia quaecumque invenire potuit, ut dignum erat,
tradidit sepulturae: quo munere inpleto, rursum ad Carcharam rediit
5 atque exinde recuperata sanitate vulneratos ad patriam remeare per-
mittit, largissimo ad iter viatico praeparato. At vero facti huius opinio **5**
ad reliqua Marcelli bene gesta inmensum cumulum contulit: per universam enim regionem illam ingens fama discurrit de pietate Marcelli,
ita ut plurimi ex diversis urbibus videndi atque agnoscendi viri cupi-
10 ditate flagrarent, et maxime hi quibus ferre penuriam usus ante non
fuerat, quibus omnibus vir egregius indulgentissime ministrabat. Marcelli veteris imitatus exempla, ita ut omnes dicerent hoc viro nullum
pietate praestantiorem. Sed et viduae universae in domino credentes **6**
ad eum concurrebant; inbeccilli quoque auxilium sibi de eo certissimum
15 praesumebant nec non et orphani omnes ab ipso nutriebantur. Et
quid amplius dicam? Amator pauperum Marcellus cognominatus est
domusque eius peregrinorum et pauperum hospitium dicebatur: super
omnia vero fidei curam egregie ac singulariter retinebat, aedificans cor
suum super inmobilem petram.

20   IV. Igitur cum diversis in locis de eo fama saepissime spargeretur,
etiam Stranga fluvio superato, Persarum in regione eum pertulit admirandum in qua demorabatur Manes quidam, qui ad se huiuscemodi viri
opinione perlata, plurimum ipse secum volvebat quemadmodum eum
doctrinae suae posset laqueis inretire, sperans adsertorem dogmatis sui
25 fieri posse Marcellum. Praesumebat enim universam se posse occupare **2**
provinciam, si prius talem virum sibimet subdere potuisset; in quo

   A (von 20 an) CM

   4 rursum < C | charram C carcaram M | **6** at] ad C, das d ist getilgt
und t ist übergesch. von C² | **8** enim < M | **9** ex] de M | cognoscendi C |
10 fraglarent M | et < M | hii (zweimal corr., das h ist durchstrichen und das
zweite i radiert) C his M | **11** fuerat] zu fuerant durch übergesch. n corr. C² |
13 praestare M | **14** nach concurrebant + cum C | ex eo sibi auxilium C |
15/16 et quid amplius . . . cognominatus est < C | **17** dicebantur C | **18** nach
vero + haec C | Mit Cap. IV fängt der Auszug in A an. Die Überschrift
lautet: Incipit doctrina iniqui et perfidi manichei | Eine ganze Zeile ist aus-
radiert | In qua doctrina decipet animas infirmorum. Unde tu Christia ne catho-
licae quisquis es lege et caue ne seducaris uerbis | eius et cadas in laqueos ipsius.
| **20** de marcello fama .t fama de eo C | saepissime] sepissima A < M | sparg-
geret A | **21** stranga] trangan A, vgl. 95, 9 wo der Fluss strangum heisst; bei
Epiphanius Στράγγα | separato A | **22** manes] manus C | quidam] zu quae-
dam corr. C³ | **23** opinione] das erste n aus Corr. A | plurima CM | ipse
secum ∼ C | **24** possit A | **25** se] übergesch. A | posse occupare ∼ C
posse < M

duplici cogitatione animus aestuabat utrumnam ipse ad eum pergeret an litteris eum primo temptaret adoriri; verebatur enim ne forte inproviso et subito ingressu malum sibi aliquod nasceretur: ad ultimum 3 versutioribus consiliis parens, scribere decrevit, accitumque unum ex dis-5 cipulis Adda Turbonem nomine, qui per Addam fuerat instructus, tradita epistula, abire iubet ac perferre Marcello; quique acceptam eam huic cui a Mane praeceptum fuerat pertulit, omni itinere diebus quinque transacto. Veloci etenim usus est cursu. in quo plurimum supradictus Turbo 4 laboris et molestiae pertulit; si quando enim ad vesperam velut pere-10 grinans ad hospitium pervenisset, quae quidem ipsa diversoria hospitalissimus Marcellus instruxerat, cum a servatoribus hospitiorum interrogaretur unde et quis vel a quo missus esset, aiebat: Sum quidem Mesopotamenus, de Persida autem venio, a Manichaeo magistro Christianorum missus. At illi ignotum sibi nomen non libenter amplexi, 5 15 Turbonem etiam ipsis hospitiis detrudebant, ne aquae quidem ipsius ad bibendum facultate concessa: quae cum singula cotidie atque horum nequiora perferret ab his qui per singula loca mansionibus atque hospitiis praeerant, nisi ad ultimum Marcello se portare litteras indicasset, peregrinus Turbo mortis pertulisset exitia.

20   V. Acceptas vero Marcellus litteras resolvit ac relegit, praesente Archelao civitatis episcopo, quarum exemplum est hoc:

(VI.) Μανιχαῖος ἀπόστολος Ἰησοῦ Χριστοῦ καὶ οἱ σὺν ἐμοὶ πάντες ἅγιοι καὶ παρθένοι, Μαρκέλλῳ τέκνῳ ἀγαπητῷ· χάρις, ἔλεος· εἰρήνη ἀπὸ θεοῦ πατρὸς καὶ κυρίου ἡμῶν Ἰησοῦ Χριστοῦ, καὶ ἡ

25   Manichaeus apostolus Iesu Christi et qui mecum sunt omnes sancti et virgines, Marcello filio carissimo: gratia, misericordia, pax a deo patre et domino nostro Iesu Christo, et dextera lucis conservet

ACM und Epiph. (= 25—27)

1 animus] animose M | stuabat A | utramnam C | ad eum pergeret] ex se ad eum pergeret C per se ageret ad eum M p. s. ad eum ageret M² | 3 ingressum A | aliquid M | 4 versutioribus] es folgt in A eine Ras. von drei Buchst.
5 adda < C | qui . . . instructus] vielleicht eine Glosse zu adda | Τύρβων Epiphanius | addam] adda A | 6 acceptam eam die beiden m-Zeichen durchstrichen C² | 7 manen A manne C | praeceptum fuerat ∽ C | 8 curso A | 9 et < A | 10 ad < M | 11 intruxerat A | 12 esset] nach quis in M | 14 ad wie immer A | ignoratum A | 15 ipsi A | adhibendum C | 16 singula cum M ∽ M² | cotidiae A | adque wie immer A | 17 perferre A | hosptiis A | 18 indicasse A | 20 vero] igitur C | marcellus litteras ∽ M | legit C | 21 est hoc ∽ C | 25 apostolus] s aus m w. e. sch. corr. A | ihm A | 26 nach misericordia + et M | 27 dnm nm ihm xpm A

δεξιὰ τοῦ φωτὸς διατηρήσειέ σε ἀπὸ τοῦ ἐνεστῶτος αἰῶνος πονηροῦ
καὶ τῶν συμπτωμάτων αὐτοῦ καὶ παγίδων τοῦ πονηροῦ· ἀμήν.

Τὴν μὲν περὶ σὲ ἀγάπην μεγίστην οὖσαν αἰσθηθείς, λίαν ἐχάρην· 2
τὴν δὲ πίστιν οὐκ οὖσαν κατὰ τὸν ὀρθὸν λόγον ἠχθέσθην· ὅθεν
5 πρὸς ἐπανόρθωσιν τοῦ τῶν ἀνθρώπων γένους ἀποσταλεὶς φειδόμενός
τε τῶν ἀπάτῃ καὶ πλάνῃ ἑαυτοὺς ἐκδεδωκότων, ταῦτα τὰ γράμματα
πρὸς σὲ ἀναγκαῖον ἡγησάμην ἀποστεῖλαι· πρῶτον μὲν πρὸς σωτηρίαν 3
τῆς σεαυτοῦ ψυχῆς, ἔπειτα δὲ καὶ τῶν ἅμα σοι τυγχανόντων, πρὸς
τὸ ⟨μὴ⟩ ἀδιάκριτόν σε ἔχειν τὸν λογισμόν, ὡς οἱ τῶν ἁπλουστέρων
10 καθηγεμόνες διδάσκουσι λέγοντες τὸ ἀγαθὸν καὶ τὸ κακὸν ἀπὸ τοῦ
αὐτοῦ φέρεσθαι, καὶ μίαν ἀρχὴν εἰσηγούμενοι, οὐ διακρίνοντες οὐδὲ
διαιροῦντες ἀπὸ τοῦ φωτὸς τὸ σκότος καὶ τὸ ἀγαθὸν ἀπὸ τοῦ κακοῦ
καὶ φαύλου καὶ τὸν ἔξωθεν ἄνθρωπον ἀπὸ τοῦ ἔνδον, ὡς προεί-
πομεν. ἀλλὰ κιρνῶντες καὶ ἐγκαταμιγνύντες θάτερον θατέρῳ οὐ
15 παύονται. σὺ δέ, ὦ τέκνον. μὴ ἴσα τοῖς πολλοῖς τῶν ἀνθρώπων 4
ἀλογίστως καὶ ἁπλῶς ἀμφότερα, ὡς ἂν τύχοι, ἐνώσῃς. μηδὲ τῷ τῆς

te a praesenti saeculo malo et a ruinis eius et laqueis maligni.
Amen.

Dilectionem quidem tuam inmensam sentiens, vehementer gavisus 2
20 sum: fides vero quia non sit iuxta rectam rationem moleste tuli;
propter quod ad emendationem generis humani missus et subveniens
his qui se seductionibus atque erroribus tradiderunt, haec scripta ad
te necessarium duxi transmittere; primo quidem ad salutem animae 3
tuae, deinde et eorum qui tecum sunt, uti ne indiscretos animos geras,
25 sicut simpliciorum magistri docent dicentes malum et bonum ab eodem
auctore subsistere, et unum initium introducentes, neque quicquam
perscrutantes vel discernentes a luce tenebras et bonum a malo et
exteriorem hominem ab interiori, sicut praediximus: sed confundere ac
permiscere alteram alteri non cessant. Tu vero, o fili, ne similiter ut 4
30 multi hominum inrationabiliter et simpliciter utraque indiscrete per-

ACM und Epiph.

1 διατηρήσειε] Dindorf, διατηρήσει J | 9 μὴ] von Cornarius und Petavius
eingefügt | 17 te a] te de A et a C | ruina C | de laqueis malignis A a
laqueis maligni C labiis malignis M | 18 amen < C · 20 fidem M | iuxta te
recta ratione C iuxta recta ratione M | 21 nach missus + sum A C | et < A
| 22 scribta wie immer A | 23 primum M | salute A | 24 animos] logismon
Epiphanius | 25 docent dicentes] docentes C | 26 auctorem A | quiquam A
| 26/27 ungenaue Übersetzung | καὶ φαύλου des Epiphanius nicht übersetzt |
29 o fili < M | 30 indiscraetae A indiscreta C

ἀγαϑωσύνης ϑεῷ ἀνατίϑεσο· ἀρχὴν γὰρ καὶ τέλος καὶ τὸν τούτων
.τατέρα τῶν κακῶν ἐπὶ τὸν ϑεὸν ἀναφέρουσιν, ὧν τὸ τέλος κατάρας
ἐγγύς. οὔτε γὰρ ἐν τοῖς εἰρημένοις ⟨ἐν⟩ εὐαγγελίοις παρ' αὐτοῦ τοῦ
σωτῆρος ἡμῶν καὶ κυρίου Ἰησοῦ Χριστοῦ πιστεύουσιν, ὅτι οὐ δύναται
5 δένδρον καλὸν καρποὺς κακοὺς ποιῆσαι, οὐδὲ μὴν δένδρον κακὸν
καλοὺς καρποὺς ποιῆσαι. καὶ πῶς τὸν ϑεὸν τοῦ Σατανᾶ καὶ τῶν 5
κακῶν αὐτοῦ πραγμάτων λέγειν τολμῶσι ποιητὴν καὶ δημιουργὸν
ϑαυμάζειν μοι ἐπέρχεται. καὶ εἴϑε μὲν ἄχρι τούτων ἔφϑασεν αὐτῶν
ἡ ματαιοπονία καὶ μὴ τὸν μονογενῆ τὸν ἐκ τῶν κόλπων τοῦ πατρὸς
10 καταβάντα Χριστόν. Μαρίας τινὸς γυναικὸς ἔλεγον εἶναι υἱόν, ἐξ
αἵματος καὶ σαρκὸς καὶ τῆς ἄλλης δυσωδίας τῶν γυναικῶν γεγεννῆ-
σϑαι. καὶ ἵνα μὴ τὰ πολλὰ διὰ τῆσδε τῆς ἐπιστολῆς γράφων εἰς 6
μῆκος χρόνου διασύρω σου τὴν ἐπιείκειαν, οὐκ ἔχων τὰς φυσικὰς
φράσεις. ἐπὶ τούτοις ἀρκεσϑήσομαι. τὸ δ' ὅλον γνώσῃ παρόντος μου
15 πρὸς σέ, εἴγε τῆς σεαυτοῦ σωτηρίας ἔτι φείδῃ· οὐδὲ γὰρ βρόχον τινὶ

misceas neque bonitatis deo inferas contumeliam.   Initium enim et
finem et horum patrem malorum ad deum referunt, *quorum finis est
maledicto proximus*.   Non enim in his quae dicta sunt in euangeliis
salvatoris nostri et domini Iesu Christi credunt, quia *non potest arbor
20 mala bonos fructus facere, neque arbor bona malos fructus facere*. Quomodo 5
deum Satanae et malorum eius actuum factorem dicere audeant et
conditorem plurimum miror. Et atque utinam eo usque eorum vanitas
pervenisset et non unigenitum, *qui de patris sinibus descendit* Christum,
Mariae cuiusdam mulieris esse dicerent filium, ex sanguine et carne ac
25 reliquis mulierum spurcitiis generatum. Et ut ne plurima per hanc 6
epistulam scribam atque in longitudinem temporis protraham patientiam
tuam, cum mihi non adsit eloquentia naturalis, sufficit ista dixisse.
Omnia autem cognosces cum praesens fuero apud te, si tamen
saluti tuae parcere ac providere festinas; non enim *laqueum alicui*

2 — 17 Hebr. 6, 8 — 4 — 18 Matth. 7, 18.   Luk. 6, 43 — 9 — 23 Joh. 1, 18
— 15 — 20 I Kor. 7, 35

ACM und Epiph.

3 ἐν] *nach den Acta corr.* Zacagni | 10 *nach* υἱὸν + καὶ Oehler | 11 γεγεν-
νῆσϑαι] γεγεννημένον Routh | 16 *freie Übersetzung* | dei A | enim < C | 17
fidem A | patrum M | est] *fehlt im Griechischen* | 18 in (*nach* enim) < A | 19 et
domini < M | ihm A | 19/20 *umgekehrte Reihenfolge der Sätze des Citates* |
20 fructus bonos M ∼ M² | malus A | 21 deum] *aus Corr.* A dominum C
actum A | factorum C | et < C | 23 qui de] *aus* quidem *corr.* C² | de
< A | 24 *nach* filium + et M | 25 ut] tu A | plura M | 26 atque] quae M
27 non < C | sufficiant M | 28 cognoscis A | aput A *wie immer* | 29
parcere . . festinas] *sehr freie Übersetzung*

ἐπιβάλλω, ὡς οἱ τῶν πολλῶν ἀφρονέστεροι ποιοῦσιν. νόει ἃ λέγω.
τέκνον τιμιώτατε.

inicio, sicut plurimi insipientium faciunt. Intellege quae dico, fili honorabilis.

5   VI. Hac epistula lecta, baiulum litterarum Marcellus obsequentissimo
fovebat hospitio; Archelaus vero ea quae lecta sunt non libenter am-
plexus velut leo conclusus dentibus infrendebat, auctorem epistulae
sibi desiderans dari; quem Marcellus suadebat quiescere, semet pollicens
procuraturum praesentiam viri. Rescribere ergo Marcellus ad ea, quae
10   scripta sunt, statuit epistulam continentem haec.

VI (VII). Μάρκελλος, ἀνὴρ ἐπίσημος, Μανιχαίῳ τῷ διὰ τῆς ἐπιστολῆς δηλουμένῳ, χαίρειν. τὴν μὲν ὑπὸ σοῦ γραφεῖσαν ἐπιστολὴν
προσηκάμην, τὸν δὲ Τύρβωνα προσεδεξάμην κατὰ φιλοφροσύνην
ἐμήν, τῶν δὲ γραμμάτων τὸν νοῦν οὐδαμῶς ἔγνων, εἰ μὴ σὺ παρα-
15   γενόμενος φράσῃς ἡμῖν καταλογάδην ἕκαστον, ὡς ὑπέσχου διὰ τῆς
ἐπιστολῆς. ἔρρωσθε.

Marcellus, vir notus, Manichaeo, qui sibi per epistulam indicatus 2
est, salutem. Scriptam quidem a te epistulam sumpsi et Turbonem
solita mihi humanitate suscepi, sensum vero litterarum nequaquam
20   adverti; nisi forte tu praesens exponas nobis per verba singula, sicut
·   per epistulam promisisti. Vale.

Hanc epistulam scriptam atque signatam tradebat Turboni feren- 3
dam ad eum a quo prius ipse pertulerat; ille vero redire ad eum penitus reluctabatur, memor itineris laborum, et rogabat alium pro se
25   dirigi, abnegans ultra sibi ad illum reditum aut communionem cum eo

ACM und Epiph. (= 3—4 und 17—21)

8 initio C | 4 nach honorabilis + uale A | 5 haec ACM | obsequen-
tissimo] das erste e vielleicht a. Ras. C | 6 quae] q, A | 7 nach conclusus +
os M | 8 sibi desiderans dari] uidere desiderans M; vgl. Epiphanius, haer. 66. 7
ὁ δὲ Ἀρχέλαος γνοὺς τὴν αἰτίαν καὶ τὴν ἐπιστολὴν ἀναγνοὺς ἔβρυχε τοὺς ὀδόντας
ὥσπερ λέων ὠρυόμενος καὶ ζῆλον θεοῦ ἀναλαβὼν ἐπειρᾶτο ὁρμῆσαι μᾶλλον ἕως
αὐτοῦ καὶ χειρώσασθαι τὸν τοιοῦτον usw. | 9 procuratum A procuraturum M
18 a te < AM | 19 vero] uerum A < M | 21 per epistulam < C
promisti C | 22 scriptam atque < C | tradit M | referendam C | 23 ad
eum] illi M | 24 nach itineris + ac M | 25 ad illum reuersurum A ad eum
reditum C

aliquam fore. Marcellus vero, accito uno ex pueris suis Callisto no- 4
mine, praecipit proficisci; qui nihil moratus, ilico proficiscitur et post
triduum pervenit ad Manen, quem in castello quodam Arabionis repperit,
atque epistulam tradidit. Qua ille perlecta, gavisus est a Marcello se
5 esse invitatum ac sine mora iter invadit, Turbonis tamen remoratione
non prospera praesagatus, et quasi consulto itinere ad Marcellum per-
rexit. Turbo vero de Marcelli domo prorsus non discedebat nec ab 5
Archelai confabulatione cessabat; valde enim studiose uterque de Manis
studiis perquirebant, scire cupientes quis et unde vel quid verbi ferat. At
10 ille universa dilucide enarravit, repetens et exponens de fide eius hoc modo:

VII (XXV). *Εἰ τὴν τοῦ Μάνη πίστιν θέλετε μαθεῖν, παρ᾽ ἐμοῦ
ἀκούσατε συντόμως. οὗτος δύο σέβει θεοὺς ἀγεννήτους, αὐτοφυεῖς.
ἀϊδίους, ἕνα τῷ ἑνὶ ἀντικείμενον· καὶ τὸν μὲν ἀγαθόν, τὸν δὲ πονη-
ρὸν εἰσηγεῖται, φῶς τῷ ἑνὶ ὄνομα θέμενος καὶ τῷ ἑτέρῳ σκότος·*
15 *καὶ τοῦ μὲν φωτὸς εἶναι μέρος τὴν ἐν ἀνθρώποις ψυχήν, τοῦ δὲ
σκότους τὸ σῶμα καὶ τὸ τῆς ὕλης δημιούργημα. μίξιν δὲ ἤτοι σύγ-* 2
κρασιν τοῦτον λέγει γεγονέναι τὸν τρόπον, ἀπεικάζων τοὺς δύο

VII. Si fidem Manis discere a me vultis, breviter audite. Hic duos
colit deos innatos, ex semet ipsis extantes, aeternos, unum uni adver-
20 santem: et alterum quidem bonum, alterum autem malum introducit.
Lux uni nomen inponit et alteri tenebras. Et lucis quidem esse partem animam quae in hominibus est, tenebrarum autem corpus et quae
ex materia est conditio. Permixtionem autem vel coniunctionem hoc 2
modo dicit effectam, conferens ambos deos in huiuscemodi exemplum,

ACM und Epiph. (= 18—24)

1 fore͵ futuram C | unum A | calisto M , **2** praecepit M | illico < M |
postridum A | **3** manem C | repperit] *das erste p durchstrichen* C | **4** tradit
M | **5** esse *zweimal geschrieben* A inuitatum se esse C | **5 6** remorationem
non prosperam C *vielleicht richtig, vgl.* Epiphanius a. a. O. Cap. 8 τιῦτα γνοὺς
ὁ Μάνης ἐσκέπτετο οὐκ ἀγαθὴν εἶναι τὴν τοῦ Τύρβωνος ἐν κατθέξει γενομένην
παρουσίαν . . . ὅμως διὰ τῆς ἐπιστολῆς λαβόμενος τὴν πρόφασιν δρομαίως ἧκε
πρὸς τὸν Μάρκελλον | **6** praesagus A | **7** prorsus < M | descedebat A de-
scendebat M | **8** *nach* archelai + episcopi C | manis] manen AM mannichei C
der Genetiv dieses Wortes kommt nur hier und Z. 18 unten vor | **9** studiis]
studis A *is a. Ras.* M | quis et] qui sit A | **11** περ᾽ ἐμοῦ] Routh *interpungiert*
nach ἐμοῦ, *so auch der Übersetzer der Acta* | **17** τοῦτον] Zacagni, τούτων J,
τούτων τοῦτον Gataker | **18** de fide manitis (*rot*) M, *s. Einleitung* | manis͵
mani A mannichei C | **19** exemet A | aeternus A | **20** et alterum *zwei-*
mal geschrieben A | *nach* bonum] + et A | autem < C | introducit] in-
truducit A *aus* introducim *corr.* C², *das m-Zeichen ist durchstrichen und t über-*
gesch. | **21** nomen] lumen A | alter A | **22** q. A | est tenebrarum *zweimal*
gesch. A | **23** conditio *aus* condicio *corr.* A | **24** modo] *aus* modum *corr.* A

τῷδε τῷ παραδείγματι. καθάπερ δύο βασιλεῖς ἀντιμαχόμενοι πρὸς
ἀλλήλους, ὄντες ἀπ' ἀρχῆς ἐχθροὶ καὶ ἀνὰ μέρος ἑκάστου τὰ ἴδια
ἔχοντος. κατὰ δὲ σύστασιν τὸ σκότος ἐπελθὸν ἐκ τῶν ὁρίων αὐτοῦ
προσεμαχήσατο τῷ φωτί. γνόντα δὲ τὸν ἀγαθὸν πατέρα τὸ σκότος 3
5 ἐν τῇ γῇ αὐτοῦ ἐπιδεδημηκός. προβάλλειν ἐξ αὐτοῦ δύναμιν. λεγομένην μητέρα τῆς ζωῆς, καὶ αὐτὴν προβεβληκέναι τὸν πρῶτον ἄνθρωπον τὰ πέντε στοιχεῖα. εἰσὶ δὲ ἄνεμος, φῶς, ὕδωρ, πῦρ καὶ
ὕλη. καὶ ταῦτα ἐνδυσάμενον ὡς πρὸς κατασκευὴν πολέμου, κατελθεῖν
κάτω καὶ πολεμῆσαι τῷ σκότει. οἱ δὲ τοῦ σκότους ἄρχοντες ἀντι- 4
10 πολεμοῦντες αὐτῷ ἔφαγον ἐκ τῆς πανοπλίας αὐτοῦ, ὅ ἐστιν ἡ ψυχή.
τότε διεινῶς ἐθλίβη ἐκεῖ κάτω ὁ πρῶτος ἄνθρωπος ὑπὸ τοῦ σκότους.
καὶ εἰ μὴ ἐξαμένου εἰσήκουσεν ὁ πατὴρ καὶ ἀπέστειλεν ἑτέραν δύναμιν προβληθεῖσαν ὑπ' αὐτοῦ. λεγομένην ζῶν πνεῦμα, καὶ εἰ μὴ
κατελθὸν δίδωκεν αὐτῷ δεξιὰν καὶ ἀνήνεγκεν ἐκ τοῦ σκότους, πάλαι
15 ἂν ὁ πρῶτος ἄνθρωπος κατεχόμενος ἐκινδύνευσεν. ἔκτοτε οὖν κατ- 5

quemadmodum si duo reges sint adversum se pugnantes, qui ab initio
fuerint inimici, habentes singuli suas portiones; acciderit autem ut
tenebrae progredientes fines suos, bellum cum luce commiserint. Quod 3
cum cognovisset bonus pater tenebras ad terram suam supervenisse,
20 produxit ex se virtutem, quae dicitur mater vitae, qua circumdedit
primum hominem, quae sunt quinque elementa, id est ventus, lux, aqua,
ignis et materia, quibus indutus, tamquam ad adparatum belli, descendit
deorsum pugnare adversum tenebras. At vero tenebrarum principes 4
repugnantes ei comederunt de armatura eius, quod est anima. Tunc
25 ibi vehementer adflictus est deorsum primus parens homo a tenebris.
et nisi orantem eum exaudisset pater et misisset alteram virtutem, quae
processerat ex se, quae dicitur spiritus vivens, et descendens porrexisset
ei dexteram et eduxisset eum de tenebris, olim primus homo detentus
periclitaretur. Ex eo ergo deorsum animam reliquit, et propterea Ma- 5

ACM und Epiph.

5 προβάλλειν] Petavius, προσβάλλειν J | 6 προβεβληκέναι] περιβεβλη-
κέναι nach den Acta corr. Oehler, aber vgl. Epiphanius Cap. 45 καὶ αὕτη δέ,
φησί, ἡ θέλει: προεβάλετο τὸν πρῶτον ἄνθρωπον | 13 ζωὴν J | 16 aduersus
M | 17 singuli] zu singulis corr. A | suam] singulas A | accederit A | ut] at
C getilgt und ut übergesch. C² | 19 agnouisset C | ad] n A | superuenire
M | 20 produxit ... virtutem) produxit ex uirtute A produxerit et esse uirtu-
tem zu produxit ex se uirtutem ohne Ras. corr. C produxerit ex se uirtatem M |
nach qua + uirtute C | 21 ventus < A | 22 materia] maria A | inductus C
paratum A C | 28 pugnaturus M | aduersus A | ut] aus ad corr. C² | 23/24
principes ... ei] princeps repugnantese M | 24 unimam A M | 26 orante A |
27 se] ae A eu M | 28 duxisset M | 29 deorsum animam ∽ C | relinquit A

ἔλειψε κάτω τὴν ψυχήν, καὶ διὰ τοῦτο Μανιχαῖοι ἐὰν συναντήσωσιν
ἀλλήλοις, δεξιὰς διδόασιν ἑαυτοῖς σημεῖον χάριν, ὡς ἀπὸ σκότους
σωθέντες· ἐν γὰρ τῷ σκότει πάσας τὰς αἱρέσεις εἶναι λέγει.

VIII. Τότε ⟨τὸ⟩ ζῶν πνεῦμα ἔκτισε τὸν κόσμον, καὶ αὐτὸ φο-
5 ρέσαν ἑτέρας τρεῖς δυνάμεις, κατελθὸν ἀνήνεγκε τοὺς ἄρχοντας καὶ
ἐσταύρωσεν ἐν τῷ στερεώματι, ὅ ἐστιν αὐτῶν σῶμα ἡ σφαῖρα. (XXVI).
Τότε πάλιν τὸ ζῶν πνεῦμα ἔκτισε τοὺς φωστῆρας, ἅ ἐστι τῆς ψυχῆς
λείψανα, καὶ οὕτως ἐποίησε τὸ στερέωμα κυκλεῦσαι. καὶ πάλιν ἔκτισε
τὴν γῆν εἰς εἴδη ὀκτώ. ὁ δὲ Ὠμοφόρος κάτω βαστάζει. καὶ ἐπὰν 2
10 κάμῃ βαστάζων, τρέμει, καὶ σεισμοῦ αἴτιος γίνεται παρὰ τὸν ὡρισ-
μένον καιρόν. τούτου ἕνεκα τὸν υἱὸν αὐτοῦ ἀπέστειλεν ὁ ἀγαθὸς
πατὴρ ἐκ τῶν κόλπων εἰς τὴν καρδίαν τῆς γῆς καὶ εἰς τὰ ταύτης
κατώτατα μέρη, ὅπως αὐτῷ τὴν προσήκουσαν ἐπιτιμίαν δῷ. καὶ

nichaei cum sibi invicem occurrunt, dant sibi dexteras huius signi gratia,
15 tamquam ex tenebris liberati: in tenebris enim omnis heresis esse
dicitur.

VIII. Tunc vivens spiritus creavit mundum, et indutus alias tres
virtutes, descendens eduxit principes et crucifixit eos in firmamento,
quod est eius corpus sphera. Et rursum ipse vivens spiritus creavit
20 luminaria, quae sunt reliquiae animae, et fecit ea firmamentum circuire,
et iterum creavit terram; et sunt octo. Est autem Homoforus deorsum, 2
id est qui eam portat in humeris; et cum laboraverit portans, intre-
mescit. et haec est causa terraemotus praeter constitutum tempus. Hac
de causa filium suum misit benignus pater de sinibus suis in cor terrae
25 et in interiores eius partes, quo illum, ut par erat, coherceret; quotiens

ACM und Epiph.

4 τὸ] *Dindorf* | **9** εἰς εἴδη] *Zacagni vermutet* εἰσὶ δὲ ⟨δὴ⟩ *als die Lesart
des Übersetzers* | **13** κατώτατα] *Dindorf vermutet* κατώτερα *als die Lesart des
Übersetzers und verbessert* interiores *zu* inferiores | **14** dextras *M* | 15/16
omnis ... dicitur] omnes hereses esse dicunt *C*; *vielleicht liegt eine Doppelversion vom
Übersetzer selbst vor* | **18** et crucifixit] *in A hat eine spätere Hand die ziemlich
verblichenen Buchst. ausradiert und in groben Buchst.* et crucixit (*das letzte* t *übergesch.*) *geschrieben. Derselbe Schreiber ist auch sonst tätig, wo die Tinte blass wurde,
aber ohne auszuradieren, so dass es immer möglich ist, das Ursprüngliche fest-
zustellen* | firmamentum *A* | **19** eius] *richtig* αὐτῶν (sc. ἀρχόντων) *Epiphanius*
| spera *A* fera *M* | rursus *A* | **20** reliqua *A* | eam *A* | circumire *C* | **21**
humoforus *C* homoforus *M das erste* o *getilgt und* u *übergesch. von* M² | **22** id
est ... humeris] *eine Erklärung des Übersetzers w. e. sch.* | umeris *C* | portans
< *M* | intremescit] mescit *a. Ras. A* intremiscit *M* | **23** haec *A* | **24** benignus]
benedictus *A* | suis < *A* | **25** in < *A M* | interioris *A* | quod *A M*
illam *M* | par erat] parerent *A* pareret *M* | cohercerent *A M* | quotiensque
C quotienscumque *M*

όσάκις ἂν σεισμὸς γένηται, ἢ τρέμει κάμνων ἢ ἀντιφέρει εἰς τὸν
ἕτερον ὦμον. τότε τοίνυν καὶ ἡ ὕλη ἀφ᾽ ἑαυτῆς ἔκτισε τὰ φυτά, 3
καὶ συλωμένων αὐτῶν ἀπό τινων ἀρχόντων, ἐκάλεσε πάντας τοὺς
τῶν ἀρχόντων πρωτίστους καὶ ἔλαβεν ἀπ᾽ αὐτῶν ἀνὰ μίαν δύναμιν
5 καὶ κατεσκεύασε τὸν ἄνθρωπον τὸν κατὰ τὴν ἰδίαν τοῦ πρώτου
ἀνθρώπου ἐκείνου καὶ ἔδησε τὴν ψυχὴν ἐν αὐτῷ. αὕτη ἐστὶ τῆς
συγκράσεως ἡ ὑπόθεσις. ὅτε δὲ εἶδεν ὁ πατὴρ ὁ ζῶν θλιβομένην 4
τὴν ψυχὴν ἐν τῷ σώματι, εὔσπλαγχνος ὢν καὶ ἐλεήμων, ἔπεμψε τὸν
υἱὸν αὐτοῦ τὸν ἠγαπημένον εἰς σωτηρίαν τῆς ψυχῆς. διὰ γὰρ ταύτην
10 τὴν πρόφασιν καὶ τὴν τοῦ Ὠμοφόρου ἀπέστειλεν αὐτόν. καὶ ἐλθὼν
ὁ υἱὸς μετεσχημάτισεν ἑαυτὸν εἰς ἀνθρώπου εἶδος· καὶ ἐφαίνετο τοῖς
ἀνθρώποις ὡς ἄνθρωπος, μὴ ὢν ἄνθρωπος, καὶ οἱ ἄνθρωποι ὑπε-
λάμβανον αὐτὸν γεγεννῆσθαι. ἐλθὼν οὖν ποιεῖται τὴν δημιουργίαν 5
πρὸς σωτηρίαν τῶν ψυχῶν καὶ μηχανὴν συνεστήσατο ἔχουσαν δώδεκα
15 κάδους, ἥ τις ὑπὸ τῆς σφαίρας στρεφομένη, ἀνιμᾶται τῶν θνησκόν-

enim efficitur terraemotus, tremente eo ex labore vel de humero in humerum transferente pondus efficitur. Tunc ergo et ipsa materia creavit 3
ex sese plantas vel germina, quae cum furatae essent a quibusdam
principibus, convocavit omnes principes primarios et sumpsit ab eis
20 singulas virtutes et fecit hominem hunc secundum speciem primi hominis illius et vinxit animam in eo. (VIII.) Cum autem vidisset pater 4
vivens adfligi animam in corpore, quia est miserator et misericors, misit
filium suum dilectum ad salutem animae; hac enim causa et propter
Homoforum misit eum. Et veniens filius transformavit se in speciem
25 hominis; et adparebat quidem hominibus ut homo, cum non esset homo.
et homines putabant eum natum esse. Cum ergo venisset, machinam 5
quandam concinnatam ad salutem animarum, id est rotam, statuit, habentem duodecim urceos; quae per hanc spheram vertitur, hauriens
animas morientium quasque luminare maius, id est sol, radiis suis adi-

ACM und Epiph.

6.7 αὕτη .. ὑπόθεσις] fehlt in den Acta | 16,17 freie Übersetzung | humero A
17 et < A | 18 ex sese] ex se A esse se C | vel germina] findet sich nicht bei Epipha-
nius | furata M | 18/19 a quibusdam principibus < C | 19 principes < M | 21
vinxit] uixit A iunxit M | eum A | 22 quia] qui A | 23 dilectum < C | salute A
| haec A | 24 humoforum C homoforum M das erste o getilgt und u übergesch.
von M² | transformavit] aus transformabit ohne Ras. corr. C | 25 adparebat]
parebat A C M nach Epiphanius von Zacagni verbessert | 26 putauerunt C |
natum] naturam C | venisset] uidisset M | 27 concinnauit C | rotam] μηχανὴν
Epiphanius | statuit] status M | 28 urceos] os aus Corr. A urchios M | quae]
q a. Ras. A | nach quae + rota C | 29 morientum M | quas] quam M | id
est sol] eine Erklärung des Übersetzers w. e. sch. | adimens] λαβὼν Epiphanius

των τὰς ψυχὰς καὶ ταύτας ὁ μέγας φωστήρ ταῖς ἀκτῖσι λαβὼν
καθαρίζει καὶ μεταδίδωσι τῇ σελήνῃ, καὶ οὕτως πληροῦται τῆς σελήνης ὁ δίσκος, ὁ παρ' ἡμῖν προσαγορευόμενος· πλοῖα γὰρ ἤτοι   6
πορθμεῖα εἶναι λέγει τοὺς δύο φωστῆρας. εἶτα ἐὰν γεμισθῇ ἡ σελήνη,
5 μεταπορθμεύει εἰς ἀπηλιώτην, καὶ οὕτως ἀπόκρουσιν ποιεῖται. τοῦ
γόμου ἐλαφρυνομένη· καὶ οὕτω πληροῖ τὸ πορθμεῖον καὶ πάλιν
ἀπόγομοι ἀνιμωμένων ὑπὸ τῶν κάδων τῶν ψυχῶν, ἄχρις οὗ τὸ
ἴδιον αὐτοῦ μέρος σώσει τῆς ψυχῆς. τῆς γὰρ τοῦ ἀγαθοῦ πατρὸς 7
οὐσίας πᾶσαν ψυχὴν καὶ πᾶν κινούμενον ζῷον μετέχειν λέγει. τῆς
10 οὖν σελήνης μεταδιδούσης τὸν γόμον τῶν ψυχῶν τοῖς αἰῶσι τοῦ
πατρός, παραμένουσιν ἐν τῷ στύλῳ τῆς δόξης, ὃς καλεῖται ἀηρ ὁ
τέλειος. ὁ δὲ ἀηρ οὗτος στύλος ἐστὶ φωτός, ἐπειδὴ γέμει ψυχῶν
τῶν καθαριζομένων. αὕτη ἐστὶν ἡ αἰτία, δι' ἧς αἱ ψυχαὶ σώζονται.

IX (XXVII). Ἡ δὲ τοῦ ἀποθανεῖν τοὺς ἀνθρώπους ἐστὶ πάλιν
15 αὕτη· παρθένος τις ὡραία κεκοσμημένη, πιθανὴ πάνυ, συλᾶν ἐπι-

mens purgat et lunae tradit, et ita adinpletur lunae discus, qui a nobis
ita appellatur. Naves enim vel translatorias cumbas esse dicit duo ista 6
luminaria, et cum repleta fuerit luna, transfretare animas ad subsolanam
partem, et ita apocrusin, detrimentum, facere, cum onere fuerit relevata:
20 et iterum repleri cumbas et rursus exonerari, dum hauriuntur per urceos
animae, usquequo partem suam propriam liberet animarum. De sub- 7
stantia autem boni patris omnem animam atque omne animal quod
movetur partem trahere confirmat. Cum igitur luna onus quod gerit
animarum saeculis tradiderit patris, permanent illa in columna gloriae,
25 quod vocatur vir perfectus. Hic autem vir est columna lucis; repleta
est enim animarum mundarum, et haec est causa salutis animarum.

IX. Mortis vero causa hominibus est ista: Virgo quaedam decora
et exornata, elegans valde, furto adpetit principes qui sunt in firma-

ACM und Epiph.

1 ταύτας] ταύτας Oehler | 6 οὕτω] w. e. sch. las der Übersetzer πάλιν
(αὖϑις Oehler) | 14 τοῦ] Petavius, τὸ J | 16 tradet A | discus] discursus A
nobis] nauis M | 17 cumbas] a. Ras., cymbas übergesch. M² | 18 luminaria]
das erste i aus a corr. A | impleta M | lunam A | transfetare A | ad] d
aus Corr., vielleicht aus b corr. A | 19 apocrisin C apocrysim M | facere] pa-
titur C | onere] honore A | reuelata A leuata M | 20 cumbas] cumbam C
cymbas M das y zu u corr. und y übergesch. M² | rursum A | urceos] das o aus
u corr. A | 21 animarum] τῆς ψυχῆς Epiphanius | substantiam A | 23 quod
gerit] fehlt bei Epiphanius | 24 permanet M | illa] bezieht sich auf saecula, viel-
leicht ein Irrtum des Übersetzers; illae Zacagni | 25 vir] der Übersetzer hat ἀηρ
und ἀνήρ verwechselt | 26 animarum mundarum ∞ C M | 27 mortis ... causa]
a. Ras. w. e. sch. M | hominibus est ∞ A | ista] πάλιν αὕτη Epiphanius | 28
et] aus Corr. A | furto ... principes] freie Übersetzung | appetit C appetiit M

χειρὶ τοὺς ἄρχοντας τοὺς ἐν τῷ στερεώματι ὑπὸ τοῦ ζῶντος πνεύ-
ματος ἀνενεχθέντας καὶ σταυρωθέντας, φαινομένη δὲ τοῖς ἄρρεσι
θήλεια εὔμορφος. ταῖς δὲ θηλείαις νεανίας εὐειδὴς καὶ ἐπιθυμητός 2
καὶ οἱ μὲν ἄρχοντες, ὁπόταν ἴδωσιν αὐτὴν κεκαλλωπισμένην, οἰστροῦν-
5 ται τῷ φίλτρῳ, καὶ μὴ δυνάμενοι αὐτὴν καταλαβεῖν, δεινῶς φλέ-
γονται τῷ ἐρωτικῷ πόθῳ, τὸν νοῦν ἐξαρπασθέντες. ὅταν οὖν, 3
τρεχόντων αὐτῶν, ἡ παρθένος ἄφαντος γένηται, τότε ὁ ἄρχων ὁ
μέγας προβάλλει τὰς νεφέλας ἐξ αὐτοῦ, ὅπως σκοτίσῃ τῇ ὀργῇ αὐτοῦ
τὸν κόσμον. καὶ οὕτως, ἐὰν θλιβῇ πάνυ, καθάπερ ἄνθρωπος ἱδρῶν
10 ἀποκοποῦται. ὁ δὲ ἱδρὼς αὐτοῦ ἐστιν ἡ βροχή. ὁμοῦ καὶ ὁ θερισμός 4
ἄρχων ἐὰν συληθῇ ὑπὸ τῆς παρθένου, καταχέει λοιμὸν ἐφ' ὅλης τῆς
γῆς, ὅπως θανατώσῃ τοὺς ἀνθρώπους. τὸ γὰρ σῶμα τοῦτο κόσμος
καλεῖται πρὸς τὸν μέγαν κόσμον. καὶ οἱ ἄνθρωποι πάντες ῥίζας
ἔχουσι κάτω συνδεθείσας τοῖς ἄνω. ὁπόταν οὖν συληθῇ ὑπὸ τῆς 5

15 mento a vivente spiritu educti et crucifixi: quae cum adparuerit, maribus femina decora adparet, feminis vero adulescentem speciosum et
concupiscibilem demonstrat. Sed principes quidem, cum eam viderint 2
exornatam, amore eius in libidinem moventur, et quia eam adprehen-
dere non possunt, vehementer instigantur amoris incendiis excitati, rapti
20 sunt enim libidinis calore. Cum ergo, currentibus eis post eam, virgo 3
subito nusquam conparuerit, tunc princeps ille magnus producit nebulas
ex semet ipso, uti obscuret in ira sua universum mundum; qui cum
tribulatus fuerit plurimum, sicut homo sudat post laborem, ita et hic
princeps sudat ex tribulatione sua, cuius sudor pluviae sunt. Sed et 4
25 messis princeps, si deceptus fuerit a virgine, effundit famem super
omnem terram, ita ut morte adficiat homines: corpus enim hoc mundus
vocatur ad similitudinem magni huius mundi, et omnes homines, qui
sunt deorsum, radices habent sursum conligatas. Cum ergo deceptus 5

ACM und Epiph.

10 θερισμοῦ Zacagni, vielleicht mit Recht, θεριστής Petavius, alter princeps
messor appellatur Cornarius | 15 vivente] aus uiuentes corr. M¹ | spirito .1 | educti]
seducit zu seducti corr. M² | 15|17 eine Paraphrase | 15 maseulis .1 | 16 nach
adulescentem + se M | 19|20 freie Übersetzung | 19 amoris] amoriis .1 | excitati]
excitati .1 execcati M | 20 calore] amoris calorem .1 | ergo] enim C | eis < C |
post eam] postea M, fehlt bei Epiphanius | nach eam + anxii effecti fuissent C
| 21 subito] fehlt bei Epiphanius | conparuerit] comparuit (uit a. Ras. .1) AC |
22 ut M | universum] omnem C | 22|24 wieder eine Paraphrase | 24 princeps]
das c aus i corr. .1 | nach sudat + ei .1 | 25 effundet .1 | famem] famam .1;
der Übersetzer hat w. e. sch. λοιμός und λιμός verwechselt | 26 omnem ⏜ AC |
mortem .1 | hoc enim M ⏜ M² | 27 magni] imagini M | 28 rursum .1C

χαρθίνου, τότε ἄρχεται κόπτειν τὰς ῥίζας τῶν ἀνθρώπων· καὶ
ὅταν κοπῶσιν αἱ ῥίζαι αὐτῶν, τότε ἄρχεται λοιμὸς γίνεσθαι, καὶ
οὕτως ἀποθνήσκουσιν. ἐὰν δὲ τὰ ἄνω τῆς ῥίζης τόνῳ σαλεύσῃ,
σεισμὸς γίγνεταί τε καὶ ἐπακολουθεῖ, συγκινουμένου μὲν τοῦ Ὠμο-
5 φόρου· αὕτη ἡ αἰτία τοῦ θανάτου.

X (XXVIII). Ἐρῶ δὲ ὑμῖν καὶ τοῦτο, πῶς μεταγγίζεται ἡ ψυχὴ
εἰς πέντε σώματα. πρῶτον καθαρίζεται μικρόν τι ἀπ' αὐτῆς, εἶτα
μεταγγίζεται εἰς κυνὸς ἢ εἰς καμήλου ἢ εἰς ἑτέρου ζῴου σῶμα. ἐὰν
δὲ ἡ πεφονευκυῖα ψυχή, εἰς κελεφῶν σώματα μεταφέρεται· ἐὰν δὲ
10 θερίσασα εὑρεθῇ, εἰς μογγιλάλους. τῆς δὲ ψυχῆς ἐστι τὰ ὀνόματα
ταῦτα, νοῦς, ἔννοια, φρόνησις, ἐνθύμησις, λογισμός. οἱ δὲ θερισταὶ 2
ὅσοι θερίζουσιν ἐοίκασι τοῖς ἄρχουσι τοῖς ἀπ' ἀρχῆς οὖσιν εἰς τὸ
σκότος, ὅτε ἔφαγον ἐκ τῆς τοῦ πρώτου ἀνθρώπου πανοπλίας· διὸ
ἀνάγκη αὐτοὺς μεταγγισθῆναι εἰς χόρτον ἢ εἰς φασήλια ἢ εἰς κριθὴν
15 ἢ εἰς στάχυν ἢ εἰς λάχανα, ἵνα θερισθῶσι καὶ κοπῶσι· καὶ εἴ τις

fuerit a virgine, tunc incipit excidere radices hominum; et cum excisae
fuerint radices eorum, efficitur pestilentia et ita moriuntur. Quod si
superiores partes radicis validius concusserit, fit terraemotus et insequi-
tur Homofori concussio; et haec est mortis occasio.

20 X (IX). Dicam autem vobis quomodo et animae in alia quoque
corpora transfunduntur. In hoc primo purgatur aliquid ex ea parum;
deinde transfunditur in canem aut in camelum aut in alterius animalis
corpus. Quod si homicidium admisit, anima in elephantiacorum corpora
transfunditur; quod si messem secuit, in mutos. Nomina autem animae
25 sunt ista, mens, sensus, prudentia, intellectus, cogitatio. Messores autem 2
qui messem metunt conferuntur principibus, qui ex materia orti in
tenebris sunt, ex quo manducaverunt de primi hominis armatura; propter quod necesse est eos transfundi in faenum aut in fasiolum aut
in hordeum aut in spicas aut in holera, ut et ipsi desecentur et deme-

ACM und Epiph.

3 τόνῳ] πόνῳ Petavius | 6 τοῦτο] fehlt in den Acta | 14 εἰς φασήλια]
σφασηλια J, φάσηλον oder φασίολον Dindorf | 16 uirginem A | incipiet A
excipit M | excidere . . . cum < C | 17 pestilentia] das erste e aus i corr. A
si < C | 18 radicis] radices A radicum CM | 18,19 ungenaue Übersetzung |
19 humofori C homofori zu humofori corr. M? | 20 alia quoque] πέντε Epiphanius
21 transferuntur A | purgantur A | parum ex ea M | 23 commisit C am-
misit M | elephantiacorum] elefantorum A elefantia eorum C elefantiacorum et
cephalorum M; wahrscheinlich liegt eine Doppelversion des Übersetzers zu Grunde
24 transfunduntur AC | 26 ex materia] ἀπ' ἀρχῆς Epiphanius; die Übersetzung
hier ist übrigens nicht genau | 28 eos transfundi ∩ A | fasellum A fusolum M
29 aut in spicas < C | dementiantur C

πάλιν ἐσθίει ἄρτον, ἀνάγκη καὶ αὐτὸν βρωθῆναι, ἄρτον γενόμενον.
εἴ τις φονεύσει ὀρνίθιον, ὀρνίθιον ἔσται· εἴ τις φονεύσει μῦν, καὶ 3
αὐτὸς μῦς ἔσται. εἴ τις πάλιν ἐστὶ πλούσιος ἐν τούτῳ τῷ κόσμῳ.
καὶ ἐὰν ἐξέλθῃ ἐκ τοῦ σκηνώματος αὐτοῦ, ἀνάγκη αὐτὸν εἰς πτωχοῦ
5 σῶμα μεταγγισθῆναι, ὥστε περιπατοῦντα αὐτὸν ἐπαιτῆσαι καὶ μετὰ
ταῦτα ἀνελθεῖν αὐτὸν εἰς κόλασιν αἰώνιον. τοῦ δὲ σώματος τούτου 4
ὄντος τῶν ἀρχόντων καὶ τῆς ὕλης, ἀνάγκη τὸν φυτεύοντα περσέαν
διελθεῖν πολλὰ σώματα, ἕως ἂν καταβληθῇ ἡ περσέα ἐκείνη. εἰ δέ
τις οἰκοδομεῖ ἑαυτῷ οἰκίαν, διασπαραχθήσεται εἰς τὰ ὅλα σώματα.
10 εἴ τις λούεται, εἰς τὸ ὕδωρ τὴν ἑαυτοῦ ψυχὴν πήσσει. καὶ εἴ τις οὐ 5
δίδωσι τοῖς ἐκλεκτοῖς αὐτοῦ εὐσέβειαν, κολασθήσεται εἰς τὰς γεέννας,
καὶ μετενσωματοῦται εἰς κατηχουμένων σώματα, ἕως οὗ δῷ εὐσεβείας
πολλάς· καὶ διὰ τοῦτο, εἴ τι κάλλιστον ἐν βρώμασι, τοῖς ἐκλεκτοῖς
προσφέρουσι. καὶ ὅταν μέλλωσιν ἐσθίειν ἄρτον, προσεύχονται πρό- 6
15 τον, οὕτω λέγοντες πρὸς τὸν ἄρτον, οὔτε σε ἐγὼ ἐθέρισα οὔτε

tantur; et qui manducat panem, necesse est et ipsum manducari, panem
effectum. Qui occiderit pullum, et ipse pullus erit; qui murem, mus 3
etiam ipse erit. Si quis vero est dives in hoc mundo, cum exierit de
corpore suo, necesse est eum in corpus pauperis inici, ita ut ambulet
20 et mendicet et post haec eat in poenas aeternas. Cum ergo corpus 4
hoc principum sit et materiae, necesse est eum qui plantaverit perseam
transire per multa corpora, usquequo persea illa quam plantaverat con-
cidat. Qui autem aedificaverit sibi domum, dispergetur per omnia corpora. Si quis laverit se in aqua, animam suam vulnerat; et qui non 5
25 praestiterit electis eius alimenta, poenis subdetur gehennae et transfor-
matur in catechumenorum corpora, usquequo faciat misericordias multas;
et propterea, si quid optimum est in escis, offerunt illud illis electis:
et cum voluerint manducare panem, orant primo, ista dicentes ad panem: 6

ACM und Epiph.

10 Routh und Oehler interpungieren nach ὕδωρ | Zacagni vermutet πλήσσει
als die Lesart des Übersetzers | 11 γεέννας] Dindorf, γενεάς J, vgl. 18, 11
14 ἐσθίεν am Rande J | 16 manducat C | est < M | nach est + ut
C | 16/17 ipsum .. effectum] ipsi manducentur pane effecti C; vielleicht eine Doppel-
version des Übersetzers | 17 qui (nach effectum)] quod A | murem] mure A | 18
nach etiam + et A | si < A | 21 eum] enim C | perseam] per se eam A persa
C | 22 persea illa] per se a illa ;u per se ad illam corr. C² | quam planta-
verat] fehlt bei Epiphanius | 23 dispergitur M | 24 aquam M; vielleicht hat der
Übersetzer buchstäblich übersetzt ohne die Construction zu treffen | non < M |
25 elementa A, εὐσέβειαν Epiphanius | poenis] w. e. sch. aus paenis corr. A |
subditur AM | 26 catecumenorum A cathecuminorum M | facias C | miseri-
cordias] εὐσέβειας Epiphanius | 27 est] fehlt bei Epiphanius | illis < C | 28
oratio manichaeorum super cibos (rot) M | ad panem < M

ἤλεσα οὔτε ἔϑλιψά σε οὔτε εἰς κλίβανον ἔβαλον· ἀλλὰ ἄλλος ἐποίησε
ταῦτα καὶ ἤνεγκέ μοι· ἐγὼ ἀναιτίως ἔφαγον. καὶ ὅταν καϑ᾽ ἑαυτὸν
εἴπῃ ταῦτα, λέγει τῷ κατηχουμένῳ, ηὐξάμην ὑπὲρ σοῦ· καὶ οὕτως
ἀφίσταται ἐκεῖνος. ὡς γὰρ εἶπον ὑμῖν πρὸ ὀλίγου, εἴ τις θερίζει, 7
5 θερισθήσεται, οὕτως ἐὰν εἰς μηχανὴν σῖτον βάλλῃ, βληθήσεται καὶ
αὐτός, ἢ φυράσας φυραθήσεται, ἢ ὀπτήσας ἄρτον ὀπτηθήσεται· καὶ
διὰ τοῦτο ἀπείρηται αὐτοῖς ἔργον ποιῆσαι. καὶ πάλιν εἰσὶν ἕτεροι 8
κόσμοι τινές, τῶν φωστήρων δυνάντων ἀπὸ τούτου τοῦ κόσμου, ἐξ ὧν
ἀνατέλλουσι. καὶ εἴ τις περιπατεῖ χαμαί, βλάπτει τὴν γῆν· καὶ ὁ κινῶν
10 τὴν χεῖρα βλάπτει τὸν ἀέρα, ἐπειδὴ ὁ ἀήρ ψυχή ἐστι τῶν ἀνθρώπων
καὶ τῶν ζῴων καὶ τῶν πετεινῶν καὶ τῶν ἰχθύων καὶ τῶν ἑρπετῶν.
καὶ εἴ τις ἐν κόσμῳ ἐστίν, εἶπον ὑμῖν, ὅτι τὸ σῶμα τοῦτο οὐκ ἔστι τοῦ
θεοῦ, ἀλλὰ τῆς ὕλης ἐστὶ καὶ σκότος ἐστί, καὶ αὐτὸ σκοτωθῆναι δεῖ.

Neque ego te messui neque molui nec tribulavi nec in clibanum te
15 misi; alius te fecit et detulit te mihi; ego innocenter te manduco. Et
cum intra semet ipsum haec dixerit, respondet ad illum qui detulit,
oravi pro te; et ita ille discedit. Sicut ergo dixi vobis paulo ante, 7
si quis messuerit, demetetur, ita et si quis frumentum in molam miserit,
etiam ipse mittetur in molam, aut si quis consparserit, conspargetur,
20 aut si panem coxerit, excoquetur; et propter hoc inlicitum est apud eos
opus facere. Et iterum dicunt esse alios quosdam praeter hunc quem 8
videmus mundos, quibus huius mundi luminaria, cum hic occiderint,
oboriuntur. Et illi dicunt, si quis ambulat in terra, laedit terram, et
qui movet manum, laedit aërem, quia aër anima est hominum et ani-
25 malium et volatilium et piscium et repentium et si quid est in hoc
mundo; dixi enim vobis, quia corpus hoc non est dei, sed materiae est
tenebrarum, et ideo illud necesse est obscurari.

ACM und Epiph.

1 σε] *fehlt in den Acta | vielleicht ist* σε *nach den Acta vor* ἔβαλον *zu er-*
gänzen | 2 nach ἀναιτίως + σε *Oehler | 12* τις] τι *Routh und Oehler | 14* neque
tribulaui *C* nec te tribulaui *M* | 15 te fecit] ἐποίησε ταῦτα *Epiphanius* | te (*nach*
detulit)] *fehlt bei Epiphanius | nach* manduco + et soluo *C* | 16 respondit *AM* |
illum qui] eum qui ei *C* | 17 et ita . . paulo ante < *A* | et < *M* | 18 mola
A | 19 mola *A* in molam *fehlt bei Epiphanius | aut < A* | 20 aut si] ita et
si quis *A* aut qui *M* | *nach* eos + hoc *M* | 21 dicunt] *fehlt bei Epiphanius |*
quosdam < *A* | 21|22 praeter . . mundos] *fehlt bei Epiphanius;* | 22 *nach* quibus
+ in *M* | occiderit *M* | 23 obriuntur *A* moriuntur *M* | et illi dicunt] *fehlt bei*
Epiphanius; w. e. sch. ist es ein Zusatz des Übersetzers | illi] ibi *A* hi *M* | 24
movet] leuat *AM, vielleicht liegt hier eine Doppelversion des Übersetzers vor* | aerem]
das erste e *übergesch. A* | 25 et volatilium < *M* | 25/26 et . . mundo] *den Zu-*
sammenhang hat der Übersetzer verkannt; die Übersetzung ist hier übrigens nicht
genau | 26 materia *M* | 27 ideo] *fehlt bei Epiphanius* | necesse est illut *C*

XI (XXIX). περὶ δὲ τοῦ παραδείσου ὅς καλεῖται κόσμος. ἔστι
δὲ τὰ φυτὰ τὰ ἐν αὐτῷ, ἐπιθυμίαι καὶ ἄλλαι ἀπάται διαφθείρουσαι
τοὺς λογισμοὺς τῶν ἀνθρώπων ἐκείνων. τὸ δὲ ἐν παραδείσῳ φυτὸν
ἐξ οὗ γνωρίζουσι τὸ καλόν, αὐτός ἐστι ὁ Ἰησοῦς, ἡ γνῶσις αὐτοῦ, ἡ
5 ἐν τῷ κόσμῳ. ὁ δὲ λαμβάνων διακρίνει τὸ καλὸν καὶ τὸ πονηρόν.
ὁ μέντοι κόσμος οὐδ' αὐτός ἐστι τοῦ θεοῦ, ἀλλ' ἢ ἀπὸ μέρους τῆς
ὕλης ἐπλάσθη, καὶ διὰ τοῦτο πάντα ἀφανίζεται. ὃ δὲ ἐσύλησαν οἱ 2
ἄρχοντες ἀπὸ τοῦ πρώτου ἀνθρώπου αὐτό ἐστι τὸ γεμίζον τὴν
σελήνην, τὸ καθαριζόμενον καθημερινὸν ἀπὸ τοῦ κόσμου· καὶ ἐὰν
10 ἐξέλθῃ ἡ ψυχὴ μὴ γνοῦσα τὴν ἀλήθειαν, παραδίδοται τοῖς δαίμοσιν.
ὅπως δαμάσωσιν αὐτὴν ἐν ταῖς γεένναις τοῦ πυρός, καὶ μετὰ τὴν
παίδευσιν μεταγγίζεται εἰς σώματα, ἵνα δαμασθῇ, καὶ οὕτω βάλλεται
εἰς τὸ μέγα πῦρ ἄχρι τῆς συντελείας. (XXX.) περὶ δὲ τῶν παρ' ὑμῖν 3
προφητῶν οὕτως λέγει· πνεῦμα εἶναι ἀσεβείας ἤτοι ἀνομίας τοῦ

15		XI (X). Paradisus autem qui vocatur mundus. Arbores quae in
ipso sunt concupiscentiae sunt et ceterae seductiones corrumpentes cogitationes hominum. Illa autem arbor quae est in paradiso ex qua
agnoscitur bonum, ipse est Iesus et scientia eius quae est in mundo:
quam qui acceperit, discernit bonum a malo. Mundus autem nec ipse
20 est dei, sed ex parte materiae plasmatus, et ideo omnia exterminantur.
Quod autem furati sunt principes a primo homine ipsud est quod ad- 2
inplet lunam, quod cotidie purgatur a mundo; et si exierit anima quae
non cognoverit veritatem, traditur daemonibus, ut eam doment in gehenna ignis, et postea quam correpta fuerit, transfunditur in alia cor-
25 pora, ut dometur, et ita inicitur in illum magnum ignem usque ad
consummationem. De prophetis autem qui apud vos sunt haec dicit: 3
spiritus esse inpietatis sive iniquitatis tenebrarum illarum, quae ab initio

ACM und Epiph.

		1 ὅς] *Zacagni*, οὐ *J*, *Dindorf nimmt mit Unrecht eine Lücke an; vgl. Epi-
phanius Cap. 54* | 3 ἐκείνων] ἐκεῖνο (*mit* φυτὸν *zu verbinden*) *Oehler, wohl mit
Recht* | 4 αὐτός] *Oehler*, αὐτό *J; vgl. Epiphanius a. a. O.* | *nach* Ἰησοῦς +
καὶ *Zacagni, Oehler und Dindorf, aber vgl. Epiphanius a. a. O.* | 13 ὑμῖν]
ν *aus* η *hergestellt J* ἡμῖν *Petavius; vgl.* 19, 9 | 14 πνεῦμα] πνεύματα *Oehler,
wohl mit Recht; vielleicht liegt eine Verwechslung der Abkürzungen vor* |
15/16 *ungenaue Übersetzung* | paradisi *M* | *nach* mundus + et *C* | 16 concu-
piscentia *M* | agitationes *C* | 17/18 qua agnoscitur] quo cognoscitur *A* | 18 est
Iesus] eatis *C. Der Schreiber hat die Abkürzung* IS = Iesus *verlesen* | eius] illius
C | 19 bono *A* | 20 dei] deus *aus* dei *corr. M²* | parte] r *übergesch.* A < *C*
| materia *C* | phasmatur *M* | 21 hominem *A* | ipsud *A* ipsum *M* | 22 luna
C | animam *A* | 23 trudetur *A* | gehenna] *das erste* e *übergesch.* A gehennam
CM | 24 postquam *A* | correpta] correptam *A* correcta *M* | transfundetur *M*
| alia] *fehlt bei Epiphanius* | 25 illud *M* | 27 qui *AM*

σκότους, τοῦ ἀπ' ἀρχῆς ἀνελθόντος. καὶ διὰ τοῦτο πλανηθέντες
οὐκ ἐλάλησαν, ἐτύφλωσεν γὰρ αὐτῶν ὁ ἄρχων τὴν διάνοιαν· καὶ
εἴ τις ἀκολουθεῖ τοῖς λόγοις αὐτῶν, ἀποθνήσκει εἰς τοὺς αἰῶνας,
δεδεμένος εἰς τὸν βῶλον, ὅτι οὐκ ἔμαθε τὴν γνῶσιν τοῦ παρακλήτου.
5 ἐνετείλατο δὲ τοῖς ἐκλεκτοῖς αὐτοῦ μόνοις, οὐ πλέον ἑπτὰ οὖσι τὸν 4
ἀριθμόν· ἐὰν παύσησθε ἐσθίοντες, εὔχεσθε καὶ βάλλετε ἐπὶ τῆς κε-
φαλῆς ἔλαιον ἐξωρκισμένον ὀνόμασι πολλοῖς, πρὸς στηριγμὸν τῆς
πίστεως ταύτης· τὰ δὲ ὀνόματά μοι οὐκ ἐφανερώθη, μόνοι γὰρ οἱ
ἑπτὰ τούτοις χρῶνται. καὶ πάλιν τὸ παρ' ὑμῖν τίμιον καὶ μέγα 5
10 ὄνομα Σαβαὼθ αὐτὸ εἶναι τὴν φύσιν τοῦ ἀνθρώπου καὶ πατέρα τῆς
ἐπιθυμίας· καὶ διὰ τοῦτο ἀπλάριοι προσκυνοῦσι τὴν ἐπιθυμίαν, θεὸν
αὐτὴν ἡγούμενοι.

XII. Περὶ δὲ τοῦ Ἀδὰμ πῶς ἐκτίσθη, λέγει οὕτως· ὅτι ὁ εἰκών.
δεῦτε, καὶ ποιήσωμεν ἄνθρωπον κατ' εἰκόνα ἡμετέραν καὶ καθ'

15 ascenderunt, a quibus decepti, non sunt locuti in veritate; excaecavit
enim princeps ille mentem ipsorum; et si quis sequitur verba ipsorum,
morietur in saecula, devinctus intra massam, quoniam non didicit scientiam paracleti. Praecepit autem electis suis solis, qui non sunt amplius 4
quam septem numero, ut cum desinerent manducantes, orarent et mit-
20 terent super caput oleum exorcidiatum, invocatis nominibus plurimis,
ad confirmationem fidei huius; nomina tamen mihi non manifestavit,
soli enim illi septem utuntur his nominibus. Et iterum hoc, quod apud 5
vos magnum et honorabile est, nomen Sabaoth ille dicit naturam esse
hominis et patrem concupiscentiae; et propterea, inquit, simpliciores
25 adorant concupiscentiam, deum eam putantes.

XII. De Adam vero quomodo creatus sit, ita dicit, quia qui dicit:
Venite, faciamus hominem ad imaginem et similitudinem nostram, et

14 — 27 Gen. 1, 26

ACM und Epiph.

1 τοῦτο] *der Übersetzer hat* τούτων *gelesen* | 2 *nach* ἐλάλησαν + ἐν ἀλη-
θείᾳ *Zacagni mit Recht* | 9 ὑμῖν] *Cornarius und Zacagni, vgl.* 18, 13; ἡμῖν J
| 14 καί (*nach* δεῦτε)] *fehlt in den Acta und bei Epiphanius Cap.* 56 | 15 a < A
| deceptio A | in] i *übergesch.* A | 16 mentes C | illorum A | et si . . . ipsorum
< M | 17 morientur M | seculo M | devinctus A | non < M | 18 paracleti A *wie*
immer, paracliti M *wie immer* | non < A | 19 desinerint A | orarent et] orantes
M | 20 oleum super caput CM | extorcidiatum A exorcizatorum suorum M |
21 horum C | mihi] hi *übergesch.* A | 22 enim] autem C | nominibus] *fehlt*
bei Epiphanius | hoc < A | 23 magnum . . nomen] magnum esset honorabilem
nomen A | ille dicit] *fehlt bei Epiphanius* | natura A | esse] esse *gleich*
corr. A | 24 partem M | inquid A *wie immer; fehlt bei Epiphanius* | 25 con-
cupiscentia A | 26 quia qui dicit < A | 27 et (*nach* nostram) < CM

2*

ὁμοίωσιν, ἢ καθ' ἣν εἴδομεν μορφήν, ἄρχων ἐστίν, ὁ εἰκὼν τοῖς
ἑτέροις ἄρχουσιν ὅτι, δεῦτε, δότε μοι ἐκ τοῦ φωτὸς οὗ ἐλάβομεν, καὶ 2
ποιήσωμεν ἄνθρωπον κατὰ τὴν ἡμῶν, τῶν ἀρχόντων, μορφήν, καθ'
ἣν εἴδομεν, ὅ ἐστι πρῶτος ἄνθρωπος· καὶ οὕτως ἔκτισε τὸν ἄνθρω-
5 πον. τὴν δὲ Εὔαν ὁμοίως ἔκτισαν, δόντες αὐτῇ ἐκ τῆς ἐπιθυμίας
αὐτῶν πρὸς τὸ ἐξαπατῆσαι τὸν Ἀδάμ, καὶ διὰ τούτων γέγονεν ἡ
πλάσις τοῦ κόσμου ἐκ τῆς τοῦ ἄρχοντος δημιουργίας. (XXXI.) τὸν 3
δὲ θεὸν μὴ ἔχειν μέρος μετ' αὐτοῦ τοῦ κόσμου μηδὲ χαίρειν ἐπ'
αὐτῷ, διὰ τὸ ἐξ ἀρχῆς σεσυλῆσθαι αὐτὸν ὑπὸ τῶν ἀρχόντων καὶ
10 γενέσθαι αὐτῷ θλῖψιν. τούτου χάριν πέμπει καὶ συλᾷ ἀπ' αὐτῶν
τὴν ψυχὴν αὐτοῦ καθ' ἡμέραν διὰ τῶν φωστήρων τούτων, ἡλίου
καὶ σελήνης, ὑφ' ὧν ὅλος ὁ κόσμος καὶ πᾶσα ἡ κτίσις ἁρπάζεται.
τὸν δὲ λαλήσαντα μετὰ Μωϋσέως καὶ τῶν Ἰουδαίων καὶ τῶν ἱερέων 4
τὸν ἄρχοντα λέγει εἶναι τοῦ σκότους, ὥστε ἕν εἰσι καὶ τὸ αὐτὸ οἵ
15 τε Χριστιανοὶ καὶ οἱ Ἰουδαῖοι καὶ οἱ ἐθνικοί, τὸν αὐτὸν θεὸν σέβον-
τες· ἐν γὰρ ταῖς ἐπιθυμίαις αὐτοῦ ἐξαπατᾷ αὐτούς, οὐκ ὢν ἀληθείας
θεός. διὰ τοῦτο οὖν ὅσοι ἐπ' ἐκεῖνον ἐλπίζουσι τὸν θεὸν τὸν μετὰ 5

secundum eam quam vidimus formam, princeps est, qui haec dicit ad
collegas suos principes, id est: Venite, date mihi de lumine quod 2
20 accepimus, et faciamus secundum nostram, qui principes sumus, formam
et secundum eam quam vidimus, quod est primus homo; et ita hominem creaverunt. Evam quoque similiter fecerunt, dantes ei de concupiscentia sua ad decipiendum Adam, et per haec factum est figmentum
mundi per conditionem principis. (XI.) Deum vero non habere partem 3
25 cum mundo nec gaudere super eum, propter quod ab initio furtum
passus sit a principibus et oborta fuerit ei tribulatio. Hac de causa
mittit et furatur ab eis animam suam cotidie per luminaria haec, id
est solem et lunam, per quos universus mundus et omnis creatura raptatur. Illum vero qui locutus est cum Moyso et Iudaeis et sacerdotibus, 4
30 principem dicit esse tenebrarum, et ideo unum atque idem sunt Christiani et Iudaei et gentiles, eundem deum colentes; in concupiscentiis
enim suis seducit eos, quia non est deus veritatis. Propter hoc ergo 5

ACM und Epiph.

1 ἢ] et die Acta | 3 nach μορφὴν + καὶ Routh | 4 ἔκτισε] w. e. sch. zu
ἔκτισαν zu corr., so Cornarius | 18 uidemus A | qui] quia A | 18/20 nicht wört-
lich übersetzt | 20 accipimus A | 21 uidemus A | 22 creaverunt] fecerunt M
| nach creaverunt + qui A | euuam A | 23 per haec] διὰ τούτων Epiphanius,
per hos Cornarius | esse A | 24 mundum C | conditionis M | nach vero +
dicit M | patrem A | 25 eo C | in*itio Ras. von einem Buchst. A | 26 aborta
A | haec A | 27 mittet C | 27/28 id est] fehlt bei Epiphanius | 28 nach est
+ per C | omnes A | rapatur A aptatur M | 29 moysen A | 31 gentes C

Μωϋσέως λαλήσαντα καὶ τῶν προφητῶν, μετ' αὐτοῦ ἔχουσι δεθῆναι,
ὅτι οὐκ ἤλπισαν ἐπὶ τὸν θεὸν τῆς ἀληθείας· ἐκεῖνος γὰρ κατὰ τὰς
ἐπιθυμίας αὐτῶν ἐλάλησε μετ' αὐτῶν.

XIII. Μετὰ δὲ πάντα ταῦτα ἐπὶ τέλει λέγει καθὼς αὐτὸς ἔγραψεν
5 ὁ πρεσβύτης· ὅταν προφάνῃ αὐτοῦ τὴν εἰκόνα, τότε ὁ Ὠμοφόρος
ἀφίησιν ἔξω τὴν γῆν, καὶ οὕτως ἀπολύεται τὸ μέγα πῦρ καὶ ὅλον
ἀναλίσκει τὸν κόσμον· εἶτα πάλιν ἀφίησι τὸν βῶλον μετὰ τοῦ νέου
αἰῶνος, ὅπως πᾶσαι αἱ ψυχαὶ τῶν ἁμαρτωλῶν δεθῶσιν εἰς τὸν
αἰῶνα. τότε δὲ ταῦτα γενήσεται, ὅταν ὁ ἀνδριὰς ἔλθῃ. αἱ δὲ προ- **2**
10 βολαὶ πᾶσαι, ὁ Ἰησοῦς ὁ ἐν τῷ μικρῷ πλοίῳ, καὶ ἡ μήτηρ τῆς ζωῆς,
καὶ οἱ δώδεκα κυβερνῆται, καὶ ἡ παρθένος τοῦ φωτός, καὶ ὁ πρεσ-
βύτης ὁ τρίτος ὁ ἐν τῷ μεγάλῳ πλοίῳ, καὶ τὸ ζῶν πνεῦμα, καὶ τὸ
τεῖχος τοῦ μεγάλου πυρός, καὶ τὸ τεῖχος τοῦ ἀνέμου καὶ τοῦ ἀέρος
καὶ τοῦ ὕδατος καὶ τοῦ ἔσωθεν πυρὸς τοῦ ζῶντος πρὸς τὸν μικρὸν
15 φωστῆρα οἰκοῦσιν, ἄχρις ἂν τὸ πῦρ καταναλώσῃ τὸν κόσμον ὅλον·
ἐν πόσοις ποτὲ ἔτεσιν, ὧν οὐκ ἔμαθον τὴν ποσότητα. καὶ μετὰ **3**

quicumque in illum deum sperant, qui cum Moyse locutus est et prophetis, cum ipso habent vinculis tradi, quia non speraverunt in deum
veritatis; ille enim secundum concupiscentias suas locutus est cum eis.
20 XIII. Post haec vero omnia ad ultimum dicit, sicut ipse senior
scripsit: cum manifestam fecerit eius imaginem, tunc ipse Homoforus
extra se terram derelinquit, et ita dimittitur magnus ille ignis qui mundum consumat universum; deinde iterum demittunt animam, quae
obicitur inter medium novi saeculi, ut omnes animae peccatorum vin-
25 ciantur in aeternum. Tunc autem haec fient, cum statua venerit. Pro- **2**
lationes autem omnes Iesus est in modica navi, et mater vitae et
duodecim gubernatores et virgo lucis et senior tertius. Unde et maiori
in navi vivens spiritus adhibetur, et murus ignis illius magni, et murus
venti et aëris et aquae et interioris ignis vivi, quae omnia in luna
30 habitabunt, usquequo totum mundum ignis absumat; in quot autem

ACM und Epiph.

17 moysen A | 18 quoniam M | 21 feceris AM | humoforus C bomo-
forus M | 22 derelinquet A reliquid M | 23 consummat A | dimittur anima
A | statt animam βῶλον Epiphanius | 23/24 quae obicitur] fehlt bei Epiphanius
| 24 uincantur AM | 25 fiet A | statua venerit, Beausobre, ista tota uenerit A
statuta uenerit dies C statuta uenerit probatio M | prolationes] probationes AM
26/30 eine ziemlich ungenaue Paraphrase | 26 modica] od a. Ras. C | uita C
27/28 maiori in navi] maior in naui A maiori naui CM | 28 navi vivens] a. Ras.
M | ignis illius ∼ C | 29 et aquae] en quae C | et < A | ignis vivi quae]
ignis uiuensque A uiui quae C | 30 habitabunt M | obsumat A | quod AC

ταῦτα ἀποκατάστασις ἔσται τῶν δύο φύσεων καὶ οἱ ἄρχοντες οἰκή-
σουσι τὰ κατώτερα μέρη ἑαυτῶν, ὁ δὲ πατὴρ τὰ ἀνώτερα. τὸ ἴδιον
ἀπολαβών. ταύτην δὲ πᾶσαν τὴν διδασκαλίαν παρέδωκε τοῖς τρισὶν 4
αὐτοῦ μαθηταῖς. κελεύσας ἕκαστον εἰς κλίματα ὁδεύειν· καὶ ὁ μὲν
5 Ἀδδᾶς τὰ τῆς ἀνατολῆς μέρη ἔλαχεν. ὁ δὲ Θωμᾶς τὴν Σύρων γῆν
κεκλήρωται. Ἑρμείας δὲ ἄλλος τὴν εἰς Αἴγυπτον πορείαν ἐποιήσατο·
καὶ μέχρι σήμερον ἐκεῖσε διατρίβουσι, τὴν τοῦ δόγματος ὑπόθεσιν
στῆσαι θέλοντες.

annis numerum non didici. Et post haec restitutio erit duorum lumi- 3
10 narium et principes habitabunt in inferioribus partibus suis, pater autem
in superioribus, quae sua sunt recipiens. Haec est omnis doctrina quam 4
tradidit tribus discipulis suis et iussit eos in tres mundi plagas proficisci; ex quibus Adda partes sortitus est Orientis, Thomas vero Syrorum terras accepit; Hermas vero ad Aegyptum profectus est: et usque
15 in hodiernum ibi degunt dogmatis huius gratia praedicandi.

XIV (XII). Haec cum Turbo dixisset, vehementer accendebatur
Archelaus; Marcellus vero non movebatur, deum expectans auxilio veritati suae futurum: Archelao autem erat cura pro populo, tamquam
pastori pro ovibus, cum luporum parantur insidiae. Igitur Marcellus
20 Turbonem muneribus plurimis donavit et in Archelai domum residere
praecepit. Eadem autem ipsa die adventavit Manes, adducens secum 2
iuvenes et virgines electos ad viginti duo simul; et primo omnium
Turbonem requirit pro foribus Marcelli, quem cum non invenisset, ad
Marcellum ingreditur salutandum. Quo ille viso, admiratus est primo 3
25 habitus indumenta; habebat enim calciamenti genus, quod trisolium
vulgo appellari solet; pallium autem varium, tamquam aërina specie;
in manu vero validissimum baculum tenebat ex ligno ebelino; Babylo-
nium vero librum portabat sub sinistra ala; crura etiam bracis obtexerat
colore diverso, quarum una rufa, alia velut prasini coloris erat; vultus

ACM und Epiph. (= 9—15)

9 luminariorum C φύσεων Epiphanius | 11 in superioribus < M | re-
cipies A accipiens M | omnes A | 12 tres] fehlt bei Epiphanius | 13 ex
quibus] fehlt bei Epiphanius | parte A | 13/14 Thomas .. accipit < C, am
Rande thomas (thoma ist weggeschnitten) syrorum (y a. Ras.) partes accepit C²
| 13 vero < CM | nach syrorum e geschrieben und durchstrichen A | 14 et <
M | 17 dei spectans M | auxilium C | ueritatis A | 18 autem] vero M |
20 domauit A repleuit C | nach archelai + episcopi C | domo M | 21 de
aduentu manitis (rot) M | manens A | 22 simul duo M ∾ M² | 23 requi-
rebat C | nach inuenisset + et A | 24 salutando A | 25 quadrisole C tresole
M | 26 palleum M | autem] uero A | speciem A | 27 manus A | ebilino A
| 28 libro A | crucru A | brachiis A

vero ut senis Persae artificis et bellorum ducis videbatur. Igitur Mar- 4
cellus statim ad Archelaum mittit, qui cum verbo citius adfuisset,
invehi in eum animo urgebatur ex ipso habitu ac specie eius, et maxime
quidem quod et quae Turbone referente cognoverat, secretius factum
5 apud semet ipsum retractaverat et diligenter praeparatus advenerat. At 5
vero prudentissimus Marcellus, omni contentionum studio sublato,
utrumque audire decernit, invitatis viris primariis civitatis; ex quibus
iudices elegit, religione gentiles, quattuor numero, quorum haec sunt
nomina: Manippus grammaticae artis et disciplinae rhetoricae peritissi-
10 mus, Aegialeus archiater nobilissimus et litteris adprime eruditus, Clau-
dius et Cleobolus duo fratres egregii rhetores. Fit ergo magnificus 6
conventus, ita ut domus Marcelli, quae erat inmensa, repleretur ex his
qui ad audiendum fuerant convocati; et cum in conspectu omnium con-
stitissent ii qui adversum se dicere proponebant, tum illi electi iudices
15 excelsiores omnibus consederunt atque Mane dicendi initium datum est.
Silentio igitur facto plurimo, adgressus est hoc modo.

XV (XIII). Ego, viri fratres, Christi quidem sum discipulus, apostolus vero Iesu: pro nimia autem humanitate Marcelli adesse festinavi,
ut qualiter oporteat observare modum divinae religionis eum edoceam;
20 ne sicut muta animalia, quae intellectu carent nec quod agunt adver-
tunt, ita etiam Marcellus, qui nunc se velut dediticium doctrinae Archelai subiugavit, ad ultimum damno animae feriatur, cum praeparandae
divini cultus observantiae ultra non habuerit facultatem. Scio autem 2
et certus sum quod, emendato Marcello, etiam vos omnes salvi esse
25 poteritis: ipsius enim iudicio suspensa pendet urbs vestra: quod si ab

A (bis 17) CM

1 vero] erat C | 3 invehi .. urgebatur] inuehi in eo animo urguebatur A
inuenit eum animo in superioribus. Vrgebatur M | ac] ad A | 4 quidem < A |
quae] que zu quae durch übergesch. a corr. A | 7 audiri A | cernit C | inuitatis]
inuita aus inuitis corr. C² | uiris < M | 8 nomina iudicum (rot) M | religione gen-
tiles ∼ A | 9 nomina] aus omnia corr. C³ | menippus CM, vgl. I, 3 | grammu-
ticae artis] grammaticus A | nach rhetoricae + artis A | nach peritissimus + et
A | 10 elzialeos M, vgl. I, 4 | eruditur A | 11 cleobus A | vgl. Epiphanius Cap. 10:
εἰς τὴν αὐτῶν ἀντιβολὴν τοῦ ζητήματος· αἱρησάμενοι ὁμοῦ κριτάς, Μάρσιπόν τινα
ὀνόματι, καὶ Κλαύδιον καὶ Αἰγιαλέα καὶ Κλεόβουλον, τὸν μὲν τῶν ἐκτὸς λόγων
φιλόσοφον, τὸν δὲ ἰατροσοφιστήν, τὸν δὲ φύσει γραμματικὸν καὶ τὸν ἄλλον σοφιστήν
12 repletur C | 13 uocati C | 14 bii AC hi M | aduersus A | proponebant]
das letzte n übergesch. A | tunc A | 15 atque mane dicendi] ad quem amen dicendi
A atque manne dicendi C atque maneti M; die Form des Dativs bei Epiphanius
ist Μάνῃ | 16 plurimum A plurima C | hoc < A | nach modo folgt EXPL.T.
das das Ende des ersten Auszugs aus den Acta bezeichnet A | 17 locutio maledicti a
deo manetis (rot) M | sum < M | 19 nach oportet + eum M | eum < M |
21 uelut dediticium se M corr. M² | 22 reparande M | 25 nach si + ergo M

unoquoque vestrum abiciatur vana praesumptio et ea quae dicentur a
me veri amore audiantur, futuri saeculi hereditatem, caelorum regna,
capietis.   Sum quidem ego paracletus qui ab Iesu mitti praedictus **3**
sum, *ad arguendum mundum de peccato et de iudicio et de iustitia*, sicut
5 et qui ante me missus est Paulus *ex parte scire et ex parte prophetare* se
dixit, mihi reservans quod perfectum est, ut hoc quod ex parte est
destruam.   Tertium ergo testimonium accipite, apostolum me esse **4**
Christi electum: et si vultis mea verba suscipere, invenietis salutem;
nolentes autem vos aeternus ignis absumere habet.   Sicut enim Hyme- **5**
10 naeus et Alexander *traditi sunt Satanae, ut discerent non blasphemare*,
ita et vos omnes poenarum principi trademini, pro eo quod manus
iniecistis in patrem Christi, cum eum dicitis causam esse omnium malorum et conditorem iniustitiae et totius iniquitatis creatorem, ex eodem
fonte dulcem et amaram producentes aquam; quod fieri aut intellegi
15 nulla ratione possibile est.   Cui enim oportet credi? magistris vestris **6**
istis, qui carnibus vescuntur et affluentissimis deliciis perfruuntur, aut
salvatori Iesu Christo dicenti, sicut scriptum est in euangeliorum libro:
*Non potest arbor bona malos fructus facere, neque arbor mala bonos fructus
facere?*   Et alio in loco, patrem diaboli *mendacem et homicidam ab* **7**
20 *initio* esse confirmat; rursum desiderium fuisse tenebris ut inseque-
rentur illud quod de luce initio fuerat prolatum verbum, et inimicum
hominem, zizaniorum seminatorem et principem saeculi mundi huius
deum, qui hominum mentes excaecat ut non euangelio Christi deserviant.
Bonus est iste deus, qui suos homines salvari non vult? Et, ut ne **8**
25 multa alia revolvam et spatium temporis obteram, verae doctrinae
differens tempus, haec dixisse sufficiat et ad propositum redeam, ut
conpetenter ostendam istorum absurdam esse doctrinam, nec quicquam
deo et patri domini nostri salvatoris adscribendum, sed malorum nostrorum causam accipere Satanam: in ipsum etenim reiciendum est, quod
30 omnia huiuscemodi mala ab ipso generentur.   Sed et ea quae in pro- **9**
phetis et lege scripta sunt ipsi nihilominus adscribenda sunt; ipse est
enim qui in prophetis tunc locutus est, plurimas eis de deo ignorantias

4 Joh. 16, 8 — 5 I Kor. 13, 9 — 10 I Tim. 1, 20 — 18 Matth. 7, 18. Luk. 6, 43 —
19 Joh. 8, 44 — 20 *vgl.* Joh. 1, 10 — 21 Matth. 13, 25 — 22 II Kor. 4, 4 — 28 I Thess. 1, 8

     C M

     1 dicuntur *M* | 3 praedictis *C* | 4 et de iudicio < *C* | iniustitia *C*
5 ex parte scire et < *M* scire *aus* scise *corr.* *C²* | 7 accipe *M* | 9 absumere
habet] absumet *M* | ymeneus *M* | 10 discant *M* | 12 patrem] trem *a. Ras.
w. e. sch.* *M* | 16 istis < *M* | affluentissimis *M* | 17 iesu christo ∽ *C* | 18
fructus malos *M* ∽ *M²* | 19 alio in ∽ *M* | 28 non] in *C* | 25 multa alia]
talia *M* | 28 *nach* nostri + et *M* | 29 causa *M*

suggerens et temptationes et concupiscentias. Sed et devoratorem cum 10
sanguinis et carnis ostendunt; quae omnia ad ipsum pertinent Satanan et
ad prophetas eius, quae transformare voluit in patrem Christi et scribere
pauca quaedam vera, ut per haec etiam cetera, quae sunt falsa, crede-
5 rentur. Unde bonum vobis est ex omnibus quae usque ad Iohannem 11
scripta sunt nihil omnino suscipere, a diebus vero eius euangelizatum
regnum caelorum solum amplecti; semet ipsos enim inriserunt, ridicula
et ludicra introducentes, exiguis quibusdam verbis in lege adumbratis,
ignorantes quia malis, si admisceantur bona, malorum corruptione etiam
10 quae bona sunt exterminantur. Et si quidem est quisquam, qui possit 12
ostendere legem recti tenacem esse, debet custodiri; sin autem malam
ostendero, interimenda est et abicienda, quippe quae mortis ministerium
continet informatum, quae vultus Moysi gloriam contegens destruxit.
Non est igitur sine periculo cuiquam vestrum pariter cum lege et pro- 13
15 phetis novum adiungere testamentum, tamquam unius sint utraque doctoris, quippe cum renovetur de die in diem salvatoris nostri eruditio,
illa vero veterascens et senescens prope exterminium fiet. Quod mani- 14
festum est his qui discretionem habere possunt; quia sicut arboris cum
senuerint rami vel truncus fructum ultra non adfert, sed absciduntur, et
20 membra corporum, cum corrupta fuerint, amputantur; corruptionis enim
virus ex membris per omne corpus infunditur, et nisi artificis diligentia
remedium morbus acceperit, corpus omne vitiatur; ita ergo et recipientes
legem, nisi agnoveritis cuius sit, animas cum salute perdetis. *Lex enim* 15
et prophetae usque ad Iohannem Baptistam, a Iohanne vero lex veritatis.
25 lex promissionum, lex caelorum, lex adnuntiatur humano generi nova.
Et quidem donec non erat qui verissimam scientiam domini nostri Iesu
Christi vobis ostenderet, peccatum non habebatis: nunc autem et videtis 16
et auditis et in infitias ire vultis, ut legem quae destructa est et
relicta, sicut Paulus, qui apud vos probatissimus habetur, ait in quadam
30 epistula sua hoc modo: *Si enim quae destruxi, haec iterum reaedifico,*

---

1 eum *nach* ostendunt *M der richtigen Stelle durch Striche zugewiesen M²* |
2 ipsum] euin *C* | ad < *M* | 4 uera quedam *M* ∽ *M²* | cetera etiam *M* | 5 nobis
C | 6/7 regnum caelorum euangelizatum *M* | 8 verbis] uiris *M* ueris *Zittwitz* | 9
ammiscentur *M* | 11 si *M* | 12 ostendero] esse ostenderit *M* | intermittenda *M* | 13
mosey *M* | gloriu *M* | 16 renouet *C* | 17 fit *M* | 18 *nach* sicut + si *M* | arbores
M | 19 afferunt *M* | 21 effunditur *M* | 22 remedia *M* | 23 *nach* animas +
pariter *M* | 25 humano] o *aus* i *corr. M²* | 26 et quidem] equidem *C* | nostri iesu]
ihu xpi *M* | 28 auditis] odistis *Routh vgl.* Joh. 15, 24 | in infitias (ci *über* fi *über-
gesch.*) ire *C* in iniustitia stare *M, die Stelle ist unsicher* | ut legem] *vielleicht eine
falsche Übersetzung, Zacagni ergänzt* observetis | 30 reaedificio *C* aedifico *M*

praevaricatorem me constituo. Hoc autem dicit, gentiles eos iudicans,
propter quod sub elementis mundi essent, priusquam veniret plenitudo
fidei, credentes in lege et prophetis.

XVI (XIV). IUDICES DIXERUNT: Si quid adhuc manifestius habes,
5 dic de doctrinae tuae modo et fidei titulo. MANES DIXIT: Ego duas
naturas esse dico, unam bonam et alteram malam, et eam quidem
quae bona est in quibusdam partibus habitare; malam vero esse tam
mundum hunc quam omnia quae in eo sunt, quae quasi ergastula in
parte maligni posita sunt, sicut ait Iohannes: *Totus mundus in maligno*
10 *est positus*, et non in deo. Propterea duo loca esse diximus, unum **2**
bonum et alium malum, qui extra eum est, ut in his spatium habens
posset in se suscipere creaturam mundi. Si enim dicimus monarchiam
unius naturae et omnia deum replere et nullum esse extraneum locum,
quis erit creaturae susceptor? ubi gehenna ignis? ubi tenebrae exte-
15 riores? ubi fletus? In ipso dicam? Absit; alioquin etiam ipse in his **3**
pariter cruciabitur. Non ista sentiatis quicumque salutis vestrae curam
geritis? exemplum enim vobis dicam, ut plenius intellegatis. Unum
vas est mundus: quod si dei substantia totum hoc vas replevit, quomodo iam potest in ipso vase aliquid amplius reponi? Si repletum est, **4**
20 quomodo suscipiet quod ponitur, nisi evacuetur de vase pars aliqua?
Aut quo proficiet quod evacuabitur, cum locus non sit? Ubi terra?
ubi caelum? ubi abyssus? ubi stellae? ubi sedes? ubi potestates? ubi
principes? ubi tenebrae exteriores? quis est qui horum posuit funda-
menta, et ubi? Non potest aliquis dicere, nisi forte blasphemet. Quo- **5**
25 modo autem et condere potuit creaturas, non subsistente materia? Si
enim de non extantibus, consequatur has visibiles creaturas meliores
esse et omnibus virtutibus plenas. Quod si malitia est, et mors in eis
et corruptio et si quid bono contrarium est, quomodo ex alia natura
factas esse eas dicimus? Si vero consideretis quomodo generentur filii **6**
30 hominum, invenietis non esse deum hominis creatorem; sed alium, qui
et ipse ingenitae est naturae, cuius conditor nullus nec creator nec

2 *cfr.* Gal. 4, 3 — 9 I Ioh. 5, 19

CM

3 fidei credentes] fidentes *M* | **4** dixerunt] *aus* dixit *corr. C³* | adhuc] hoc
M | **5** doctrinae tuae] doctrina tua *M* | **6** unam .. alteram] et non unam bonam
et *M* | **10** est positus et] positus est *M* | **11** malum *< C vielleicht mit Recht*
| in *< M* | *nach* his + qui extra bonum est *M* | **12** possit *M* | **13** extra
eum *C* | **16** cruciab*tur (*a ist ausradiert*) C* | **18** si *< C* | **19** repletus *C* |
21 locus] solus *M* | **23** *nach* principes + mundi *M* | **24** aliquis] aliquid *M* |
blasphemet forte *M ∽ M²* | **26** consequenter *C* | visibiles] uile sibi *M* | **27**
esse *< M* | **28** *nach* quomodo + non *M* | **29** factas .... dicimus] facta esse
dicimus *M* | **30** creatorem] conditorem *M*

factor est, sed sola malitia sua talem eum protulit. Est igitur vobis 7
hominibus commixtio cum uxoribus vestris de huiuscemodi occasione
descendens: cum quis vestrum carnibus aliisque cibis fuerit satiatus,
tunc ei concupiscentiae oboritur incitatio, et ita generandi filii fructus
5 augetur, ut non ex virtute aliqua nec ex philosophia nec ex alio ullo
intellectu, sed ex sola ciborum satietate et libidine et fornicatione. Et 8
quomodo mihi quisquam dicet quia ad imaginem dei factus est pater
noster Adam et ad similitudinem, et similis est ei qui fecit eum? Quomodo omnes qui ex eo generati sumus similes ei sumus? Immo vero e
10 contrario plurimae nobis sunt formae, diversi vultus ferentes effigiem.
Quod quam verum sit demonstrabo vobis in parabolis. Intuemini mihi 9
aliquem volentem thesaurum aut aliquid aliud signare, et accepta cera
vel luto, velle vultus sui signaculum quod gerit, exprimere; quod si
alius quoque vultus sui figuram similiter expresserit, numquid simile
15 signaculum adparebit? Nequaquam, etiam si vos nolitis quod verum est
confiteri. Quod si non sumus similes in signaculo, sed est in nobis 10
differentia, quomodo non probatur principum nos et materiae esse facturam? Secundum enim ipsorum formam et similitudinem et imaginem
etiam nos existimus formae diversae. Quod si eam quae ex initio facta
20 commixtio est et qualiter facta sit vultis addiscere, edicam.

XVII (XV). IUDICES DIXERUNT: Non prius quaeritur quomodo facta
sit prima commixtio, nisi prius detur ratio duo esse principia naturalia.
Cum enim claruerit duo esse ingenita, tunc etiam reliqua fidem capient,
etiam si pars aliqua non accommodaverit adsensum; iudicandi enim
25 nobis potestate permissa, dicemus quod nostrae opinioni claruerit. De- 2
mus tamen et Archelao episcopo dicendi facultatem ad haec, ut quae
ab utroque dicta fuerint conparantes, pro veritate possimus ferre sententiam. ARCHELAUS DIXIT: Tametsi ingentis audaciae et blasphemiae
plena est intentio adversarii. — MANES DIXIT: Audite, iudices, quid dixerit,
30 'adversarii'? Ergo duae res sunt. ARCHELAUS DIXIT: Insaniae magis 3
quam prudentiae videtur mihi plenus iste, qui mihi hodie controversiam
movet, quia dixero 'adversarius'; sed ablata tibi est in modico sermone

CM

8 carnalibus C | 5 ex (nach philosophia nec) < M | 6 vielleicht (sit) sed | 7 dicit
M | 8 nach quomodo + non M | 10 nobis sunt] sunt in nobis M | effigiem] aus efficem
oder efficiem corr. C² | 11 mihi < M | 12 nolentem C | aliud < M | 13 nach sui
+ figuram M später getilgt | 15 noletis M | 16 in (nach similes) < M | 17 principium
M | materia M | facturos M | 19 eam) etiam M | 20 commixtio] commotio M |
dicam M | 21 dixerunt] aus dixit corr. C² | 22 commotio M | 23 duorum M | fide
capiente reliqua M corr. M² | 24 aliqua] altera M | accomodarit M | 25 dicimus C
| quodcumque M | 26 episcopo < C | ad haec facultatem M | 28 tametsi]
tam M | 30 aduersarius M | 32 aduersarii Zacagni | ablata tibi] ablatiui M

obiectio tua, si quidem ex hoc arbitratus es te adfirmaturum duas esse
naturas. Ingentem doctrinam ferens ades; neutrum enim eorum quae adseris
stat. Potest enim is qui non natura sed proposito adversarius est, amicus 4
effectus, non esse adversarius, et ita cum alter e nobis alteri adquieverit, unum
5 atque idem uterque adparebit; quae causa indicat creaturas rationabiles libero arbitrio esse permissas, unde et conversiones recipiunt et ideo ingenitae
naturae esse non possunt. Quid ergo ais? duae istae naturae inconvertibiles
sunt an convertibiles, aut una earum convertitur? At vero Manes remoratus 5
est non inveniendo responsum: intuebatur enim quod ex utroque conclu-
10 deretur, retractans: quia si dicam converti eas, respondebit mihi illud
quod in euangelio scriptum est de arboribus; quod si negem esse convertibiles, permixtionis statum et causam necessario expetet. Interea 6
aliquando respondit Manes: Inconvertibiles quidem sunt utraeque, quantum spectat ad contraria, convertibiles vero, quod spectat ad propria.
15 ARCHELAUS DIXIT: Videris mihi delirus esse et obliviscens propositio- 7
num tuarum, sed ne eorum quidem quae didicisti verborum virtutes
vel qualitates agnoscere. Neque enim conversio quid sit agnoscis, neque
quid sit ingenitum aut quid dualitas, non quid praeteritum vel quid
praesens quidve futurum sit, sicut ex his quae a te nunc dicta sunt,
20 adverti. Inconvertibilem enim esse adfirmasti utramque naturam, quan- 8
tum ad contraria spectat; convertibilem vero, quantum ad propria. Ego
vero dico, quia qui in propriis vertitur non excedit a se, sed est in
eisdem quibus semper est inconvertibilis; qui vero recipit convertibilitatem, hic extra propria effectus, devenit in aliena.
25   XVIII (XVI). IUDICES DIXERUNT: Convertibilitas illum, cui accidit,
transfert in alium; ut si dicamus, Iudaeus, si velit fieri Christianus, aut
si Christianus velit esse gentilis, haec species est convertibilitatis et
causa. Neque vero si gentilis, cum in omnibus propriis suis maneat
ac diis suis hostias offerat templisque ex more deserviat, donec perse-

CM

1 tua si] tam si *C* | es] est *CM* | te < *M* me *Zacagni* | 2 ingentem]
inscientem *Routh* | 2/3 adseris stat] resistat *M* | 3 his *M* | 4 adquieverit] *aus*
adquievit *corr.* *C²* | 5 atque] ut *M* | 6 recipiant *M* | 7 ais] hee *M* | 8 harum
M | 11 conuersibilem *M* | 12 et (*über die Z. geschrieben*) causam statutum
M die Wortfolge corr. *M²* | necessariam *M* | expetit *CM* | 13 inconvertibiles]
conuertibile *a. Ras. M* | utraque *M* | 14 expectat *CM* | contrarium *M*
expectat *CM* | propriam *M* | 16 ne] neque *M* | 17 neque .. agnoscis < *M*
| 18 non] neque *M* | vel] aut *M* | 19 a te] ante *M* | 20 aduertis *M* | in-
conuersibilem *M* | 21 contrarium *M* | exspectat *C* expectat *M* | conuersibilem
M | propriam *M* | 22 excidit *M* | 23 inconvertibili] c *aus* e *corr.* *C²* incon-
uersibilis *M* | 25 accedit *M* | 26 transfert in alium] n se transfertur in aliud
M | 27 si christianus ∾ *M* | est < *M* | 28 gentilis cum] gentilifacum *corr.*
w. e. sch. aus gentilitarum *M²*

verat in propriis ac proficit, numquid dici potest esse conversus? Quid ²
igitur dicis? recipiunt conversibilitatem an non? Et inmorante Mane,
Archelaus ait: Si quidem inconversibiles esse dicit utrasque naturas,
quid est quod inpediat, uti ne unum atque idem eas esse opinemur?
5 Si enim inconversibiles sunt, non est in his naturis, quae similiter inconversibiles sunt et similiter ingenitae, ulla discretio, neque altera ex
his bona agnoscitur aut mala. Quod si conversibiles sunt, scilicet pro- 8
venire potest et bonum effici malum et malum bonum. Si enim hoc
provenire possibile est, quare non unum dicamus ingenitum, quod in-
10 tellegere magis dignum est iuxta rationem veritatis? Intueri enim
oportet quomodo malus ille fuerit ab initio, aut in quos malitiam exer-
cuerit ante mundi constitutionem. Cum caelum nondum extitisset et 4
nondum terra subsisteret, non homo, non animal, in quos exercebat
malitiam? quem opprimebat iniuste? quem spolians occidit? Quod si
15 suis eum dicas extitisse malum, sine dubio ergo ostenditur illum bonae
esse naturae. Si vero et illi omnes mali sunt, *quomodo potest Satanas
Satanan eicere?* Sed conclusus sermonem convertis, ut dicas quia bonus 5
vim passus est a malo. Sed nec hoc quidem est tibi sine periculo
dicere, ut lucem victam esse confirmes; quod enim vincitur vicinum
20 habet interitum. Quid enim ait sermo divinus? *Quis enim potest introire
in domum fortis et diripere vasa eius, nisi illo sit fortior?* Quod si homi- 6
nibus eum malum extitisse dixeris et ex eo malitiae suae indicia de-
monstrasse, ergo ante hoc bonus fuit et conversibilitatem recipit ex eo,
quod creatio hominis causa invenitur extitisse malitiae. Sed postremo 7
25 dicat quid est malum, ne forte nomen solum defendat aut adstruat.
Quod si non nomen mali, sed substantia, fructus nobis malitiae et nequitiae huius exponat, quoniam non agnoscitur umquam arboris natura
sine fructu.

XIX (XVII). Manes dixit: Constet apud te prius, quia est radix
30 alia malitiae, quam non plantavit deus, et tunc tibi dicam fructus eius.
Archelaus dixit: Non hoc veri expetit ratio: neque enim adsentiar
tibi radicem esse malae arboris illius, de cuius fructibus numquam ullus

---

16 Mark. 3, 23 — 20 Mark. 3, 27 — 27 Matth. 7, 16ff. 12. 33. Luk. 6, 43. 44
CM

1 numquid < M | 2 an] aut M | 3 inconversibiles] *Routh* conversi-
biles CM | esse < M | utrasque naturas dicis M | 4 eas] eius M | 5 *nach*
naturis + materia M | 7 agnoscetur M | sint M | 8 enim] ergo M | 11
malitia M | 12.13 nondum .. nondum .. non .. non] non .. nondum .. nondum .. non-
dum M | 14 malitia M | 15 illud C | 16/17 satanan et satanas C | 17 ser-
mone C | quia < C | 18 ne .. quidem M | tibi sine periculo est M | 20
enim < M | 21 in < M | 23 recipiet M | 24 creati C | 25 affluut M | 26
nach mali + asserit M | 29/30 radix alia ∽ M | 32 numquam ullus] nemo unquam M

gustaverit. Tamquam si velit aliquid quis emere, nisi prius gustando 2
discat utrum arida sit species aut liquida, pecuniam non profert; ita
neque ego tibi adsentiar esse arborem malam et pessimam, nisi prius
qualitas fructuum eius fuerit manifestata; scriptum est enim quia *de*
5 *fructibus arbor cognoscitur*. Dic ergo nobis, o Manes, arbor quae dicitur 8
mala quem adferat fructum, aut cuius naturae sit, quam virtutem habeat,
ut tibi credamus etiam radicem arboris ipsius esse talem. MANES DIXIT:
Radix quidem mala, arbor autem pessima, incrementum vero non ex
deo, fructus autem fornicationes, adulteria, homicidia, avaritia et omnes
10 mali actus malae illius radicis. ARCHELAUS DIXIT: Ut tibi credamus 4
quia isti sunt fructus malae illius radicis, gustum nobis eorum profer;
substantiam enim ingenitam esse pronuntiasti huius arboris, cuius fructus
secundum sui similitudinem proferuntur. MANES DIXIT: Haec ipsa in-
iustitia quae in hominibus est testimonium reddit, et avaritia, de gustu
15 malae illius radicis. ARCHELAUS DIXIT: Ergo, ut dixisti, fructus sunt 5
arboris huius iniquitates istae quae geruntur ab hominibus. MANES DIXIT:
Ita plane. ARCHELAUS DIXIT: Si fructus isti sunt, id est actus hominum mali, ipsi ergo homines radicis locum atque arboris obtinebunt;
ipsos enim pronuntiasti fructum ferre huiuscemodi. MANES DIXIT: Ita
20 dico. ARCHELAUS DIXIT: Male dicis, 'ita dico'; non enim ita dicis, alio- 6
quin cum homines peccare cessaverint, arbor malitiae infructuosa adparebit. MANES DIXIT: Inpossibile est quod dicis; si enim unus cessaverit
aut alius aut plures, alii tamen hoc agent. ARCHELAUS DIXIT: Si omnino 7
possibile est unum et alium et plures, sicut ais, non peccare, possibile
25 est etiam hoc omnes agere; unius enim conditoris sunt et unius massae
omnes homines, et ne te otiose per ineptias sequar, ea quae incondite
protulisti certis praescriptionibus excludam. Ais fructus malae radicis 8
atque malae arboris esse actus hominum, id est fornicationes, adulteria,
periuria, homicidia et reliqua his similia? MANES DIXIT: Ita. ARCHELAUS
30 DIXIT: Ergo si humanum genus interire provenerit a facie terrae, ita
ut ultra iam peccare non possint, periet et arboris huius substantia,
fructum ultra non adferens. MANES DIXIT: Et quando quod dicis fiet? 9
ARCHELAUS DIXIT: Quoniam quod futurum est nescio, homo enim sum,

4 Matth. 7, 16. 12, 33. Luk. 6, 44
CM

1 quis emere aliquid *M* | 2 pecunia *C* | proferat *M* | 4 eius] huius *M* | 5
fructu *M* | o manes nobis *M corr. M²* | 6 naturae] nate (*Strich ausgelassen*) *M* |
10 malae illius radicis < *M* | 11 profers *M* | 12 esse pronuntiasti ∽ *M* | 15
malae illius ∽ *C* | 19 fructum ferre ∽ *M* | 21 cum] si *M* | 23 alii. tamen
M alii autem *C* | agent] agerent *C* | 26 *nach* sequar + et *M* | 28 fornica-
tionis adulteria ∽ *M* | 31 periet] peribit *M* | et < *C* | 32 fructum ultra
∽ *M* | 33 quoniam] quonam *Routh*

non tamen sermonem istum indiscussum relinquam. Quid dicis de humano genere, ingenitum est aut factura? Manes dixit: Factura est.
Archelaus dixit: Si factura est homo, quis est adulterii et fornica- 10
tionis et reliquorum talium pater, cuius hic est fructus? Priusquam
5 fieret homo, quis erat qui fornicaretur aut adulteraret aut homicidia
perpetraret? Manes dixit: Sed homo a mala natura plasmatus mani- 11
festum est, quia ipse sit fructus, etiam si peccet, etiam si non peccet;
unde semel absolute nomen hominum et genus tale est, etiam si iusta
gesserit aut iniusta. Archelaus dixit: Sed et illius rei faciamus men-
10 tionem. Si ipse, ut ais, hominem fecit malignus, quare malitiam exercet
adversus eum?

XX (XVIII). Iudices dixerunt: Hoc volumus scire a te, Manichaee,
quomodo illum adfirmasti malum esse? Ex eo quo homines facti sunt
aut antea? Quia enim necesse est te malitiae eius opus ostendere ex
15 eo tempore ex quo malum eum fuisse adseris, certus esto; quia neque 2
agnoscitur vini qualitas, nisi prius gustaverit quis, sicut et ex fructu
omnis arbor dinoscitur. Quid ergo dicis? ex quo tempore malus est
hic? necessaria enim nobis videtur haec ratio. Manes dixit, Semper.
Archelaus dixit: Ostendam etiam hoc apud vos, optimi viri et pru- 3
20 dentissimi auditores, quoniam sermo eius omnino non constat; nam et
ferrum non est semper malum, nisi ex quo homo est, et artificium eius
in malo conversum, utendo ex eo perverse: et omne peccatum extitit
ex quo homo est. Sed nec ille quidem ipse magnus serpens malus ante 4
hominem fuit, sed post hominem, in quo malitiae suae ostendit fructum,
25 quia ipse voluit. Si ergo nobis post hominem adparet secundum scripturas malitiae pater, quomodo ingenitus erit qui post hominem, qui
factura est, malus effectus est? Sed et ex hominis tempore a se creati,
cur malus ostendatur? Quid in eo concupivit, si omne corpus suae fac- 5
turae erat, quid zelatus est? Qui enim zelatur aut concupiscit, meliora
30 et aliena concupiscit. Si ergo ex quo homo est, ex eo mala natura
demonstratur, quomodo suus fuit, sicut frequenter ostendi, homo? Si
enim suus erat homo, malus erat etiam ipse tamquam talis arboris
fructus; mala enim arbor, sicut ais, malos fructus facit. Cum omnes 6
enim mali essent, quid desideravit aut unde initium malitiae ostendit,

CM

2 *nach* factura + est M | 3 si . . est] factus est homo qui esset M | 7
sit] est M | etiam si non peccet < M | 8 hominum] humanum M | 9 et < M |
10 facit M | 12 a te scire M | 15 ex < M | *nach* nullum + esse M *spüter getilgt*
| quia neque] neque enim M | 16 agnoscetur M | vini qualitas] inequalitas M |
19 apud vos < C | 21 homo est ∽ M | 22 in malo .. perverse < M | 23 nec]
ne M | 25 scripturam M | 28 quod M | 29 gelatus C | 30 quo] eo C | ex eo
< C | 82 erat (*nach* malus) *zweimal geschrieben* C | 34 enim] ergo M | quis M

si ex tempore plasmati hominis malitiae eius homo causa est? Lege
autem ac praecepto sibi dato, homo poterat nequaquam obtemperare
serpenti et his quae ab eo dicebantur; cui si non obtemperasset homo,
qua ex causa malus fuisset? Quod si ingenitum est malum, et quomodo
5 interdum homo fortior illo invenitur? Obtemperans enim mandato dei 7
frequenter vincit omnem malitiae radicem; et ridiculum est, si iste qui
factura est fortior inveniatur ingenito. Cuius autem est lex et mandatum? illud dico quod homini datum est. Sine dubio confitebitur dei
esse. Et quomodo potest dari lex alieno? aut inimico quis potest dare 8
10 praeceptum? Aut ille qui accipit praeceptum, quomodo potest adversus
diabolum, id est, adversus creatorem suum pugnare, tamquam si filius
patri, cum beneficiorum debitor sit, inrogare velit iniurias? Ita in hac
parte inutilitatem hominis designas, si per legem et mandatum adversum
eum qui se plasmaverit, dimicet atque eum vincere conetur. In tantum 9
15 enim stoliditatis progressum esse ipsum diabolum putabimus, quod
adversum se hominem se fecisse non senserit, nec animadverterit quod
futurum esset, nec providerit quod sequebatur; cum etiam in nobis,
qui factura sumus, sit aliqua vel parva scientia, inest et aliquid providentiae et existimationis nonnumquam certae? Et quomodo ingenito ne 10
20 exiguum quidem providentiae fuisse credimus neque existimationis aut
intellectus? Sed brutissimus sensu et obtusissimi cordis et naturae pe-
coris invenitur secundum adsertionem, videlicet, tuam. Quod si ita 11
est, quomodo homo, qui ingenio atque scientia non parum pollet, ab
eo, qui ignarus omnium atque hebes sensu est, potuit accepisse sub-
25 stantiam? Quomodo huiuscemodi auctoris opus esse hominem audebit
aliquis confiteri?

XXI. Quod si homo anima est et corpus, et non solum corpus sine
anima, quae sine se invicem subsistere non possunt, quare ea inimica
sibimet dices et contraria? Videtur enim mihi dominus noster Iesus
30 Christus de his dixisse per parabolas: *Nemo potest vinum novum in utres
veteres mittere, alioquin rumpentur utres et vinum effundetur.* Sed vinum 2
novum in utres novos mittendum est, quoniam quidem idem dominus

30 Matth. 9, 17. Mark. 2, 22. Luk. 5, 37

CM

1 homo < *M* | lege] *aus* legem *corr.* C | 2 homo dato *M* | 3 dicebantur]
praecipiebatur *M* | 6 uincet C | omne *M* | 7 mandatum] praeceptum *M* | 9
qui *M* | 13 inutilitatem . . . designas] inuenientem hominis designasse *M* | ad-
uersus C | 14 se < C | dimicet] dicet C | 15 enim] autem *M* | soliditatis
M | 16 se (*nach* hominem) < C | 17 esset] est *M* | preuiderit *M* | 18 et < *M*
| 19 et existimationis] ex his temptationes *M* | et < *M* | 21 brutissimi sensus *M*
| 23 homo < *M* | 28 se invicem] inuicem hominem *M* | 29 dicis *M* | 30 nemo]
n *aus* in *corr.* C | *nach* potest + mittere *M* | 31 mittere < *M* | rumpuntur *M*

est utris et vini; nam etsi diversa substantia sit, sed dominatione et
observantia et usu ex his duabus una persona subsistit. Non enim **3**
animam dicimus substantiae unius esse cum corpore, sed habere
unumquodque qualitatem suam; et tamquam ad unum genus atque
5 unam speciem hominum uter ac vinum conparatur, ita ab uno deo,
qui omnia tam in caelis quam etiam in terra creavit, hominem conditum ratio expetit veritatis; gaudet enim anima corpore et diligit et
colit illud, nihilominus etiam corpus gaudet ab anima se vivificatum.
Quod si maligni opus dicat esse quis corpus, cum sit et corruptibile **4**
10 ac vetustum atque deterrimum, non potest ferre spiritus virtutem nec
animae commotionem et eius splendidissimam creaturam. Sicut enim
adsumentum panni rudis adsuat quis vestimento veteri, maior scissura
fit, ita etiam corpus, si praeclarissimo operi, animae, adsociatum fuerit,
interiet. Similiter et si quis inferat lucernae lumen in locum tenebro- **5**
15 sum, fugantur continuo tenebrae nec adparent; ita intellegendum est,
anima corpori inserta, continuo tenebras effugatas et unam iam effectam
esse naturam atque unum hominem in unam speciem constitutum; et
ita conveniet consonanter vinum novum esse missum in utres novos et
adsumentum panni rudis adsutum non esse veteri vestimento, sed novo.
20 Sed et ex hoc ostendere possumus consonantiam esse virtutum in utraque, **6**
id est corporis atque animae, substantia, in qua ait scripturarum doctor
maximus Paulus, *deum in corpore, sicut voluit, unumquodque membrum
posuisse.*

XXII (XIX). Quod si id tibi difficile videtur intellectu nec ad-
25 quiescis his dictis, saltem exemplis tibi adfirmabo. Intuere hominem
templum esse quoddam, sicut et scriptum est; spiritum autem qui in
ipso est, refer ad eius formam qui inhabitat templum; neque ergo templum construi potest, non agnito prius habitatore templi, neque inhabitator conlocatur, si templum non sit extructum. Cum ergo utrumque **2**
30 una ac pariter dedicetur, quomodo in his inimicum aliquid aut con-

---

11 Matth. 9, 16. Mark. 2, 21. Luk. 5, 36 — **22** I Kor. 12, 18 — **25** vgl.
I Kor. 3, 16 und II Kor. 6, 16

CM

1 est M | 2 observantia et] observantiae C | nach duabus + tamen M
| 4 ad unum] dad ninum iam M | 5 unum M | hominis M | ac vinum < M
| 6 qui .. creavit < C vielleicht mit Recht | nach creavit + tam M | 7 corpori
C | 8 etiam] et M | se < M | 9 quis < M | 10 uirtutum M | 11 nach
sicut enim + si Zacagni, aber derselbe Gebrauch kommt auch 42, 33 vor, und
Parallelen sind in der klassischen Latinität zu finden | 14 interibit M | 19 sed novo
< C | 21 nach est + in M | qua] quo M | 22 nach paulus + apostolus M
| membrum] membrorum M | 25 saltim M | 26 et < C | spiritus C | 27
refer ad] refert C | nach neque + enim M

trarium inveniri potest, et non potius ab amicis atque idem volentibus
utrumque videtur effectum? Et ut scias quoniam et amicitia et genere
coniuncti sunt, qui scit et audit, *Faciamus hominem* et reliqua respondit.
Hic enim qui templum extruit interrogat illum qui informat simula- 3
5 crum, mensurasque etiam magnitudinis ac latitudinis vastitatisque per-
quirit, ut ita fundamentorum spatia describat; neque enim in vanum quis
templum extruit, nisi mensuras conlocandi didicerit simulacri. Similiter igitur perquiritur modus corporis atque mensura, ut possit apte in
eo anima conlocari ab artifice omnium deo. Quod si dicat quis ini- 4
10 micum esse eum, qui plasmaverit corpus, domini, qui creator est animae
meae, quomodo non, dum alteri invidet, alterius operi inrogavit infamiam, ut aut ille qui templum extruit angustum faciat, ita ut capere
non possit quod conlocatur; aut ille qui simulacrum fecit, quomodo
non grave aliquid protulit et ponderosum, quo intromisso, templum
15 continuo concideret? Secundum hoc, quod novimus esse inimicorum 5
studia, contemplemur haec, si non ita se habent; sin autem oportet
omnia isdem mensuris eadem aequitate disponi similique gloria efferri,
quid adhuc de hoc dubitamus? Addimus tamen, si placet, etiam illud 6
exemplum: similis videtur esse homo navi, quae instructa ab artifice
20 atque in mare deducta est quamque navigare inpossibile est sine
gubernaculis, quibus regi et flecti possit in quaecumque loca voluerit
gubernator eius. Et quia eodem artifice indiget corpus gubernacu-
lorum quo et totius navis, nulli dubium est; sine gubernaculis enim
otiosum erit omne navis opus, corpus illud inmensum. Ita ergo ani- 7
25 mam corporis gubernacula dicimus, reguntur autem utraque arbitrii
atque animae libertate, quo velut gubernatore utimur; quae cum coniunctione unum effecta consonantiam officii sui continent ad omne opus,
quodcumque ex semet ipsis efficiunt, uni auctori et conditori testimonium ferunt.
30   XXIII (XX). His auditis, turbae quae aderant vehementer gavisae
sunt, ita ut paene manus inicerent in Manen, quos vix Archelaus co-
hibens et reprimens conquiescere fecit. IUDICES DIXERUNT: Sufficienter
ostendit Archelaus hominis et corpus et animam unius esse factoris, eo

8 Gen. 1, 26

CM

3 scit] dicit *M* | **4** extruis *C* | symulacrum *sic immer M* | **5** magnitu-
dini *C* | **6** discriba *C* | **8** apte < *M* | **10** animi *C* | **11** meae < *M* |
altero *CM* | infamia *C* | **15** concideret] conderet *M* | **17** hisdem *M* | gloria]
zweimal geschrieben M | **22** gubernator] gubernatore *C* gubernatione *M* | eodem
arti *a. Ras. M* | **26** coniunctionem *C* | **28** exemet *C* | efficiuntur *M* | uni
auctori < *M* | **30** aderunt *C* | **31** mane *CM* | **33** factoris] o *aus* u *w. e. sch.*
corr. C

quod consonare in coniunctione non possit opus unius, si propositum
artificis a se dissentiret alterius. Quod si dicatur unum explicare 2
utrumque minime valuisse, infirmitatem ostendit artificis; quia et si
dicat quis animam boni dei esse, otiosum opus invenitur hominis, nisi
5 etiam corpus acceperit. Quod si rursum corpus mali dei dicatur esse
figmentum, otiosum nihilominus erit, si animam non acceperit; quae
utique nisi commixta atque sibi invicem fuerit inserta cum corpore,
homo nec erit nec dicetur. Unde multis exemplis adprobavit Archelaus
totius hominis unum atque eundem esse factorem. ARCHELAUS DIXIT: 3
10 Scire te non dubito, Manes, hoc, quod generantis aut creantis filius
dicitur ille qui natus est ⟨aut⟩ creatus; quod si malignus hominem finxit,
pater eius esse debet secundum naturam. Et cui ergo dicebat dominus
Iesus, docens orare homines: *Sic dicite cum oratis, Pater noster, qui es*
in caelis? Et iterum: *Orate patrem vestrum, qui est in occulto?* De Sa- 4
15 tana autem dixit vidisse se eum, *sicut fulgur cadentem de caelo;* uti ne
quisquam audeat dicere quod ipsum nos docebat orare; neque enim
descenderat Iesus, ut homines coniungeret et reconciliaret Satanae, quin
potius conterendum eum sub pedibus fidelium suorum tradidit. Sed 5
ego iam beatiores istos dicam esse gentiles qui multos quidem intro-
20 ducunt deos, unanimos tamen atque amicos eos confitentur; hic vero
duos introducens, inimicitias inter eos discordemque sententiam non
erubescit adstruere. Quod si multos sub huiuscemodi condicione intro-
duceret deos, ludum iam gladiatorium inter eos erat videre, innumeras
habentes naturas diversasque sententias.

25 XXIV (XXI). Iam vero de interiori atque exteriori homine quid
me necesse est dicere, cum salvatoris voce dicatur ad eos qui camelum
glutiunt et deforis hypocritae sunt, blandimentis atque adulationibus
circumdati; ad quod Iesus ait: *Vae vobis scribae et Pharisaei hypocritae,* 2
quare quod deforis est catini et calicis lavatis; quod autem intus est in-
30 *munditia plenum est? Aut nescitis quia qui fecit quod foris est et quod*
de intus est fecit? Numquid de catino et de calice loquebatur? Numquid vitriarius erat, qui haec dicebat, aut figulus, ex luto fingens vasa?
Nonne de corpore atque anima evidentissime loquebatur? Quoniam 8

---

13 Matth. 6, 9. Luk. 11, 2 — 14 Matth. 6, 6 — 15 Luk. 10, 18 — 26
Matth. 23, 24 — 28 Mutth. 23, 25f. Luk. 11, 39f.

CM

10 mane M | 11 *nach* est + aut *Harnack* | 13 est C | 14 occulto] abscondito
M | satanan (*in* satana *corr.* M²) CM | 17 homines] *aus* hominem *ohne Ras.*
corr. C² | 19 esse < M | 20 unanimes M | 21 introducent C | sententiam
C | 27 adulationi C | 28 iesus < M | 30 est (*nach* foris)] *übergesch.* M² |
32 figulus] ig *w. e. sch. corr.* C²

quidem Pharisaei aneti et cimini decimas expetentes quae erant gra-
viora legis relinquebant et his quae extrinsecus erant adhibentes diligentiam contemnebant ea, quae ad salutem animae pertinebant: expetebant etiam salutationes in foro et primos discubitus in cenis; quod 4
5 sciens dominus Iesus perditos esse dicebat eos, quia his solis rebus
quae deforis erant adhiberent diligentiam et ea quae intrinsecus erant
contemnerent velut aliena, ignorantes quoniam qui corpus fecerat, ipse
fecit et animam.   Et quis ita lapideus est et stolidus, ut non ad omnia
ei iste sermo sufficiat? Cui sermoni consonans Paulus ait, interpretans. 5
10 ea quae in lege scripta sunt hoc modo: *Non infrenabis os boci trituranti
Numquid de bubus cura est deo? Aut propter nos utique dicit?* Sed quid
inmoramur ulterius? adiciam tamen pauca de pluribus. Si duo sunt 6
ingenita et his loca certa decernimus, dividitur deus; si intra certum
locum est et non ubique diffunditur, et erit multo inferior loco, in quo
15 est (maius enim quod continet semper eo quem continet) et efficitur
deus eius magnitudinis cuius est locus in quo continetur, sicut homo,
si sit in domo.   Deinde ratio requirit quis est qui inter eos diviserit 7
aut quis eis certos terminos statuerit, et invenitur iam uterque multo
inferior virtutis humanae. Lysimachus enim et Alexander totius mundi
20 inperium tenuerunt omnesque nationes barbaras atque omne genus
hominum subicere potuerunt, ita ut non esset alius inperator per illud
tempus praeter ipsos sub caelo.   Et quomodo audebit quisquam dicere 8
non ubique esse deum, qui est lumen verum indeficiens, cuius est regnum sanctum et sempiternum? Heu nequissimi istius inpietas, qui nec
25 aequalem quidem cum hominibus potestatem omnipotenti deo tribuit!

XXV (XXII). IUDICES DIXERUNT: Lumen in toto mundo lucere
scimus et non in una aliqua parte; sicut et Iesus dicit quia *nemo lucernam accendens ponit sub modio, sed super candelabrum, ut luceat omnibus qui in domo sunt.*   Si ergo lumen est, necesse est illud (si tamen 2
30 Iesus creditur) mundo universo lucere et non per partes; a quo si universum obtinet mundum, ubi iam ingenitae tenebrae, nisi forte acciden-
tes intellegantur? ARCHELAUS DIXIT: Quoniam quidem multo melius a 3

1 *vgl.* Matth. 23, 23. Luk. 11, 42 — 8 Luk. 20, 46; 11, 43. Matth. 23, 6, 7.
Mark. 12, 38, 39 — 10 1 Kor. 9, 9, 10 -- 27 Matth. 5, 15. Mark. 4, 21. Luk.
8, 16 *und* 11, 33

CM

2 extrinsecus] intrinsecus CM | 3 expectabant C | 4 discubitus] discipulo
subitos C discubitos M | 5 scientes C | eos] eis C | 6 adbiberent M | 9 in-
terpretant C | 10 bobi C | 11 aut] an non M | 14 loco inferior M ∽ M?
! 15 et < M | 19 lysomacus C lysomachus M | 22 praeter ipsos < M | 24
eu C | 24/25 nec aequalem] nec que uellem C | 25 quidem < M | 26 mundo]
domo C | 31 accidentes] *lieca,ni*, accedentes CM | 32 intellegitur C

vobis intelligitur sermo euangelicus quam ab isto, qui se paracletum
esse profitetur, quem ego magis parasitum quam paracletum dixerim,
dicam ego quomodo acciderint tenebrae. Cum lux esset ubique diffusa, 4
mundum coepit deus condere initium a caelo et terra sumens, in quo
5 ita ratio evenit, ut medietas, qui est terrae locus umbra obtectus, obiectu videlicet earum quae factae sunt creaturarum, inveniretur obscurus,
ita ut res expeteret introduci lucem huic ipsi in medietate posito loco.
Unde et in Genesi Moyses enarrans facturam mundi nequaquam facit 5
tenebrarum mentionem, aut quasi factae sint aut non factae; sed ipse
10 tacuit, his, qui possint advertere, derelinquens rationem huius intellectus;
quae quidem nec satis est ardua atque difficilis. Cui enim non fiat ma- 6
nifestum, solem istum visibilem, cum ab oriente fuerit exortus et teten-
derit iter suum ad occidentem, cum sub terra ierit et interior effectus
fuerit ea quae apud Graecos sphera vocatur, quod nunc obiectu corpo-
15 rum obumbratus non adpareat? Sed obtecto eo, obstante terrae corpore, 7
superducitur umbra, quae ex se efficit tenebras, usquequo rursum, inferioris spatii cursu per noctem transacto, ad orientem revolutus atque
in locis solitis obortus adpareat. Est ergo umbrae atque noctis causa
corporis terrae soliditas, quod etiam ex sui ipsius umbra homo intelle-
20 gere potest. Ante caelum enim et terram atque omnes istas corporeas 8
creaturas indeficiens lux manebat, cum nullum corpus existeret quod
umbram sui obiectione generaret; et ideo nusquam tenebras, nusquam
noctem fuisse profitendum est. Nam si, verbi gratia, placeat ei cui 9
potestas est omnium, plagam quae ad occasum est auferre de medio,
25 non agente sole ad illam partem cursum, nusquam fiet vespera aut
tenebrae; sed erit sol semper in cursu nec umquam occidet, et medium
caeli axis paene semper tenebit nec aliquando desinat adparere; et per
hoc erit universus orbis terrarum clarissimo lumine radiatus, ex quo
nec ulla eius pars obumbrabitur, sed manebit ubique unius luminis
30 aequalitas. Occidentali autem plaga statum suum servante et sole cur- 10
sum suum tribus mundi partibus ministrante, hi quidem qui sub sole
sunt clarius videntur inluminari; ita ut paene dixerim, dormientibus
adhuc eis qui e diversa plaga consistunt, isti priores diei exordium
sumant. Sicut autem ante eos qui in parte occidua iacent illis lumen 11
35 exoritur, ita velocius obscuratur; et soli omnium qui in orbis medietate

CM

2 ego] ergo M | 4 coepit deus ∽ M | 5 obiectu] Zacagni, obtectu CM | 7 lucem
< M | 8 genesi] aus genesim corr. C | mosi (mo a. Ras.) C | 13 iter suum] itersum
C | iterit C | 14 fera C | 15 obiecto M | 16 superducit M | 19 sui] suet C | 21
nach cum + et M | nullum] aus nullus corr. C² | 23 ei] et C | 27 axes CM |
desinit C | 30 occidentali] occident alii C | servante < M | 33 adhuc eis] adhuc is C

consistunt aequalitatem semper sentiunt lucis. Cum enim medium sol
tenuerit caelum, nullus est locus qui aut lucidior aut obscurior esse
videatur, sed omnes mundi partes ex aequo et iusto solis fulgore lumi-
nantur. Si ergo, ut superius diximus, occiduae plagae pars auferatur
5 e medio, ultra iam non obscurabitur pars quae ei adiacet. Et haec 12
quidem mihi simplicius dicta sint, cum possim et zodiacum circulum
describere; sed non in tuto nunc fieri ratus sum, propter quod de his
silebo et ad illud caput recurram quod obiecit adversarius, adfirmans
omni nisu tenebras esse ingenitas, quod et ipsum quantum valuimus
10 iam confutatum est.

XXVI (XXIII). IUDICES DIXERUNT: Si consideremus lucem fuisse
ante conditionem creaturarum et nihil fuisse obiectum quod ex se umbram generaret, necesse est lucem ubique fuisse diffusam et omnia loca
fulgore lucis inluminata, sicut ostensum est ex his quae a te nuper
15 dicta sunt; in quibus veram esse rationem videntes damus palmam
allegationibus Archelai. Si enim divisionem accipiat universus mundus, 2
velut muro quodam per medium instructo, et ex una parte habitent
tenebrae, ex alia vero lux, intellegitur nihilominus quia ex eo quod
instructum est aedificium, umbra generata, acciderint tenebrae. Et rur-
20 sum nobis quaerendum est quis aedificaverit murum in medio duorum,
si tamen aedificatum fateris, o Manichaee. Si vero illa ratio conside- 3
retur, quasi murus non sit instructus, rursus sine aliqua exceptione
unus esse universus intellegitur locus ac sub una potestate positus:
unde ex omni parte tenebris ex accidentibus esse demonstratis ingeni-
25 tam naturam habere non possunt. ARCHELAUS DIXIT: Dicat mihi etiam 4
hoc ad ea quae proposita sunt. Deo in regno suo posito et maligno
similiter in suo regno, quis inter medium ipsorum construxerit murum?
Non enim potest dividere quid duas substantias, nisi quod sit utroque
maius, sicut dicit in Genesi libro quia *divisit deus inter lucem et tene-*
30 *bras*. Talem esse aliquem necesse est et muri istius instructorem, murus 5
enim terminos uniuscuiusque demonstrat, sicut inter eos qui rura in-
colunt lapis solet portionem uniuscuiusque dividere; quae tamen res
magis intellectum dat, quo huiuscemodi divisio fraternae potius heredi-

29 Gen. 1, 4

CM

1 equitatem M | 3 aequo] ea quo C aeq M | 7 in tuto] intui C | 9 nisu]
nisi C | *nach* ipsum + in M | 10 confitatum C | 12 creaturarum] c a. *Ras.*
C | et < C | 15 verum] uerum CM | 22 morus C | 24 ex accidentibus esse
demonstratis < C | 28 utroque] utrumque CM | 29 dicit] *nach* libro *geschrieben*
M | 31 demonstrant CM | qui] *aus* quo corr. M² | 33 quo] *vielleicht ist* quod
zu lesen, quando Zacagni | divisio] Zacagni, uisio CM

tatis sit ratio. Verum nunc non est mihi de his dicendum, quamquam 6
necessarium videatur, nam illud est quod petimus: quis est qui extruxerit murum ad designandum uniuscuiusque terminum regni? Non differat; nolo moretur hic perfidus, sed iam confiteatur dualitatis suae in
5 unum refusam esse substantiam. Dic age quemquam qui medium ex- 7
truxerit murum. Quid agebat alter, altero instruente? Dormiebat aut
ignorabat aut resistere non valuit aut pretio concessit? Dic quid facie-
bat vel quis est omnino qui extruxit. Vos deprecor, iudices, quos deus
plenissime repletos intellectu misit, vobis dicat quis ex duobus extru-
10 xerit et quid agebat unus cum alter extruxerit.

XXVII (XXIV). IUDICES DIXERUNT: Dic nobis, o Manes, quis desig-
naverit fines utriusque regni, quis murum fecerit medium? Pro magno
enim Archelaus interrogationem haberi huius sermonis exposcit. MANES 2
DIXIT: Bonus deus et nihil habens commune cum malo, firmamentum
15 posuit in medio, quo alienum a se et separatum faceret malignum.
ARCHELAUS DIXIT: Usquequo dignitate nominis mentiris? Deum etenim 3
solummodo nomine appellas et deitatem ipsius humanis infirmitatibus
conparas. Aliquando ex non extantibus, aliquando ex subiecta materia
quae quidem ante se fuerit, adseris extruxisse, ut homines solent extruc-
20 tores. Interdum etiam eum timidum, interdum et conversibilem dicis;
dei est enim agere quae dei sunt, hominis vero quae humana sunt.
Si ergo deus, ut ais, murum construxit, timidum se hic et nihil forti- 4
tudinis se habere designat. Scimus enim semper eos qui suspicantur
ab extraneis sibi dolos intendi atque hostium verentur insidias ipsi
25 solent urbes suas muris circumdare; in quo et ignorantiam habent
pariter atque inbeccillitatem sui ostendunt. Sed ne illud quidem a 5
nobis reticendum est, quin potius in medium proferendum, ut ex multa
adsertionum copia machinationum adversarii diversitas destruatur, auxilium nobis ferente veritate. Concedamus structuram factam esse muri, 6
30 quae ad discretionem esset uniuscuiusque regni: inpossibile enim est
sine hoc uno habere unumquemque proprium regnum; eodem vero modo
inpossibile est et malignum egressum propriis finibus boni partes invadere, muri interdictione constante, nisi forte prius deiciatur, sicut
audivimus ab hostibus fieri atque etiam oculis nostris nuper adspeximus.

CM

2 nam] sequendum M | est illud M ∼ M² | 3 differat dixerat C
vielleicht mit Recht | 5 quemquam quis est M | 6 alter .. dormiebat < C
über die Zeile geschrieben C² | extruente M | 9 plenissime] me übergesch. C¹
| dicat] iudicate a. Ras. von etwa fünf Buchst. geschrieben C²   11 quis] s aus
Corr. vielleicht aus b; C | 15 et separatum] esse partum C | 16 dignitate .. men-
tiris] tate nominis m a. Ras. M | 18 exubiecta C | 21 enim est M ∼ M² | ho-
mines C | 22 hic < M | 25 muri C | 27 multas C | 31 uno] muro Routh

Cum rex aliquis obpugnat turrem valido muro circumdatam, adhibet 7
primo ballistas et iacula, securibus deinde portas excidere atque arie-
tibus muros conatur evertere; et cum obtinuerit, tum demum ingressus
quae libuerit agit, sive captivos placet cives abducere sive cuncta sub-
5 vertere aut etiam, si placuerit, rogatus indulget. Quid ergo dicit iste?
Non substantia, id est proposito, adversarius quis deiecit, quod inter- 8
iectum fuerat munimentum? in praecedentibus enim professus est quia
supervenerint tenebrae ex propriis finibus in regnum dei boni. Quis
prius deiecit munitionem? Inpossibile enim erat ingredi malum, muni-
10 tione constante. Quid taces? Quid moraris tu, Manichaee? Etiam si tu
differas, adgrediar mea sponte. Si enim dixeris quia deus destruxerit, 9
requiram quid eum moverit ad destruendum hoc quod prius propter
inportunitatem maligni et separationem ipse extruxerat. Quid iratus
aut quid damni perpessus adversum se ipse pugnare contendit? Aut
15 numquid de maligni facultatibus aliquid concupivit? Quod si horum 10
nihil in causa est deo destruendi ea quae iamdudum ad alienandum a
se et separandum malum ipse construxerat, illud nec mirum putandum est,
quod societate eius deus et consortio fuerit delectatus; munitio enim quae
missa fuerat propter hoc, ne eius molestiam pateretur, idcirco destructa
20 videbitur, quoniam non iam molestus, sed amicus fore putabitur. Quod 11
si a maligno murum dicas esse destructum, quomodo possunt boni dei
opera a maligno superari? alioquin fortior deo invenietur maligna natura. Quomodo et ipse, cum sit omnino totus tenebrae, luci supervenit
et conprehendit, euangelista testimonium ferente quia *lux lucet in*
25 *tenebris et tenebrae eam non conprehenderunt?* Quomodo caecus armatur?
Quomodo tenebrae adversus lucis regnum dimicant? Sicut enim in- 12
beccilli oculi solis radios in se recipere non possunt, ita et hic ferre
non valet regni lucis intuitum, sed manet semper extraneus et alienus.

XXVIII (XXV). MANES DIXIT: Non omnes capiunt verbum dei,
30 sed quibus datum est scire mysteria regni caelorum. Et iam quidem
scio qui sint nostri; *meae enim,* inquit, *oves vocem meam audiunt.* Propter nostros ergo, quibus datus est veritatis intellectus, per similitudines
dicam. Similis est malignus leoni, qui inrepere vult gregi boni pastoris; 2
quod cum pastor viderit, fodit foveam ingentem et de grege tulit unum
35 hedum et iactavit in foveam, quem leo invadere desiderans, cum ingenti

24 Joh. 1, 5 — 29 Matth. 19, 11 *und* 13, 11 -- 31 Joh. 10, 27
CM

5 *nach* dicit *Rus. von einem Buchst.* C | 6 substantiam *CM* | 7 praeden-
tibus C | 10 taces] e *aus* i *corr.* C² | manes *M* ! 13 maligni] alieni *M* | 14
perfessus C | 16 quaeam dudum C | 17 *nach* illud + enim *M spӓter getilgt* | 18
quod .. et < C | societatem *M* | 20 videbitur] *aus* uideuitur *corr.* C² | 26 inbec-
cilli] inbec illius (b *aus* u *corr.*) C | 27 oculis C | 31 meue] me *M* | 34 gregem C

indignatione voluit eum absorbere, et adcurrens ad foveam, decidit in
eam, ascendendi inde sursum non habens vires; quem pastor adpre- 3
hensum pro prudentia sua in caveam concludit, atque hedum qui cum
ipso fuerit in fovea incolumem conservabit. Ex hoc ergo infirmatus
5 est malignus, ultra iam leone non habente potestatem faciendi aliquid,
et salvabitur omne animarum genus ac restituetur quod perierat proprio
suo gregi. ARCHELAUS DIXIT: Si leonem maligno conparas, deum vero 4
pastori, oves atque hedum, dic, cuinam conparabimus? MANES DIXIT:
Oves et hedus unius mihi videntur esse naturae; in similitudinem autem
10 ponuntur animarum. ARCHELAUS DIXIT: Animam ergo perditum dedit 5
deus, obiciens eam leoni in foveam? MANES DIXIT: Nequaquam, absit
hoc; sed adprehensus est hoc ingenio, in futurum vero salvabit eam.
ARCHELAUS DIXIT: Ridiculum iam istud est, o viri auditores, si agnum 6
quem retinebat in sinibus, pastor extimescens leonis ingressum proiecit
15 eum devorandum et dicitur quia in futurum salvabit eum. Quomodo
non totum hoc ridiculo plenum est? Nam et in hoc etiam iudicium
adimitur. Deus enim Satanae animam tradidit in perditionem, ab eo
adsumendam. Quando enim pastor de ore leonis aut de ventre eius 7
potest educere quod iam ille devoravit? Sed dices mihi: deus est et
20 omnia potest. Audi ergo ad haec: cur igitur quod possit, non illud
potius adseris, quod poterit propria virtute vincere leonem, si est pura
dei potentia, et numquam machinis quibusdam et foveae hedo sive agno
tradito? Dic mihi etiam illud: si pastori superveniat leo non habenti 8
oves, quid fiet? Ingenitus enim est qui dicitur pastor, ingenitus quoque
25 etiam leo. Cum ergo nondum esset homo, priusquam pastor haberet
gregem, si supervenisset leo, quid fiebat, quia non erat leonis esca priusquam hedus esset? MANES DIXIT: Leo quidem nihil manducabat, exer- 9
cebat tamen malitiam suam per quaecumque poterat invenire, discurrens
per vertices montium; quod si aliquando ei etiam esca erat necessaria.
30 capiebat ex bestiis quae erant sub regno suo. ARCHELAUS DIXIT: Ergo 10
unius substantiae sunt bestiae quae sunt in regno maligni et hedi qui
sunt in regno boni dei. MANES DIXIT: Absit, nequaquam; nihil commune est neque ipsis ad invicem neque his quae sua sunt. ARCHELAUS 11
DIXIT: Unus atque idem est usus in esca leonis. Si enim ex propriis

CM

4 fuerat *M* | foueam *CM* | conseruauit *CM* | 7 malignum *CM* | 8 compara-
uimus *C* | 9 similitudine *C* | 12 futurum] *aus* futuro *r. e. sch. corr. C²* | saluauit
CM; so auch Z. 15 unten | 18 *nach* pastor *hat C* nonne dauid de ore leonis uel ursi
eruit ouem. hoc dicimus propter ore leonis quod ait, *eine Randbemerkung, die sich
in den Text eingeschlichen hat* | 21 leonem] *aus* leonis *corr. C²* | est] *Zacagni.*
et *CM* | 22 hedosiue *C das* o *aus* u *corr.* | 31 substantiae sunt ~ *C* | quae]
qui *C* | 34 enim < *M*

aliquando bestiis capiebat cibum, aliquando ex hedis boni dei, nulla
est in his differentia, quantum ad escas pertinet, et ex hoc adparet
unius eas esse substantiae. Sed alium alio longe differre ignorantiam 12
pastori adscribimus, quia non aptam escam, quin potius alienam obtulit
5 vel proiecit leoni. Aut forte rursus dissimulare volens dices mihi quia
nihil leo ille comedebat? Illumne igitur qui comedere nesciebat ipse
ad comedendum animam provocavit nec sola fovea ad decipiendum eum
uti voluit? si tamen hoc dignum est facere deum et dolos exquirere.
Et sicut rex aliquis, bello sibi inlato, nequaquam propria virtute con- 13
10 fisus, sed inbeccillitatis suae timore perterritus, muris ipse urbis inclusus
vallos aliaque munimenta circumdat ac praeparat, manu ac viribus nihil
fidens; si vero vir fortis sit, etiam porro a suis finibus in occursum
hosti procedit et agit omnia usquequo vincat et obtineat adversarium.
    XXIX (XXVI). IVDICES DIXERVNT: Si ais pastorem hedum sive
15 agnum leoni proiecisse, cum ille inrueret adversum ingenitum, actum
est. Quem enim potest iudicare pastor hedorum atque agnorum, cum
ipse inveniatur eis causa in delictis? Traditus enim agnus per infirmi- 2
tatem pastoris resistere non valuit leoni et consequens est ut quocumque fuerit leoni libitum gerat; tamquam si dominus unum e servis
20 suis electum vel per metum tradat adversario suo, quem rursus recipere 3
suis viribus non valeat. Si vero casu aliquo provenerit eum recipi,
qua tandem ratione tormenta ei poterit inrogare, si ad omnia quae ei
inperabat inimicus parebat, cum eum ipse tradiderit inimico, sicut leoni
hedum? praenoscentem enim adseris esse pastorem. Verberatus enim
25 agnus et interroganti se pastori cur in his leoni paruerit respondet:
Tu me leoni tradidisti nec restitisti adversus eum, sciens et praevidens quae 4
mihi gerenda forent, cum eius me necesse esset obtemperare praeceptis.
Et ne multa dicamus, neque deus perfectus pastor ostenditur neque
leo alienos cibos percepisse demonstratur; et ideo ipsa veritate edocente
30 claruit his quae ab Archelao dicta sunt palmam nos debere conferre.
    XXX. ARCHELAVS DIXIT: Quoniam quidem de omnibus quibus
disceptavimus prudentia iudicum plenissimum terminum posuit, tacen-
dum est de reliquis et in tempus aliud reservandum. Sicut enim quis
serpentis conterat caput, in nullum iam reliqua corporis eius membra
35 deputanda sunt, ita dualitatis quaestione reiecta, sicut pro viribus osten-

    CM

1 ex hedis] ex do bis C | 3 eas aus escas corr. C² | 3 4 sed . . adscri-
bimus] eine Lücke ist anzunehmen; nach differre + si dicamus Zacagni | 4 escas
C | 14 ais pastorem] ut ais pastor M | 15 proiecisse] proiecit M | 17 causa in
delictis] in delicti si causa C | 18 quodcumque M | 24 enim (nach verberatus)
autem M | 26 qua C | 29 docente M | 33 nach enim + si Zacagni, vgl. 33, 11

dimus, reliqua quae per hanc adserebantur cum ipsa pariter explosa
sunt. Sed in ipsum qui adest adsertor horum paucis dicam, ut omnibus 2
innotescat quis et unde et qualis est; dixerat enim se esse paracletum
illum quem Iesus proficiscens humano generi missurum se esse pro-
5 miserat ad salutem fidelium animarum et non longe possit ei Paulus
vas electionis et vocatus apostolus, unde et praedicans veram doctrinam
aiebat: *Aut documentum quaeritis eius qui in me loquitur Christus?* Et 3
quidem quod dico tali exemplo fiet clarius. Homo quidam conclusit
in thesauro frumenti plurimum, ita ut refertus esset locus, quem locum
10 clausum atque signatum sufficientibus signaculis custodiri praecepit;
ipse dominus vero cessit; alius autem quidam post multum temporis 4
advenit ad thesaurum, dicens se ab eo qui signaculis locum concluserat
missum ad hoc, ut etiam ipse in eundem thesaurum triticum congregaret. Quem cum vidissent custodes, poscebant ab eo signaculi fidem, 5
15 quo possent ei videlicet aperire thesaurum et parere ei tamquam ab
illo qui signaverat misso; qui cum neque claves ostenderet neque sig-
naculorum fidem deferret (neque enim habebat ius), a custodibus eiectus
est et fugatus; fur enim potius et latro ab eis esse deprehenditur, con- 6
victus et confugatus etiam ex hoc, quod post multum tempus quam
20 promissum fuerat, adesse desideret, neque claves neque signacula neque
ullum omnino custodibus indicium deferens, non quantitatem frumenti
reconditi sciens; quae omnia manifesta indicia sunt nequaquam eum ab
illo esse transmissum, et ideo consequenter a custodibus refutatus est.

XXXI (XXVII). Aliud etiam, si videtur, dicimus exemplum. Homo
25 quidam paterfamilias dives plurimum, ad tempus peregre afuturus, filiis
suis pollicitus est missurum se esse alium qui pro se distribueret eis
ex aequo substantiam. Et quidem non multo post misit beatum virum 2
quendam iustum et verum, qui cum venisset. suscepta universa substantia, primo omnium instruere eam ac regere studuit, laborans plu-
30 rimum in itineribus, sedens ipse per se suis manibus opus faciens et
ministrans. Deinde diem obiturus testamentum scribit, propinquis suis 3
et proximis omnibus hereditatem derelinquens, et signacula dedit eis et
nominatim singulos convocans praecepit eis servare hereditatem et

7 II Kor. 13, 3

CM

5 et . . possit] *die Stelle ist verdorben; etwa* tamquam si non longe prae-
cesserit *Traube,* ut non longe post sit *Zacagni* | 7 agebat *C* | 11 dominus] *Za-*
cagni, deus *CM* | 15 possint *C* | 16 qui cum neque] quicumque *C* | 19 confu-
gatus] confutatus *Zacagni* | 20 desideret] se diceret *M* | 22 sciens] sicens *C* |
23 *nach* consequenter + erat *C* | 24 si uidetur etiam *M corr. M²* | 25 futurus
M | 27 beatum] tutum *C* | 28 verum] uirum *C* | 30 sedens] sed et *Zacagni*
32/33 signacula . . nominatim *zweimal gesch. C* | 33 singula *C*

custodire ac regere substantiam, sicut susceperant, et perfrui bonis et
fructibus ipsi domini heredesque derelicti. Si qui verum ex agri huius 4
fructibus percipere rogaret, indulgenter praeberent; sin autem coheredem
se dicens exposceret, devitarent persequi ⟨atque⟩ alienum esse pronun-
5 tiarent; opus autem magis facere debere eum qui recipi velit. Quomodo
ergo, his omnibus bene recteque dispositis et statutis ac plurimo tempore in eo statu perseverantibus, eum qui post trecentos ferme annos
venerit et heredem esse se confirmet non abiciemus? Non iuste alienum 5
pronuntiabimus qui nec de propinquis se esse ostendit, qui defuncto
10 nostro non adfuerit aegrotanti, qui in exequias non ierit crucifixo, qui
sepulchro non adstiterit, qui omnino nesciat quomodo aut qualiter defunctus est, qui denique thesaurum frumenti ingredi cupiat, nullo indicio
delato ab eo qui obsignaverit? Nonne eum tamquam latronem et furem 6
abiciemus ac modis omnibus expellemus? Haec igitur signa quae in
15 praedictis conprehendimus exemplis iste non deferens adest, dicens se
esse paracletum qui ab Iesu praesignatus est mitti, in quo mendacem
ignorans fortasse adseret Iesum; qui enim dixerat se non multo post 7
missurum esse paracletum invenitur post trecentos et eo amplius annos
misisse hunc, sicut ipse sibi testimonium perhibet. Quid dicent Iesu
20 in die iudicii illi qui iam vita excesserunt ex illo tempore usque nunc?
Nonne haec apud eum allegabunt: Noli nos cruciare si opera tua non 8
fecimus? Cur enim, cum promiseris sub Tiberio Caesare missurum te
esse paracletum, qui *argueret nos de peccato et de iudicio et de iustitia*, sub
Probo demum Romano inperatore misisti? ⟨Cur⟩ orphanos dereliquisti,
25 cum ipse dixeris, *non derelinquam vos orphanos*, cum ipse dixeris te.
mox ires, missurum esse paracletum? Quid poteramus orphani facere,
non habentes tutorem? Nihil nos deliquimus. tu nos fefellisti. Sed 9
absit hoc a domino nostro Iesu Christo salvatore omnis animae. Non
enim moratus est in promissionibus suis, sed cum dixisset, *vado ad*
30 *patrem meum et mitto vobis paracletum*, statim misit, dividens dona
discipulis suis, abundantius vero conferens Paulo.

23 Joh. 16, 8 — 25 Ioh. 14, 18 — 28 *vielleicht* II Petr. 3, 9 — 29 Joh. 14, 12 ff
und 16, 28 — 31 *vgl.* I Kor. 15, 10

CM

1 et (*nach* bonis) e CM | 2 derelicti] *das erste* i *aus* e *corr.* C² | verum]
uero M | 3 coheredem] conderem C | 4 exposcerent *mit* n *getilgt* M | per-
sequi] atque *Zacagni*, *nach* persequi + atque *Traube* | 5 qui] quem M | 7 fere C
| 9 pronuntiauimus C | 11 non < C *übergesch. von späterer Hand* | 13 ob-
signauerat M | furem et latronem M | 17 fortasse < M | 22 cum] eum C |
tyberio M | 23 et de iudicio < C | 24 probo a. *Ras.* C | cur] *Traube* | 27
delinquimus C | 28 hoc] hanc C | omnis] *Zacagni*, omne CM | 30 donans
C | 31 abundantibus C | confitens C

XXXII (XXVIII). MANES DIXIT: Tuomet ipsius indicio conprehensus
es, haec enim adversum te locutus ignoras quia dum ⟨in⟩ me vis
probra conicere, maiori culpae ipse subcumbis. Dic age mihi istud, si
omnes qui a Tiberio usque ad Probum defuncti sunt dicent ad Iesum:
5 Nolito nos iudicare quia opera tua non fecimus, non enim misisti 2
nobis paracletum, cum dixeris te, mox ires, missurum esse, non multo
magis illi haec dicent, qui a Moyse usque ad adventum ipsius Iesu
Christi vitam excesserunt, et eo rectius dicent: Noli nos tradere tor-
mentis, quoniam agnitionem tui non accepimus? Et non solum ii qui 3
10 ante ipsius adventum decesserunt iure haec allegare videbuntur, verum
etiam illi qui ab Adam usque ad adventum Iesu obierunt; neque paracleti enim scientiam consecuti sunt neque Iesu doctrina eruditi sunt.
Sed hoc solum ultimum genus hominum, ut ais, quod a Tiberio est 4
salvabitur; ipse enim *eos Christus de maledicto legis redemit*, sicut Paulus
15 testimonium dedit: *Quia littera occidit nec quemquam vivificat* et *Quod
lex ministerium mortis est virtusque peccati.* ARCHELAUS DIXIT: *Erras 5
nesciens scripturas neque virtutem dei;* multi enim etiam post adventum
Christi usque nunc perierunt et pereunt, ii scilicet, qui operibus iustitiae
deservire noluerunt; illi vero soli qui susceperunt eum et suscipiunt
20 *potestatem acceperunt filii dei fieri.* Non enim omnes dixit, sed neque
tempus terminavit, *quicumque enim,* inquit, *acceperunt eum.* Adest autem 6
semper iustis viris a creatura mundi nec cessat inquirere sanguinem
ipsorum ex sanguine Abel iusti usque ad sanguinem Zachariae. Unde
ergo Abel iustus et illi omnes reliqui per ordinem inter iustos enume-
25 rantur, cum lex non esset Moysi, cum prophetae oborti non essent nec
prophetiae munus inplessent? Nonne iusti effecti sunt ex eo quod legem 7
inplebant, *ostendens unusquisque eorum opus legis scriptum in cordibus
suis, testimonium reddente eis conscientia sua?* Cum enim quis *legem non
habens naturaliter quae legis sunt facit, hic legem non habens ipse sibi est*

14 Gal. 3, 13 — 15 16 II Kor. 3, 6. 7 — 16 I Kor. 15, 56) — Matth. 22, 29
— 20 21 Joh. 1, 12 — 23 vgl. Matth. 23, 35 — 27 Röm. 2, 15 — 28 Röm. 2, 14

C M

1 manes dixit *a. Ras. M¹* | tuomet] tuum et *C* | 2 adversum, nersum *C*
| ignoras] *Zacagni,* ignorans *C M* | in] *Zacagni* | 3 ipse] se *C* | 3 4 istud . .
u] studius qua *C* | 4 tyberio *C M* | ihu *C* | 5 nolite *C* | 6 mox . . esse < *C*
nach accepimus (Z. 9) *in M geschrieben, aber durch ein Zeichen der richtigen
Stelle zugewiesen* | multo] übergesch. *C¹* | 7 illi < *M* | ad < *C* | 8 noli
nos tradere] noli nostra de *C* | 9 hii *C M* | 10 uidebantur *C* | 11 euentum *C*
| 13 ut ais] *Zacagni,* ut eas *C* < *M* | tyberio *C M* | 14 saluentur *C* | 16
errans *C* | 18 hii *C M* | 19 noluerint *M* | 20 fili *C* | 22 nec cessat] ne cessat
C | 23 exanguine *C* | 24 *nach* ordinem + qui *C* | 25 mose *C* | 27 scriptum]
scriptura *C* | 28 reddent *C*

les. Et intuere multitudinem legum per singulos iustos, qui bene 8
agebant vitam suam, nunc ex semet ipsis proferentes in cordibus suis
insitam dei legem, nunc a propriis parentibus inquirentes, aliquando
etiam ab antiquioribus et senioribus addiscentes. Verum quia pauci 9
5 per hunc modum poterant ad iustitiae culmen ascendere, id est per
parentum traditiones, nulla in litteris lege conscripta, miseratus est deus
humanum genus et scriptam legem per Moysen voluit hominibus dare,
quoniam quidem non adprime in cordibus eorum naturalis legis aequitas
retinebatur. Consona igitur primae creationis humanae fit in litteris 10
10 legislatio, quae per Moysen datur salutis causa plurimorum. Si enim
aestimamus hominem sine operibus legis iustificari et Abraham repu-
tatus est iustus, quanto magis ii, qui adinpleverint legem continentem
ea quae hominibus expediunt, iustitiam consequentur? Et quoniam trium 11
solummodo sermonum mentionem fecisti, de quibus apostolus dixit,
15 *ministerium mortis esse legem* et *Christum redemisse nos de maledicto*
legis, et quoniam *virtus peccati est lex,* adde adhuc, et dic quantacumque
tibi videntur adversum legem esse conscripta.

XXXIII (XXIX). MANES DIXIT: An non idem est, quod Iesus ad
discipulos aiebat incredulos eos esse demonstrans: *Vos ex patre diabolo*
20 *estis et desideria patris vestri facere vultis?* Hoc utique dicit, quia quanta
voluerit malignus princeps huius mundi et quanta desideraverit, per
Moysen scripserit et dederit hominibus facienda. *Ille enim homicida est* 2
ab initio et in veritate non stetit, quoniam veritas in eo non est; cum lo-
quitur mendacium, de suis propriis loquitur, quoniam mendax est sicut et
25 *pater eius.* ARCHELAUS DIXIT: Sufficientia tibi haec sunt, an habes et 3
alia quae dicas? MANES DIXIT: Habeo quidem multa et horum maiora;
sed his contentus ero. ARCHELAUS DIXIT: Exemplum scilicet accipiamus 4
ex his eorum quae habere te dicis, ut cum haec recte posita fuerint
inventa, etiam reliqua cum his adnumerentur; sin minus, ero ego ob-
30 noxius sententiae iudicum, id est victi ignominiam feram. Ais ergo 5
ministerium mortis esse legem, et principem huius mundi mortem
regnare ab Adam usque ad Moysen, scriptum est enim: *Regnavit mors*

10 *Wie es scheint denkt Archelaus an* Röm. 3, 28ff — 15 II Kor. 3, 7 —
Gal. 3, 13 — 16 I Kor. 15, 56 — 19 Joh. 8, 44 — 22 Joh. 8, 44 — 32 Röm. 5, 14
CM

2 semet] emet C | 5 modum] *Zacagni,* mundum CM | 7 mosen *wie immer*
beim Accusatir C | 11 habraam C | 12 hii CM | 19 aiebat] agebat C | vos]
uox C | 20 e *mit einem Strich darüber gleich in* estis *corr.* C[1] | 22 et dederit
< M | 23 ueritatem C | non *(nach* eo)] *übergesch.* M[2] | *nach* cum + non
(später ausradiert) C | 25 sufficientia] *Routh,* sufficit CM *vielleicht* sufficiunt tibi
haec an *usw.* | 28 cum < C | 31 *nach* mundi + per M | 32 47, 1 regnavit . .
moysen < C

ab Adam usque ad Moysen in eos qui non peccaverunt. MANES DIXIT: Ergo mors regnavit sine dubio, quia dualitas est, nec aliter, nisi esset ingenita. ARCHELAUS DIXIT: Et quomodo ingenita mors certo ex tem- 6 pore regni sumpsit exordium? ab Adam enim, inquit, et non dixit ante 5 Adam. MANES DIXIT: Quomodo vero et iustorum et peccatorum obtinuerit regnum dicito. ARCHELAUS DIXIT: Cum prius confessus fueris quia ex tempore et non ex aeternitate regnavit, tum dicam. MANES DIXIT: Scriptum est hoc, quia *ab Adam usque ad Moysen regnavit.* ARCHELAUS 7 DIXIT: Ergo et finem habet quod coepit ex tempore et verum est illud 10 quod dictum est, quia *absorta est mors in victoria.* Etiam ingenita non erit quae et initium habere monstratur et finem. MANES DIXIT: Deus ergo eam fecit. ARCHELAUS DIXIT: Nequaquam, absit; *deus enim mortem* 8 *non fecit, nec laetatur in perditione vivorum.* MANES DIXIT: Deus eam non fecit, facta tamen est, ut ais; a quo acceperit inperium vel a quo 15 creata sit dicito. ARCHELAUS DIXIT: Si hoc plenissime ostendero, quod 9 substantiam ingenitae naturae mors habere non possit, nonne confiteberis unum deum esse et hunc ingenitum? MANES DIXIT: Loquere, subtiliter enim vis discernere. ARCHELAUS DIXIT: Quia tu verba illa ita pro- 10 tulisti, tamquam tibi proficerent ad ostensionem ingenitae radicis; suffi- 20 ciunt tamen nobis ea quae supra tractata sunt, in quibus plenissime ostendimus inpossibile esse duarum naturarum ingenitarum existere posse substantias.

XXXIV (XXX). IUDICES DIXERUNT: Dic ad ea quae nuper proposuit, o Archelae. ARCHELAUS DIXIT: Principem mundi et malignum et 25 tenebras et mortem unum eundemque esse dicit legemque ab eo datam, propter hoc quod scriptum est, *ministerium mortis,* et reliqua quae obiecit. Quoniam inique, sicut superius diximus, maiorum memoriae lex 2 non diligenter haerebat, scripta naturaliter in cordibus eorum, neque apud seniores erat satis firma traditio, cum eos inimica semper memo- 30 riae inrepsisset oblivio, et aliter quis eruditur a magistro, aliter a semet ipso, proveniebat facile legis naturaliter scriptae transgressio et' ex praevaricatione mandatorum regnum mors in hominibus obtinebat; huiuscemodi est enim genus hominum quod virga ferrea regi indigeat 3

8 Röm. 5, 14 — 10 I Kor. 15, 54 — 12 Weish. Sal. 1, 13 — 26 Gal. 3, 13. II Kor. 3, 7

CM

2 esset] *Routh,* essent CM | 4 sumit C | 6/7 quia ex] qui a C | 7 ex < C | tum < M | 9 ex tempore] exemplo re C | 11 habere monstratur ∽ M | 16 ingeniae C | 18 discernere] *Traube,* discare CM | 19 tibi] *Zacagni,* sibi CM | 20 ea] et a C | 22 substantias] aus substantiam *corr.* M² | 24 archele‾ *Ras. von einem Buchst.* C | 27 inique] iniquam C | 28 herebas cripta C | 30 inrepsisset] ineresis set C

a deo. Exultabat ergo mors et cum omni potestate regnabat usque ad
Moysen, etiam in eos qui non peccaverant, hoc modo quo diximus;
super peccatores quidem velut proprios sibique subiectos, sicut fuit
Cain et Iudas; super iustos vero propter hoc, quod non consentirent ei, 4
5 quin potius resisterent, abscidentes a se libidinum vitia et concupiscentias, velut ii qui fuerant ab Abel et usque ad Zachariam; in Cain ergo
positus malignus interemit Abel iustum et usque ad Zachariam trans-
ferens ⟨se⟩ semper usque ad tempus in similes illius. Cum vero ad- 5
fuisset Moyses et legem dedisset filiis Istrahel et revocasset eis in me-
10 moriam omnes iustificationes legis quaecumque observare oportebat et
facere, eos vero solos qui praevaricarentur legem morti traderet, intercisa
est mors ne super omnes regnaret; regnabat enim super peccatores
solos, dicente sibi lege *ne contigeris hos* qui mea praecepta custodiunt.
Huius ergo verbi ministerium Moyses detulit morti, reliquos omnes 6
15 praevaricatores legis interitui tradens; non enim pro eo, ut omnino
mors nulla ex parte regnaret, Moyses advenit, cum utique plurimi etiam
post Moysen sub mortis dicione tenerentur. Ex hoc *ministerium mortis* 7
appellatum est, quoniam soli transgressores legis puniebantur, non etiam
conservatores, sicut Abel faciens ea quae legis sunt et custodiens, quem
20 Cain, vas maligni effectus, interemit. Verum etiam post haec voluit 8
mors pactum quod fuerat per Moysen positum rescindere, et regnare
denuo super iustos; et inruit quidem in prophetas, interficiens et lapidans
eos qui missi erant a deo usque ad Zachariam. Dominus autem meus 9
Iesus, iustitiam Moysi legis custodiens, indignatus adversus mortem pro
25 praevaricatione pacti et totius illius ministerii, advenire dignatus est in
hominis corpore, vindicaturus non semet ipsum, sed Moysen et eos qui
ex ordine post ipsum fuerant violentia mortis oppressi. Malignus vero 10
ignorans huiuscemodi dispensationem ingressus est Iudam ut per ipsum
interficeret eum, sicut antea Abel interfecerat iustum. Sed cum intrasset
30 in Iudam, poenitentia ductus se ipse suspendit; propter quod ait sermo
divinus: *Ubi est mors victoria tua, ubi est mors aculeus tuus?* Et 11

1 Röm. 5, 12—14 — 8 Matth. 23, 35 — 18 Psal. 104, 15 — 31 1 Kor. 15, 55
CM

2 quo] quod C | 4 cayn *wie immer* M | iuda CM | 5 vitia] *Zacagni*,
uita CM | 6 hii CM | 7 transferens] transiens *Routh* | 8 se < CM | in <
M | 9 moses *wie gewöhnlich* C | filiis] filii C < M *am Rand* M² | 10 obseruari
zweimal geschrieben, das erste Wort später getilgt M | 11 traderet] t *a. Ras.* M
| 15 interitui] interit ut C | 16 utique < M | *nach* etiam + sub M *später
getilgt* | 17 moysen (n *übergesch.*) post M ⌣ M² | 20 effectum M | 24 moysi]
moses C | moysi legis M ⌣ M² | 25 pacti] *Zacagni*, acti CM | 27 post ipsum
ex ordine M *corr.* M² | fuerant] n *übergesch.* C² | uiolentiam *mit m-Zeichen
durchstrichen* C

absorta est mors in victoria. Hac ergo ex causa *ministerium mortis* appellata
est lex, quia peccantes et praevaricantes morti tradebat, servantes autem
se defendebat a morte et constituebat in gloria, ope atque auxilio
domini nostri Iesu Christi.

5   XXXV (XXXI). Audi etiam et de eo quod dictum est: *Qui redemit
nos de maledicto legis Christus.* Hoc in loco pervideo magnificum dei
famulum Moysen imaginariam legem his qui recte velint videre tradidisse et legem veram. Sicut enim deus, cum fecisset mundum et omnia
quae in eo sunt in sex diebus, requievit in die septima ab omnibus
10 operibus suis — non dico quia requieverit fatigatus, sed quoniam ad perfectum adduxerat omnem quam facere disposuerat creaturam — denique
ait: *Pater meus usque modo operatur et ego operor.* Numquidnam caelum
facit aut solem aut hominem aut animalia aut virgulta aut tale aliquid?
Sed his quidem visibilibus perfectis, a tali opere conquievit; invisibilia
15 autem et intrinsecus usque modo operans salvat. Ita ergo etiam unumquemque nostrum, sicut ipse deus est, indesinenter huic operi legislator
vult esse devinctum et a saecularibus iubet protinus conquiescere et
omnino nullum opus gerere mundanum, et hoc appellatur sabbatum. Addidit etiam hoc in lege, nihil absurdum fieri debere, sed observare nos
20 et dirigere vitam nostram ex aequo et· iusto. Et inminebat haec lex,
acerrime maledictum inferens his qui eam fuissent transgressi; sed quoniam homines erant et illi et, sicut etiam nobis frequenter accidit, con-
troversiae oriebantur et inrogabantur iniuriae et lex statim districtissimam
ultionem peccati retorquebat, ita ut si qui pauperum voluisset in sab-
25 bato fascem ligni colligere, sub maledicto legis effectus morti continuo
subiceretur. Artabantur ergo cohercitione legis homines qui cum Aegyptiis fuerant educati nec poterat poenas legis et maledicta tolerare. Rursum autem ille, qui semper salvator est, Iesus dominus noster adveniens
liberavit eos ex huiuscemodi cruciatibus legis atque maledictis, donans
30 eis iniurias. Nec sicut Moyses severitate usus est legis nulli indulgendo
iniuriam, sed hic dixit, si quis passus fuerit a proximo suo iniuriam, in-

---

1 l Kor. 15, 54 — 5 Gal. 3, 13 — 12 Joh. 5, 17 — 26 Num. 15, 32—36
31/50, 1 Matth. 18, 22

CM

1 haec C | 2 lex] *a. Ras.* M | et < C | 4 ihu] *aus Corr.* M | christi
< M | 5 dictum] *zweimal geschrieben* M | 10 requieverit] requiare quieuerit C
| 14 inuisibili CM | 15 et intrinsecus] *Zacagni,* et trinsecus C extrinsecus M |
17 et (*nach* devinctum)] est C | protinus] protenus C prorsus M | 18 appella-
tur] *aus* appellatus *corr.* C¹ | 24 peccati] fecerat CM | 25 fascem] facere M |
ligni] *dafür eine Lücke von etwa sechs Buchst.* M | 26 qui cum] quicumque M |
29 ex] et C

dulgeat non semel tantum, sed et nec secundo nec tertio *nec solum sep-*
ties, sed septuagies septies; quod si post haec in iniuriam permanserit inrogando, tunc demum legi eum debere subcumbere Moysi nec ultra
veniam dari ei qui in iniuriis perseverat, cum sibi septuagies septies
5 fuerit indultum. Non solum autem huic, sed etiam si quis filio hominis 7
intulisset iniuriam, veniam dedit. Si vero spiritui sancto, duobus eum
subdidit maledictis, id est Moysi legis et suae; Moysi quidem in praesenti, suae vero in iudicii tempore, ait enim ita: *Neque in hoc saeculo*
neque in futuro remittetur ei. Moysi ergo lex est quae in praesenti sae-
10 culo nulli veniam tribuit, Christi vero est quae vindicat in futuro. Ex hoc 8
intuere quemadmodum confirmat legem, non solum non solvens eam, sed
inplens. Redimet ergo eos ab eo quod in praesenti positum erat maledicto
legis, ex quo *maledictum legis* appellatum est. Haec omni huius sermoni est ratio. Cur autem *virtus peccati dicta sit lex,* pro viribus nostris
15 breviter exponimus. Scriptum est enim: *Quia iusto lex non est posita,*
sed iniustis et non subditis, inpiis et scelestis. Non ergo erat tunc lex 9
litterae posita delinquentibus ante Moysen, unde et Pharao ignorans
virtutem peccati delinquebat adfligens iniustis oneribus filios Istrahel, divinitate neglecta; non solum ipse, sed et omnes qui cum eo erant. Verum
20 ne utar longiori circuitu, brevius dicam. Erant quidam Aegyptiorum 10
admixti cum populo Moysi, cum ab eo regeretur populus in deserto; et
cum Moyses positus esset in monte pro eo ut acciperet legem, inpatiens
populus, non ille qui vere erat Istrahelita, sed qui ex Aegyptiis fuerat admixtus, vitulum sibi constituit deum secundum pristinum morem, quo
25 coluerat simulacra, in quo nec scelerum poenas aliquando rependeret;
et ideo virtutem peccati sui penitus ignorabant; quae cum regressus 11
agnovisset Moyses, praecepit eos gladio trucidari, ex quo initium factum
est sentire eos virtutem peccati per legem Moysi et propterea *virtus*
peccati appelata est lex.
30   XXXVI XXXII). De eo vero quod in euangelio scriptum est,
vos de patre diabolo estis et reliqua, breviter dicimus quia est diabolus
inoperans in nobis, qui sui arbitrii potestate tales esse voluit. Deus 2

---

8 Matth. 12, 32 — **12** *vgl.* Gal. 3, 13 — **14** I Kor. 15, 56 — **15** I Tim. 1, 9
— **31** Joh. 8, 44 — **32 51**, 1 *vgl.* Gen. 1, 31

CM

2 in < *C* | **8** mosi *C* | **7** mosen *C* | mossiquidem *C* | **9** mosi *C* | **13**
omnis *M* | sermonis huius *M* | **16** scelestis] sceleratis *M* | **17** et] est *C* |
farao *C* | **20** ne utar] neul tar *C* | longiore *C* | **21** mosei *C* | **23** *nach* sed
+ ille *M* | aegyptis *C* | **25** coluerat] l *a. Ras. w. e. sch. C* | **27** gladius *C* |
28 mosei *C* | **32** operans *M*

enim omnia quae fecit bona valde fecit, liberi arbitrii sensum unicuique
dedit, qua ratione etiam legem iudicii posuit, ex eo quod in nostro sit
arbitrio constitutum peccare vel non peccare, sicut etiam tu sine dubio
nosti, o Manes, si tamen congregas in unum discipulos tuos et commones
5 ne delinquant, ne aliquid iniuste gerant, iudicii legem unusquisque eorum
possit evadere. Et certe qui voluerint observant mandata; qui vero con- 3
tempserint et in perversum declinaverint sine dubio legem iudicii ferent.
Ex hoc etiam angelorum quidam mandato dei non subditi voluntati
eius restiterunt et aliquis quidem de caelo, tamquam fulgur ignis, ce-
10 cidit super terram; alii vero in felicitate miserabili, hominum filiabus
admixti, a dracone adflicti, ignis aeterni poenam suscipere meruerunt.
Ille igitur in terram decidens nec ultra caeli regionibus admissus inter 4
homines volutatur, decipiens eos atque persuadens sibi similes effici transgressores; et usque in hodiernum adversarius est mandatis dei. Sed non
15 omnes lapsum ruinae eius sequentur pro eo quod unicuique libertas
arbitrii est; ex hoc enim et appellatus est diabolus, eo quod transitum
fecerit de caelestibus et quod in terris mandato dei obtrectator existeret.
Quia autem deus sit qui prius mandatum dedit, ipse dominus Iesus ait 5
ad diabolum: *Vade post me, Satana.* Et sine dubio ire post deum servi
20 est. Et iterum quod ait ad eum: *Dominum deum tuum adorabis et ipsi
soli servies.* Quoniam ergo obtemperabant quidam hominum voluntati-
bus ipsius, audierunt a salvatore: *Vos ex patre diabolo estis et desideria
patris vestri facere vultis.* Denique, cum faciunt voluntates eius, audiunt: 6
*Generatio viperarum, quis vobis ostendit fugere ab ira ventura? Facite ergo
25 fructum dignum poenitentiae.* Ex hoc ergo pervide quanta vis sit hominem liberi esse arbitrii. Dicat tamen etiam ipse si est iudicium piorum
et inpiorum. MANES DIXIT: Est iudicium. ARCHELAUS DIXIT: Puto quae 7
a nobis de diabolo dicta sunt non parum rationis et pietatis obtineant.
Habet enim et unaquaeque creatura ordinem suum et alius quidem ordo
30 est humani generis et alius animalium est atque alius angelorum; una
vero et sola inconversibilis est divina substantia, aeterna, invisibilis, sicut

9 Luk. 10, 18 — 19 Matth. 4, 10 — 20 Matth. 4, 10 — 22 Joh. 8, 44 —
24 Matth. 3, 7. 8

CM

1 liberii *M* | 2 *nach* posuit + peccare nostrum est ut autem non pecce-
mus dei donum est *C* | 3 sine dubio < *M* | 4 congregas] congregans (*das
letzte* n *getilgt M*) *CM* | commones] communis *C* commonis *M* | 5 aliquid] a
aus d *gleich corr.* *C*[1] | *nach* gerant + ut *M* | 10 miserabili < *C* | 18 hominis
C | 23 audi unt, ut *aus* ni *w. e. sch. corr.* *C*[2] | 25 fractum *C* | 26 piorum]
p aus p (= pro) *corr.* *C* | 28 nobis *C*

et omnibus notum est secundum illud quod scriptum est: *Deum nemo*
vidit umquam nisi unigenitus filius qui est in sinu patris. Reliquae 8
ergo omnes creaturae visibiles sint necesse est, caelum, terra, mare, homines, angeli, archangeli; deus vero, cum a nullo umquam visus sit,
5 quid ei potest ex istis creaturis esse homousion? Unde et singula quaeque secundum ordinem suum propriam dicimus habere substantiam. Tu 9
vero ex uno omne animal quod movetur factum dicis et substantiam ·
a deo accepisse dicis similem et posse eam peccare atque ad iudicium
venire; et eum non vis recipere sermonem dicentem diabolum angelum
10 fuisse et in praevaricationem decidisse et non esse eiusdem cum deo
substantiae; interimere debes iudicii rationem, ut qui nostrum fallat adpareat. Si enim non potest qui a deo creatus est angelus in transgres- 10
sionem decidere, quomodo potest pars dei anima peccare? Si vero iudicium esse dicis peccantium animarum et unius eas cum deo dicis esse
15 substantiae et tamen, cum de divina eas adseras esse natura, dicis nihilominus dei 〈non〉 servare mandata, etiam sic plurimum meus sermo 11
praecedit, dicens primo diabolum eo quod mandatum non servaverit decidisse, non enim erat ex dei substantia; decidit non tam ut laederet
humanum genus, sed ut ab eo potius inluderetur; dedit enim nobis *po-*
20 *testatem calcandi super serpentes et scorpiones et omnem virtutem inimici.*

XXXVII (XXXIII). IUDICES DIXERUNT: Sufficienter ostendit de ori-
gine diaboli. Cum enim utraque pars confiteretur futurum esse iudicium, necessario liberi arbitrii unusquisque monstratur; quo evidenter
ostenso, nulli dubium est 〈quia sit〉 unusquisque in quamcumque elegerit
25 partem propria usus arbitrii potestate. MANES DIXIT: Si a deo diabolus
ut ais, mendacem esse dixisti Iesum. ARCHELAUS DIXIT: Confitere primo 2
quia vera sit ratio eorum quae nunc adstruximus, et tunc ostendam tibi patrem eius. MANES DIXIT: Si mihi ostenderis patrem eius mendacem et deo
horum nihil adscripseris, tunc tibi de omnibus accommodabitur fides. ARCHE- 3
30 LAUS DIXIT: Omni ratione de diabolo diligenter exposita ac dispensatione
prolata, si cui hominum viget sensus, etiam apud se ipsum potest diligenter
advertere quis iste sit qui diaboli appellatus est pater. Sed cum te tu paracletum esse dicas, plurimum tibi etiam ab humana deest prudentia. Quoniam

1 Joh. 1, 18 — **19** *vgl.* Hiob 40, 14 — **19·20** Luk. 10, 19

CM

1 dominum *C* | **3** visibiles] e *aus* i *corr.* *C²* | **5** omousyon *M* | **10** prae-
uaricatione *C* | **11** ratione *C* | **12** transgressionem] transsione *C* | **16** *nach* dei
+ non *Zacagni* | **20** calcandi super se a. *Ras.* *M* | **21** sufficient *C* | **23**
uidenter *C* | **24** quia sit < *CM* | quacumque *C* | **25** diabolus] *Routh,* bonus
CM | **26** ais as *C* | ihs *C* | **29** ascripseri *C* | **30** ac] e *C* | **31** si cui] sicut *C*

ergo prodidisti ignorantiam tuam, dicam ego quis ille sit pater diaboli.
MANES DIXIT: Dic, ET ADIECIT: Omnis qui conditor est vel creator ali- 4
quorum pater eorum quae condiderit appellatur. ARCHELAUS DIXIT:
Miror quomodo saltem hoc recta ratione responderis nec celaveris ser-
5 monis huius intellegentiam vel naturam. Audi iam ex hoc qui sit pater
eius. Cum ex caelorum regno decidisset, erat super terras intendens et 5
inquirens cui se possit adiungere, quem ex consortio sui participem
quoque nequitiae suae valeret efficere. Et quidem donec homo non
erat, neque ille appellabatur homicida neque cum patre mendax; post 6
10 haec vero, cum factus esset homo ac mendacio eius fuisset et circum-
ventione deceptus, cum sese inseruisset corpori serpentis sapientioris
omnium bestiarum, tunc appellatus est mendax una cum patre suo et
effectum est non solum super ipsum mendacii maledictum, sed et super
patrem eius. Cum ergo serpens recepisset eum in sese et recepisset 7
15 universum, tamquam praegnans effectus est, ingentis malitiae fascem
portans, et erat sicut puerpera quae partu urgetur, volens evomere ma-
lignae suggestionis eius cogitata. Primi enim hominis gloriam graviter
ferens serpens ingressus paradisum et conceptis in se doloribus. men-
daces coepit generare sermones et mortem parere hominibus, qui a deo
20 fuerant figurati et acceperant vitam. Verum non potuit totum se mani- 8
festum facere per serpentem; sed reservavit perfectionem suam, quam
demonstraret in Cain, a quo generatus est totus. Et per serpentem
quidem hypocrises et fallacias ad Evam demonstravit; per Cain vero
homicidii exordium dedit, inserens se in primitias frugum, quas ille male
25 distribuit. Ex hoc homicida appellatus est ab initio, mendax vero quo- 9
niam fefellit dicens: *Eritis tamquam dii*, eiecti sunt enim postea de paradiso illi quos deos futuros esse fallebat. Efficitur ergo prior pater
eius qui eum in utero concepit et genuit atque in lucem edidit serpens,
secundus vero Cain, qui iniquitates conceptas, dolores et parricidium
30 peperit; interfecto etenim fratre, iniquitatem, iniustitiam atque inpietatem
pariter perpetravit. Sed et quicumque eum suscipiunt et faciunt eius 10
desideria fratres eius efficiuntur. Pater eius perfectus est Pharao; pater
eius efficiuntur unusquisque inpiorum; pater eius effectus est Iudas, quia

26 Gen. 3, 5

CM

1 quid C | 2 dico C | et adiecit (*rot*) *aus* archelaus dixit (*rot*) *corr.* M
| conditor est] conditorem C | 3 quae < C | 4 saltim M | sermonis] sermones
C < M | 6 terram M | 11 corporis C | 12 et] ut C | 13 super ipsum solum M |
17 agitata C | 23 hypocrisis M | fallaciam M | ad evam] suam M | 23 dedit
M | 30 interfectio C | fratre] fratrem C patre (*expungiert*) fratre M | 33 est]
übergesch. C¹

concepit quidem eum, sed aborsus est; non enim perfectus edidit partum,
quia maiorem personam adgressus est per Iudam et ideo abortum factum esse dico, quia, tamquam si mulier semen viri concipiat atque in 11
sese cotidianos accipiat profectus, ita et Iudas cotidie proficiebat in peius,
5 occasionibus sibi a maligno quasi seminibus datis. Et primum quidem
fuit ei semen pecuniae cupiditas, incrementum vero furtum, furabatur
enim ea quae mittebantur in loculum; dolores vero partus fuerunt ei
conlocutio cum Pharisaeis et pretii scelerata conventio: aborsus est vero,
non partus, laqueus mortis informis. Sed et tu, si malignum ex te pro- 12
10 tuleris et facias eius concupiscentias, genuisti eum et pater eius esse
diceris; si vero poenitentiam gesseris, et abieceris pondus velut parturiens.
Ut enim in ludis scolaribus, si accipiens quis a magistro materiam, reli-
quum corpus orationis ex semet ipso generet ac procreet, eorum quae
genuerit conditor ipse dicitur, ita et qui ex summa malitia parum quid 18
15 fermenti acceperit, pater et genitor dicatur necesse est illius qui ab initio
restitit veritati. Quod simili modo provenire potest etiam his qui virtuti
student, nam audivi fortissimos viros dicere ad deum: *Propter timorem
tuum, domine, in utero concepimus et doluimus et peperimus spiritum salutis;* ita et quicumque de timore maligni concipiunt et pariunt spiritum 14
20 iniquitatis ipsi patres eius dicantur necesse est; filii enim dicuntur, dum
adhuc ministerio eius parent, patres vero, qui ad perfectionem malitiae
pervenerunt. Ita namque et dominus noster ait ad Pharisaeos, *vos de
patre diabolo estis,* filios eos faciens illius, donec adhuc conturbari videbantur et cogitabant in cordibus suis mala pro bonis adversum iustos;
25 illis ergo apud se talia cogitantibus, translatis in se malignis eorum 15
cogitationibus, Iudas, malorum caput et ad perfectum perducens iniqua
consilia effectus est sceleris pater, inmanitatis suae praemio ab eis triginta argenteis honoratus; totus enim *in eum post buccellam panis ingressus est diabolus.* Sed, ut diximus, postea quam uterus intumuit et dolo- 16
30 rum tempus advenit, aborsum fascem iniquae conceptionis effudit et ideo
nec perfecte pater appellabatur, nisi eo tantum tempore quo conceptum

17 Jes. 26, 18 — 22 Joh. 8, 44 — 28 Joh. 13, 27

CM

3 qui *C* | 7 loculos *M* | ei] et *C* | 8 est < *M* | 12 in ludis] inc ludis
c *durchstrichen C¹ w. e. sch.* | acceperis *C* | 13 quae] q; *C* | 14 et < *C* |
17 deum] *w. e. sch. zu* dominum *corr. M* | 18 domine] dominum *C* | 23 patre
übergesch. M² | 24 et] ei *C* | 25 malignis] gu *aus* gi *corr. C²* | 26 cogita-
tibus *M* | et] *übergesch. M* | 28 per buccellam in eum *M die Wortfolge corr. M²*
30 iniq; *C* | 31 perfecto *C*

gerebat in utero; postea vero quam confugit ad laqueum, non integrum
videtur edidisse partum, quia poenitentia subsecuta est.

XXXVIII (XXXIV). Ignorare autem vos non arbitror quoniam pater unum quidem sit nomen, diversos tamen habet intellectus: alius
5 enim pater dicitur eorum quos naturaliter genuerit filiorum, alius vero
eorum quos tantummodo enutrierit, nonnulli vero temporis atque aetatis
privilegio; unde et dominus meus Iesus plurimos patres habere dicitur, 2
nam et David pater eius appellatus est et Ioseph pater eius putatus est,
cum nullus horum pater eius fuerit veritate naturae. Nam David pater
10 eius dicitur aetatis ac temporis privilegio, Ioseph vero lege nutriendi,
solus autem deus pater eius natura est, qui omnia per verbum suum
velociter nobis manifestare dignatus est. Nec in aliquo remoratus do- 3
minus meus Iesus, intra unius anni spatium languentium multitudines
reddidit sanitati, mortuos luci, qui verbi sui potestate universa con-
15 plexus est. In quo tandem remoratus est, ut in paracleto mittendo
tamdiu eum remoratum credamus? Quin potius adfuit statim sicut su- 4
perius dictum est, plurimum diffusus in Paulum, cuius etiam testimonio
credidimus dicenti: *Mihi autem soli data est gratia haec. Qui prius quidem blasphemus fuit et persecutor* ecclesiae dei, sed rursum manifestatus
20 est omnibus quia esset fidelis paracleti minister; per quem universis
innotuit singularis eius clementia, quod et usque ad nos, qui aliquando
sine spe eramus, donorum eius largitio pervenit. Quis enim nostrum 5
sperare poterat persecutorem Paulum et inimicum ecclesiae defensorem
eius ac tutorem futurum? et non solum hoc, verum etiam et magistrum,
25 ecclesiarum conditorem et architectorem. Post hunc ergo et post eos qui
cum ipso fuerant, id est post discipulos, nullum alium venire secundum
scripturas sperandum est; ait enim dominus noster Iesus de paracleto, *quia
et de meo accipiet.* Vas ergo probabile elegit hunc virum quem misit ad nos 6
Paulum in cuius spiritu influxit spiritus sanctus; et sicut non super omnes
30 homines spiritus habitare poterat, nisi super eum qui de Maria dei geni-

---

14 *vgl.* Hebr. 1, 3 — 18 Ephes. 3, 8 — 18.19 I Tim. 1, 13 — 25 I Kor. 3, 10
— 27 Joh. 16, 14

CM

1 gerebatur (gereb *gleich aus* gener *ohne Ras. corr.*) C | 2 partum] patrum
C | penitentiam CM | 5 quos naturaliter] quostatur aliter C | 6 eorum] *aus*
filiorum *corr.* C² | enutrierit *das zweite* r *durchstrichen* C | nonnulli] nonnullius
CM | 7 *nach* iesus + christus M | 16 credimus C | 16/17 superius dictum
est *vor* adfuit statim *geschrieben* C | 18,19 qui prius quidem] *a. Ras.* M | 19
blasphemus fuit (fuit *übergesch.*) et M] fuit C, *vielleicht hat* M *hier, wie auch sonst,
eine Verbesserung aus dem N. T. versucht* | 20 minister paracliti M | 29 in
. . influxit] in spiritus influxit C | spiritu cuius M ∾ M² | sanctus < C

trice natus est, ita et in nullum alium spiritus paracletus venire poterat,
nisi super apostolos et super beatum Paulum. *Vas enim electionis*, in- 7
quit, *mihi est, ut portet nomen meum in conspectu regum et gentium*. Ipse
quoque in prima epistula sua posuit dicens: *Secundum gratiam quae data*
5 *est mihi a deo, ut sim minister Christi in gentibus, consecrans euangelium*
dei. Veritatem dico in Christo, non mentior, testimonium mihi perhibente
conscientia mea in spiritu sancto. Et rursum ait: *Non enim audeo quic-* 8
quam loqui eorum, quae per me non efficit Christus verbo et factis. Ego
enim sum novissimus omnium apostolorum, qui non sum dignus vocari
10 *apostolus. Gratia autem dei sum id quod sum.* Et eos qui *experimentum* 9
quaerebant eius qui in eo loquebatur Christus vult pro certo habere, quia
esset in ipso paracletus, cuius muneris gratiam consecutus et magnifico
honore ditatus ait: *Pro quo ter dominum rogavi, ut discederet a me; et*
dixit mihi: Sufficit tibi gratia mea, nam virtus in infirmitate perficitur. Rur- 10
15 sum, quia vere ipse sit paracletus qui erat in Paulo, ait dominus noster
Iesus Christus in euangelio: *Si diligitis me, mandata mea servate. Et ego*
rogabo patrem meum, et alium paracletum dabit vobis. In quo ostendit
etiam se ipsum esse paracletum, cum dicit alium. Unde credentes Paulo 11
audivimus eum dicentem: *Aut experimentum quaeritis eius qui in me lo-*
20 *quitur Christus?* et horum similia, de quibus superius diximus; unde et
tamquam fidelibus nobis heredibus suis consignat testamentum sua ad
Corinthios epistula velut pater, dicens: *Tradidi enim vobis in primis, quod* 12
et accepi, quia Christus mortuus est pro peccatis nostris secundum scriptu-
ras et quia sepultus est et quia resurrexit tertia die secundum scripturas et
25 *quia adparuit Cephae, deinde undecim apostolis, postea amplius quam quin-*
gentis fratribus de semel, ex quibus plurimi adhuc manent usque nunc;
quidam autem et dormierunt. Postea autem visus est Iacobo, deinde omni-
bus apostolis; novissime autem omnium tamquam abortivo visus est et
mihi, ego enim sum novissimus omnium apostolorum. Sive ergo ego sive
30 *illi ita adnuntiavimus.* Et rursum tradens heredibus eam quam ipse 13
hereditatem promeruit dicit: *Timeo autem ne forte, sicut serpens seduxit*
Evam astutia sua, ita corrumpantur sensus vestri a simplicitate et castitate

2 Act. 9, 15 — 4 Röm. 15, 15. 16 — 6 Röm. 9, 1 — 7 Röm. 15, 18 — 8
I Kor. 15, 9. 10 — 10 II Kor. 13, 3 — 13 II Kor. 12, 8. 9 — 16 Joh. 14, 15. 16 —
19 II Kor. 13, 3 — 22 I Kor. 15, 3—9 — 29 I Kor. 15, 11 — 31 II Kor. 11, 3—5

CM

3 regum] regnum *C* | 4 epistula sua ∾ *M* | 6 in christo] *vielleicht a. Ras.*
C | perhibentes *C* | 11 eo] se *M* | 13 honore] hoc ore *C* | dominus *C* | 18
esse < *C* | 19 audimus *M* | aut] an *M* | quaeritis eius ∾ *M* | 22 corinthios]
c xu eb *corr. C²* | 25 cefé *C* | 26 plurimis *C* | 27 autem (*nach* postea) etiam *M*

quae in Christo est. Si enim is qui venit alium Iesum praedicat quem non praedicavimus, aut spiritum alium acceperitis quem non accepistis, aut aliud euangelium quod non accepistis, bene pateremini. Puto enim quia nihil minus fcei vobis a ceteris apostolis.

5 XXXIX (XXXV). Haec autem dixit, ostendens omnes reliquos qui venerint falsos apostolos, dolosos operarios, transfigurantes se in apostolos Christi. *Et non mirum, ipse enim Satanas transfigurat se velut angelum lucis. Quid ergo magnum, si et ministri eius transfigurentur in ministros iustitiae? quorum finis erit secundum opera eorum.* Indicat

10 autem quales essent ii a quibus circumveniebantur. Volentibus autem 2 Galatis ab euangelio transferri dicit: *Miror quod sic tam cito transferimini ab eo qui vocavit vos in aliud euangelium, quod non est aliud; nisi sunt qui vos conturbant et volunt avertere vos ab euangelio Christi. Sed etiam si nos ipsi aut angelus de caelo vobis adnuntiaverit praeterquam*

15 *quod traditum est vobis, anathema sit.* Et rursum ait: *Mihi infimo omnium* 3 *apostolorum data est gratia haec. Quae enim deerant tribulationum Christi in carne mea adinpleo.* Et in alio rursum loco profitetur, quia *super ceteros Christi minister sit,* tamquam si postea omnino non sit alius expectandus; iubet enim neque angelum de caelo suscipi. Et quomodo 4

20 de Persida venientem Manen et dicentem se esse paracletum nos esse credamus? Ita enim agnosco ex hoc, quod unus iste sit ex illis qui transformantur, de quibus manifeste indicavit nobis vas electionis apostolus Paulus dicens: *Quia in novissimis temporibus recedent quidam a* 5 *fide, adtendentes spiritibus seductoribus et doctrinis daemoniorum, in hypo-*

25 *crisi mendacia loquentes, cauteriatam habentes conscientiam, prohibentium nubere, abstinere se a cibis, quos deus creavit ad percipiendum cum gratiarum actione fidelibus et his qui cognoverunt veritatem; quoniam omnis creatura dei bona est et nihil abiciendum quod cum gratiarum actione percipitur.* Sed et sanctus euangelista Matheus diligenter significavit domini 6

30 nostri Iesu Christi sermonem: *Videte ne quis vos seducat; multi enim*

---

7 II Kor. 11, 14. 15 — 11 Gal. 1, 6—8 — 15 Ephes. 3, 8. Kol. 1, 24 — 17 II Kor. 11, 23 — 23 1 Tim. 4, 1—4 — 30 Matth. 24, 4. 5

CM

1 is] iis C his M | 1.2 praedicat quem non < C | 2 spiritum alium acceperitis] alium spiritum accipitis M | 3 alium C | accepistis bene) recepistis recte M | 8 magnum] mirum M | 9 ministros) ministri CM | eorum) ipsorum M | 10 ii a) ita C hii a M | autem) enim M | 11 galathis CM | transferremini C | 16 deerat CM | 17 rursum) rurs a. Ras. C | 18 sit (nach minister) < C | 20 manen et) monet C | 21 ita) iam M | 22 indicavit nobis ∼ C | 26 quos) quo C | percipiendum) perficiendum C | 29 sanctus) spiritus C

venient in nomine meo dicentes: Ego sum Christus; et multos seducent.
Quod si etiam aliquis vobis dixerit, Ecce hic est Christus, aut ecce ibi,
nolite credere. Exurgent enim falsi Christi et falsi apostoli et falsi pro- 7
phetae, et dabunt signa magna et prodigia, ita ut in errorem inducant, si
5 *potest fieri, etiam electos. Ecce praedixi vobis. Si dixerint vobis, ecce in*
deserto est, nolite exire. Si dixerint vobis, in penetrabilibus, nolite credere.
Et post ista omnia mandata iste nec signum quidem aliquod aut pro- 8
digium ullum ostendens neque adfinitatem aliquam habens, sed ne in
numero quidem discipulorum positus neque defuncto nostro obsecutus,
10 cuius hereditate gaudemus; cum neque ei languenti adstiterit, non testis
extiterit testamenti, immo potius cum ne in notitiam quidem venerit
eorum, qui obsecuti sunt aegrotanti; postremo cum nullius prorsus 9
accipiat testimonium, paracletum se esse vult credi: cum etiam si signa
et prodigia faceres, falsum Christum et falsum prophetam te reputari
15 oporteret secundum scripturas; et ideo convenit nos cautius agere, secundum quod beatus apostolus monet, dicens in epistula ⟨quam⟩ Colosen-
sibus scripsit: *Permanete in fide fundati et radicati et inmobiles ab spe* 10
euangelii quod audivimus, quod praedicatum est in omni creatura quae sub
caelo est. Et rursum: *Sicut ergo accepistis Christum Iesum dominum, in*
20 *ipso ambulate, radicati et fundati super ipsum, confirmati fide sicut edocti*
estis, abundantes in gratiarum actione. Videte ne quis vos expoliet per
philosophiam et inanem seductionem secundum traditionem hominum, secun-
dum elementa mundi, et non secundum Christum, quia in ipso habitat
omnis plenitudo deitatis. Quibus omnibus ita diligenter expositis, beatus 11
25 apostolus velut pater filiis addit tamquam signaculum quoddam testamenti dicens: *Certamen bonum certavi, circum cucurri, fidem servavi. De*
cetero reposita est mihi iustitiae corona, quam reddet mihi dominus in illa
die iustus iudex; non solum autem mihi, sed et omnibus qui diligunt ad-
ventum eius.
30   XL (XXXVI). Nullum ex nobis, o Manes, Galatam facies, ut cito
nos transferas a fide Christi. Etiam si signa et prodigia facias, etiam si

2 Matth. 24, 23—26, *rgl.* Mark. 13, 21 ff — 17 Kol. 1, 23 — 19 Kol. 2, 6—9
— 26 II Tim. 4, 7. 8

CM

2 aliquis vobis ∾ M | 3 prophetae] *abgekürzt a. Ras. von sex Buchst.*
C | 6 vobis < M | 7 signum] signo CM | 8 ullum] nullum C | 10 adsti-
terit] adstiterit *aus* ad steterit *w. e. sch. corr.* C² ustiterit M | 18 signa] *aus*
signam *corr.* C² | 14 faceres] faceret M | 16 *nach* epistula + quam *Zacagni* | 20
ipso] ipsum C | docti C | 21 *nach* expoliet + et et C, *das erste et später durch-*
strichen | 22 secundum . . hominum < C | 26 *nach* certavi + murum M |
27 iustitiae corona ∾ M | 30 galatbam M | 30/31 ut cito nos transferas]
uicit o nostras feras C

mortuos suscites, etiam si imaginem nobis Pauli ipsius adferas, anathema es, Satana; praescriptum est enim de te; praemoniti et praestructi
sumus a sanctis scripturis. Vas es Antichristi et neque bonum vas, 2
sed sordidum et indignum, quod ille sicut aliquis barbarus vel tyrannus,
5 cum in eos qui sub legum iustitia degunt conatur inruere, praemisit
prius tamquam morti destinatum, ad explorandum quanta et qualis sit
legitimi regis virtus ac populi: ipse enim inopinatus inruere pertimuit, 3
sed neque alium ex necessariis viris mittere ullum ausus est, ne quid
pateretur adversi. Talem te nobis sub bono et sancto rege positis
10 velut morti destinatum rex tuus praemisit Antichristus. Et haec quidem
non inexplorata proloquor, sed ex eo quod nullam te video facere virtutem ita de te sentio. Illum enim et in angelum lucis transforman- 4
dum et ministros eius tales adventuros praenoscimus et signa et prodigia facturos, *ita ut, si possibile sit, etiam electi seducantur.* Quis ergo
15 es tu, qui neque necessarium aliquem locum sortitus es a patre tuo
Satana? Nam quem mortuum suscitas, quod profluvium sanguinis sistis,
quo luto caeci oculos inlinitos videre facis? Quando esurientem turbam 5
paucis panibus reficis? Ubi super aquas incedis aut quis te vidit ex
his qui in Ierusalem habitant? Persa barbare, non Graecorum linguae,
20 non Aegyptiorum, non Romanorum, non ullius alterius linguae scientiam
habere potuisti; sed Chaldaeorum solam, quae ne in numerum quidem
aliquem ducitur; nullum alium loquentem audire potes. Non ita spi- 6
ritus sanctus, absit hoc malum; sed omnibus dividit et omnia linguarum
genera bene novit et agnoscit universa et omnibus omnia efficitur, ita
25 ut eum etiam cordis cogitata non lateant. Quid enim dicit scriptura?
quia unusquisque propria sua lingua audiebat per paracletum spiritum
loquentes apostolos. Sed quid amplius dicam? O barbare sacerdos 7
Mithrae et conlusor, solem tantum coles Mithram locorum mysteriorum
inluminatorem, ut opinaris, et conscium; hoc est quod apud eos ludes
30 et tamquam elegantem minium perages mysteria. Verum quid ego
haec indignanter accipio? Nonne oportet te multiplicari tamquam zizania, 8
usquequo ille ipse magnus pater tuus adveniat, suscitans mortuos, paene
usque ad gehennam omnes persequens qui sibi obtemperare noluerint,

14 Matth. 24, 24. Mark. 13, 22 — 26 Act. 2, 6

CM

2 es satana] esset ana *C* | 6 explorandam *CM* | 11 nullum *C* | 13 ad-
venturos] aduentos *M* | 15 sortitus est *C* | 16 sistit *C* | 17 quo] quod *C* | 21
numero *M* | 24 bene] ue *C* | 27 dicam o] dicabo *C* | barbare] barbu *CM*
28 mithrae] mitre *CM* | colis *M* | mitram *CM* | 29 ut < *M* | ludis *CM*
33 gehennam] geenna *C* | sibi] si ut *C* | noluerit *C*

plurimos deterrens arrogantiae metu quo est ipse circumdatus? Aliis
adhibet minas vultus sui conversione, circumdatione ludificat; sed ultra
non proficiet, *insipientia enim eius omnibus pervulgata erit*, sicut Iannes
et Mambres.

5   XLI. IVDICES DIXERVNT: Sicut ex te comperimus, tamquam apostolo
Paulo dicente, insuper etiam ab euangelio praescribente, nulli alicui ⟨in⟩
posterum praebetur ingressus ad praedicandum vel docendum vel ad
euangelizandum vel prophetandum, in hac vita dumtaxat, nisi forte falsus
propheta habeatur aut falsus Christus. Unde cum dixeris in Paulo 2
10 fuisse paracletum et ipsum omnia consignasse, quare dixit: *Ex parte
scimus et ex parte prophetamus; cum autem venerit quod perfectum est, id
quod ex parte est destruetur?* Quem alium expectans hoc dixit? Quod si 3
ipse confitetur expectare se aliquem perfectum et si venire aliquem
necesse est, ostende nobis de quo dicat, ne forte in hunc videatur iste
15 sermo recurrere aut in eum qui misit illum: Satanan, sicut tu dicis.
Si enim confiteris venturum esse quod perfectum est, non potest esse
Satanas: si autem Satanam expectas, non potest esse perfectum.
(XXXVII.) ARCHELAVS DIXIT: Quoniam non sine deo dicta sunt quae 4
a beato Paulo prolata sunt, certum est quod dominum nostrum Iesum
20 Christum dixerit expectandum esse perfectum, qui solus patrem novit,
et cui voluerit revelare, sicut possum ex verbis ipsius demonstrare. Sed 5
quia, cum venerit quod perfectum est, destruetur id quod ex parte est,
iste vero sese adseuerat esse perfectum, quid destruxit ostendat; quod
enim destruetur, ignorantia est quae in nobis est. Dicat igitur quid
25 destruxit, quid in notitiam pertulit. Si quid facere potest, faciat, ut
credi ei possit. Sermo vero iste quantam habeat virtutem, si potuerit 6
diligenter intellegi, ita demum credi poterit his quae a me fuerint
adserta. Igitur in prima ad Corinthios epistula haec dicit Paulus de
perfecto qui venturus est: *Sive prophetiae, destruentur, sive linguae, cessa-* 7
30 *bunt, sive scientia, destruetur; ex parte enim scimus et ex parte prophetamus. Cum autem venerit quod perfectum est, id quod ex parte est*

---

3 II Tim. 3, 8. 9 — 10 I Kor. 13, 9. 10 — 20 Matth. 11, 27. Luk. 10, 22 —
29 I Kor. 13, 8–10

CM

1 quo] *Zacagni,* quod *CM* | 2 adhibet . . ludificat] *die Stelle ist unsicher* |
3 insipientiae *C* | *nach* sicut + fuit *M* | 4 iannes *CM* | 6/7 alicui in pos-
terum] a qui posterum (p *gleich aus* b: *corr.*) *C,* alicui posterum *M,* alii neque
in posterum *Zacagni* | 11 autem venerit ∽ *M* | 13 spectare *C* | aliquem se
M ∽ *M²* | 15 satanam *C* ¹ tu] t *vielleicht a. Ras. C* | *nach* dicis *eine Ras. von
etwa fünfzehn Buchst., wahrscheinlich ist* archelaus dixit *ausradiert C* | 24 destruitur
M | quid] qui *C* | 27 diligenter] dil a. Ras. *M* | 29 sive (*nach* est)] si uero *C*

destruetur. Vide ergo quantam in sese habeat virtutem quod perfectum est et cuius sit ordinis ipsa perfectio. Dicat autem iste quam destru- 8 xerit prophetiam Iudaeorum an Hebraeorum, seu linguas cessare fecit Graecorum aut eorum qui idola colunt, vel quae alia dogmata destruxit

5 Valentiniani aut Marcionis aut Tatiani aut Sabellii ceterorumque qui propriam sibimet ipsis scientiam conposuerunt. Quem horum destruxit 9 dicat aut quando destruet quasi perfectus? Inducias fortassis aliquas quaerit. Non plane, non ita obscure et ignobiliter adveniet ille qui perfectus est, id est Iesus Christus dominus noster. Sed sicut rex ad- 10

10 veniens ad urbem suam praemittit primo protectores suos, signa, dracones, labaros, duces, principes, praefectos, et universa continuo commoventur, aliis vero metuentibus, aliis vero gaudentibus pro expectatione regis, ita et dominus meus Iesus, qui est vere perfectus, adveniens 11 praemittit in primo gloriam suam, incontaminati atque inmaculati regni

15 praedicatores sacratos, et tunc universa creatura commovebitur et conturbabitur, supplicans atque obsecrans, usquequo eam a servitute liberet. Humanum vero genus metuat necesse est et conplurimum conturbetur, 12 pro eo quod multa delicta commiserit; soli vero iusti laetabuntur, expectantes quae sibi promissa sunt, nec ultra mundanarum rerum sub-

20 stantia permanebit: omnia destruentur sive prophetiae sive horum libri sive linguae totius generis: cessabunt, eo quod ultra non egeant solliciti esse homines et cogitare de his quae ad vitam necessaria sunt, sive scientia quorumcumque doctorum, etiam ipsa destruetur: nihil enim horum sufferre poterit magni illius regis adventum. Sicut enim parva 13

25 scintilla ad splendorem solis admota absumitur, ilico nec adparet; ita universa creatura, omnis prophetia, cuncta scientia, universae linguae, sicut superius diximus, destruentur. Sed quia caelestis regis praesentiam 14 paucis verbis et fragilibus et valde infimis exponere non valet humana natura, ut fortasse sanctorum debeat esse et valde dignorum de ipso

30 aliquid enarrare, tamen necessitatis causa ista me sufficit protulisse huius inportunitate conpulsum, uti istum vobis qualis esset ostenderem.

XLII (XXXVIII). Et ego quidem beatifico Marcionem et Valentinianum ac Basilidem aliosque hereticos, sicut istius conparatione, qui

15 Röm. 8, 21. 22

CM

1 sese] *das letzte* se *übergesch.* M² | 2 ipsa] *aus* ista *corr.* C² | 3 seu] *Zacagni,* sed CM | 7 fortasses C | 8 non ita] nota C | 15 sacratos] sanctos M | tunc < M | universa] *aus* uniuerse *ohne Ras. gleich corr.* C¹ | 24 horum < M | illius] *a. Ras.* M | 25 assumitur C | 29 ut] aut M | 31 esset] esse C | 32 Valentinianum] *die gewöhnliche Form dieses Namens findet sich im Anhang der Acta in* M | 33 conparatione] paratione C

velut intellectu aliquo usi sunt, qui viderentur sibi omnem scripturam posse intellegere, et ita se ductores statuerunt qui se audire voluissent; nullus tamen ipsorum ausus est deum se praedicare vel 2 Christum vel paracletum sicut iste, qui aliquando quidem de saeculis 5 disputat, aliquando de sole, quomodo facta sint, tamquam maior ipse sit eorum; omnis enim qui de aliquo exponit quomodo factus sit maiorem se et antiquiorem ostendit esse quam est ille de quo dicit. Quis autem et de substantia dei dicere audeat, nisi forte solus dominus 3 noster Iesus Christus? quae quidem ego non ex meis verbis adstruo, 10 sed scripturae quae nos edocuit auctoritate confirmo; quoniam quidem et apostolus dicit ad nos: *Ut sitis sicut luminaria in hoc mundo, verbum vitae continentes ad gloriam mihi in diem Christi, quoniam non in vacuum cucurri nec in vacuum laboravi.* Intellegere debemus quae sit vis et ratio sermonis 4 huius; verbum enim ducis obtinet locum, opera vero regis. Sicut ergo aliquis 15 regi suo adventanti omnes qui sub cura sua sunt studet oboedientes, paratos et caros hilaresque ostendere ac devotos sed etiam innocentes ac bonis omnibus abundantes, ut ipse laudem consequatur a rege et maiore ab eo honore dignus habeatur, tamquam bene gubernata quae sibi est commissa provincia, ita et beatus Paulus dicit ad nos: *Ut sitis* 5 20 *velut luminaria in hoc mundo, verbum vitae continentes ad gloriam ipsius in diem Christi.* Scilicet quo dominus noster Iesus Christus veniens videat profecisse doctrinam eius in nobis; et quia non in vacuum cucurrit nec in vacuum laboravit, retribuat ei debitam coronam. Et rursus 6 quoque in eadem epistula commonet nos, ne terrena sapiamus, sed con- 25 versationem nostram debere esse in caelis; *unde et salvatorem expectamus dominum nostrum Iesum Christum.* Et quoniam nobis non est tutum 7 scire ultimum diem, designavit in epistula quam scribit ad Thessalonicenses: *De temporibus autem et momentis, fratres, non habetis opus ut aliquid vobis scribam; ipsi enim diligenter scitis quia dies domini, sicut fur* 30 *in nocte, ita veniet.* Et quomodo nunc adstat iste, persuadens et rogans 8 unumquemque Manichaeum effici et circumvenit et ingreditur domos, decipere quaerens animas oneratas peccatis? Sed nos non ita sentimus; quin potius res ipsas proferamus in medium et conferamus, si placet,

11 Phil. 2, 15. 16 — 19 Phil. 2, 15. 16 — 25 Phil. 3, 19. 20 — 28 I Thess. 5, 1. 2 — 32 II Tim. 3, 6

CM

1 aliquo] *Zacagni,* aliquod *CM* | 9 verbis] ueris *C* | 15 student *C* | 27 ultimam *C* | thessalonicenses *M* | 28 *nach* non + indigetis *M, später getilgt* | 29 dies] d *aus Corr.* *C¹* | 30 ita in nocte *M corr.* *M²* | adstat] t *w. e. sch. aus* ns *corr.* *C²* astat *M* | 33 proferamus < *M*

ad perfectum paracletum. Videtis enim quia interdum poenitet, inter- 9
dum interrogat, nonnumquam deprecatur. Sed scriptum est in euangelio
salvatoris nostri quia et illi qui a sinistris regis adsistunt dicant: *Do-*
mine, quando te vidimus esurientem aut sitientem aut nudum aut peregri-
5 *num aut in carcere et non ministravimus tibi?* rogantes ut sibi indul-
geret; sed quid illis respondit rex iustus iudex? *Discedite a me in ignem* 10
aeternum, operarii iniquitatis. Abiecit eos in aeternum ignem, cum illi
rogare non cessent. Videsne quid sit perfecti regis adventus? non
talem qualem tu adseris perfectionem. Quod si post istum expectandus
10 est magnus iudicii dies, multo utique hic illo inferior est. Quod si inferior erit, perfectus non erit. Si perfectus non erit, non de ipso dicit 11
apostolus. Quod si non de ipso dicit apostolus, iste autem de se dictum
esse mentitur, pseudopropheta utique iudicandus est. Sed et multa alia
horum similia dici possunt, quae si omnia persequi velimus, nullum
15 nobis tempus ad omnia explenda sufficiet. Unde abundare existimavi
de multis pauca dixisse, reliquas partes tractatus huius plenius exequi
volentibus derelinquens.

XLIII (XXXIX). His auditis dederunt gloriam deo inmensam et
ipso dignam; Archelaum vero multis honoribus adfecerunt. Tunc Mar-
20 cellus, adsurgens et stola se exuens, circumdat Archelaum atque osculis
eum defixus amplectitur et inhaeret. Tunc vero infantes, qui forte con-
venerant primi, Manem pellere ac fugare coeperunt, quos turba reliqua
insecuta concitavit se ad effugandum Manen. Quod cum pervidisset 2
Archelaus, elevata in modum tubae voce sua, multitudinem cupiens co-
25 hibere ait: Cessate, fratres dilecti, ne forte rei sanguinis inveniamur in
die iudicii; scriptum est enim de talibus quia *oportet et hereses esse inter*
vos, ut qui probati sunt manifesti fiant inter vos. Et his dictis sedatae
sunt turbae. Quoniam vero placuit Marcello disputationem hanc excipi 3
atque describi, contradicere non potui, confisus de benignitate legentium
30 quod veniam dabunt, si quid inperitum aut rusticum sonabit oratio;
hoc enim tantum est quod studemus, ut rei gestae cognitio studiosum

3 Matth. 25, 44 — 6 Luk. 13, 27. Matth. 25, 41 — 26 I Kor. 11, 19

CM

2 nonnumquam] interdum *M* | 3 quia et illi *nach* dicant *geschrieben, der*
richtigen Stelle durch Zeichen zugewiesen M | 5 carcerem *C* | 6 iustus iudex rex
C corr. *C*² | 6/7 operarii iniquitatis in ignem eternum *M corr.* *M*² | 9 asseris (as
a. Ras) C | 11 *nach* de + illo *M, später getilgt* | 19 archelaus *C* | 20 adsur-
gent *C* | stola se exuens] stolas exuens *C* | 22 im manem *C,* im *zweimal durch-*
strichen | 23 fugandum *M* | 24 uocem suam *C* | 25 et < *M* | 28/29 excipi
atque] excipiat quae *C* | 30 dabant *C* | si quid] *vielleicht a. Ras. C* | sonauit *C*

quemque non latent. Tunc ergo, cum effugisset Manes, nusquam conparuit. Turbo vero minister Archelao traditur a Marcello, quem cum 4
diaconum Archelaus ordinasset, in Marcelli contubernio perseveravit.
Manes autem fugiens advenit ad quendam vicum longe ab urbe positum,
5 qui appellabatur Diodori. Erat autem presbyter loci illius nomine et ipse
Diodorus, quietus et mitis, fidei ac famae bonae valde; et cum quadam 5
die Manes, congregata turba, contionaretur ac peregrina quaedam et
aliena a paterna traditione populo qui adstabat adsereret, nullum ex his
omnino formidans, quod sibi possit obsistere, Diodorus videns proficere
10 eius nequitiam deliberat Archelao mittere epistulam continentem haec.

XLIV (XL). Archelao episcopo Diodorus salutem dicit. Scire
te volo, religiosissime pater, quoniam advenit quidam in diebus istis
nomine Manes ad loca nostra, qui novi testamenti doctrinam se adin-
plere promittit. Et quidem erant quaedam in his quae ab eo diceban- 2
15 tur nostrae fidei, quaedam vero adserebat longe diversa ab iis quae ad
nos paterna traditione descendunt. Interpretabatur enim quaedam aliene,
quibus etiam ex propriis addebat, quae mihi valde peregrina visa sunt
et infida. Pro quibus etiam permotus sum scribere haec ad te, sciens 3
doctrinae tuae perfectum et plenissimum sensum, quoniam latere te ho-
20 rum nihil potest; et ideo confisus sum ad explananda nobis haec invidia
te non posse prohiberi. Quamvis nec ego quidem in alterum aliquem
inclinari potuerim sensum, tamen propter simplices quosque tunc auctoritatis conpulsus sum inplorare sermonem. Re vera enim vir valde 4
vehemens tam sermone quam opere, sed et adspectu ipso atque habitu
25 adparet. Sed et pauca quaedam, ⟨quae⟩ retinere possum ex iis quae ab
eo dicta sunt, scribo tibi sciens quia ex iis etiam reliqua intelleges.
Nosti quia morem hunc habent qui dogma aliquod adserere volunt, ut 5
quaecumque voluerint de scripturis adsumere, haec propensius sui intel-
legentia depravent. Sed hos praeveniens apostolicus sermo denotat
30 dicens: *Si quis vobis adnuntiaverit praeterquam quod accepistis, anathema*

30 Gal. 1, 8

CM

2 archelaus C | 3 ordinaret C | perseuerauerit C | 5 dyoderi C, *bei Epiphanius
heisst der Presbyter* Τρίφων *und seine Stadt* Διοδωρίς | 7 continuaretur C |
quadam C | 11 salutem < C | 14 ab] a a. *Ras. M; ein anderer Buchst., vielleicht*
h, *ist vor a ausradiert* | 15 iis] bis M | 15/16 ad nos] a nos (nos a. Ras.)
C | 16 discendunt C | aliena M | 17 uisa sunt mihi valde peregrina M corr.
M² | 21 *nach* quidem + ad C; *durchstrichen mit derselben Tinte* | 24 tam] iam
C | 25 *nach* quaedam + quae *Zacagni* | iis] bis M | 26 iis] bis M | 27
habent] habet C | 29 hos] *zu* hoc *ohne Ras. corr.* C² | sermo denotat ∾ C |
30 praeterquam] praeter C

sit. Itaque post baec quae semel ab apostolis tradita sunt ultra non
oportet quicquam aliud suscipere discipulum Christi. Verum ne sermo- 6
nem longius protraham, ad propositum redeo. Legem Moysi, ut breviter dicam, dicebat hic non esse dei boni, sed maligni principis nec
5 habere eam quicquam cognationis ad novam legem Christi, sed esse
contrariam et inimicam, alteram alteri obsistentem. Ego audiens dicebam ei sermonem euangelicum, quomodo dixit dominus noster Iesus
Christus: *Non veni solvere legem, sed adimplere.* Ille vero ait nequaquam 7
eum hunc dixisse sermonem; cum enim ipsam inveniamus eum resolvisse
10 legem. necesse est nos hoc potius intellegere quod fecit. Deinde coepit
dicere plurima ex lege, multa etiam de euangelio et apostolo Paulo,
quae sibi viderentur esse contraria, quae etiam cum fiducia dicens nihil
pertimescit, credo quod habeat adiutorem draconem illum qui nobis
semper inimicus est. Dicebat ergo quod ibi dixerit deus: Ego divitem 8
15 et pauperem facio; hic vero Iesus beatos diceret pauperes. Addebat
etiam quod nemo possit eius esse discipulus, nisi renuntiaret omnibus
quae haberet; ibi vero Moyses argentum et aurum ab Aegyptiis sumens
cum populo fugisset ex Aegypto; Iesus autem nihil proximi desideran-
dum esse praeceperit. Deinde quod ille *oculum pro oculo, dentem pro* 9
20 *dente* in lege cavisset expendi; noster vero dominus percutienti unam
maxillam iuberet etiam alteram praeparari. Quod ibi Moyses eum qui
sabbato opus fecisset et non permansisset in omnibus quae scripta sunt
in lege puniri lapidarique praeceperit, sicut factum est ei, qui adhuc
ignorans in sabbato fascem ligni collegerat; Iesus vero in sabbato etiam 10
25 lectum portare praecepit a se curato, sed et discipulos in die sabbati
vellere spicas ac manibus confricare non prohibet, quod sabbatis utique
fieri non licebat.

XLV. Et quid plura dicam? multis et variis adsertionibus huiuscemodi dogmata ab eo summo nisu atque summo studio adfirmabantur.
30 Nam ex auctoritate apostoli Moysi legem legem esse mortis conabatur
adserere; Iesu vero legem legem esse vitae, per id quod ait: *In quo et*
idoneos nos fecit deus ministros novi testamenti non littera, sed spiritu.

8 Matth. 5, 17 — 14 Prov. 22, 2. Matth. 5, 3. Luk. 6, 20 — 16 Luk. 14, 33
— 17 Exod. 12, 35 — 19 Exod. 21, 24. Matth. 5, 38. 39. Luk. 6, 29 — 21 Num.
15, 32 — 24 Mark. 2, 11 — 25 Matth. 12, 1. Mark. 2, 23. Luk. 6, 1 — 31
II Kor. 3, 6—11

CM

3 mosy C | 7 ei] eis C | 13 habent] h *übergesch.* C | 18 ex] ab M | 20
in lege < M | 25 diem CM | 26 uelleres C | 27 non licebat fieri C | 30
mosi C | esse mortis ∼ M | 32 facit C | deus < M

Littera enim occidit, spiritus autem vivificat. Quod si ministerium mortis 2
in litteris formatum in lapidibus factum est in gloria, ita ut non possent
intendere filii Istrahel in faciem Moysi propter gloriam vultus eius, quae de-
struitur, quomodo non magis ministerium spiritus erit in gloria? Si enim
5 *ministerium damnationis gloria est, multo magis abundabit ministerium*
iustitiae ad gloriam. Neque enim glorificatum est quod gloriosum factum 3
est in hac parte, propter eam quae supereminet gloriam; si enim quod de-
struitur per gloriam, multo magis quod manet in gloria est. Sed haec
quidem, sicut ipse nosti, in secunda ad Corinthios epistula. Addit au- 4
10 tem ex prima epistula, terrenos esse dicens discipulos veteris testamenti
et animales et ideo carnem et sanguinem regnum dei possidere non
posse. Ipsum quoque Paulum ex propria sua persona dicebat adserere 5
id quod ait: *Si ea quae destruxi iterum aedifico, praevaricatorem me consti-*
tuo; sed et illud eundem ipsum evidentissime de carnis circumcisione
15 dixisse; non esse Iudaeum eum qui ⟨in manifesto est neque quae⟩ in
manifesto in carne est circumcisio neque secundum litteram legem
quicquam utilitatis retinere. Et rursum quod Abraham *habet gloriam,* 6
sed non apud deum; tantummodo agnitionem peccati per legem fieri.
Sed et alia multa legi obtrectans inserebat, eo quod lex ipsa peccatum
20 sit, in quibus simplices quique, dicente eo, movebantur; et *usque ad* 7
Iohannem igitur aiebat *lex et prophetae;* aiebat autem Iohannem regnum
caelorum praedicare, nam et abscisione capitis eius hoc esse indicatum
quod, omnibus prioribus et superioribus eius abscisis, posteriora sola
servanda sint. Ad haec igitur nobis, o religiosissime Archelae, paucis 8
25 rescribe; audivi enim non mediocre tibi esse in talibus studium; dei
enim donum est idcirco quod dignis et amicis suis sibique propositi
societate coniunctis deus donat haec munera. Nostrum enim est propositum praeparare et proximos fieri benignae ac diviti menti, et continuo
ab ea largissima munera consequimur. Quoniam ergo in iis voto et 9
30 proposito meo sermonis non sufficit eruditio (idiotam enim me esse confiteor) ad te misi, sicut saepius dixi, quaestionis huius exolutionem ple-

---

2 Exod. 34, 35 — 11 I Kor. 15, 50 — 13 Gal. 2, 18 — 15 Röm. 2, 28 —
17 Röm. 4, 2 — 18 Röm. 3, 20 — 20 Matth. 11, 13. Luk. 16, 16

CM

1 occidet *C* | 2 formatum] formarum *C* | 3 mosi *C* | destruetur *C*
| 7 destruetur *C* | 14 illum *gleich in* illud corr. *C¹* | 15 in manifesto . .
quae < *CM, verbessert von Zacagni* | 16 circumcisione que *C* | 17 abram *C*
| 20 moueantur *M* | 22 abscisionem *CM* | 25 mediocre] mediocriter *C* | 28
praeparare et proximos] prepararet proximus *C* | ac] hac *C* | 29 iis] his *M* |
30 enim < *C*

nissimam recepturus. Incolumis mihi esto, pater inconparabilis et honorabilis.

XLVI (XLI). Accepta hac epistula, Archelaus admiratus est hominis audaciam; sed interim Diodori allegationibus, ut res suadebat celerem
5 dare responsum, continuo scripsit hoc modo.

Archelaus Diodoro presbytero filio honorabili. salutem. Acceptis 2 litteris tuis, valde gavisus sum, dilectissime. Agnovi autem quod vir iste, qui ante hos dies ad me venerat et scientiam aliam praeter eam quae apostolica est et ecclesiastica introducere cupiebat, ad te quo-
10 que venerit; quem quidem ego non admisi, in praesenti enim nobis disputantibus confutatus est. Et velim quidem omnia quae a me 3 dicta sunt scribere tibi, ut ex his agnosceres fidem eius; sed quia hoc de vacanti fieri poterit nunc quod instat paucis respondere tibi necessarium duxi ad ea quae mihi scripsisti quod ab illo dicerentur. Erat
15 ergo ei summum studium legem Moysi ostendere non esse consonantem legi Christi et haec ex nostris scripturis adseverare temptabat. Nos vero 4 ex eadem ipsa scriptura non solum confirmavimus legem Moysi et omnia quae in ea scripta sunt, verum etiam omne vetus testamentum convenire novo testamento et consonare probavimus unumque esse textum,
20 tamquam si una vestis videatur ex subtemine atque stamine esse contexta. Hoc solum, quod velut purpuram videmus in veste, novum tes- 5 tamentum in textura veteris testamenti; gloriam enim domini in eodem speculamur. Non ergo abiciendum est speculum, cum nobis ipsam imaginem rerum similem veramque demonstret; quin potius et eo amplius
25 honorandum est. Sed et puerum qui ad doctores a pedagogo perducitur 6 cum adhuc parvulus est, numquid, cum ad aetatem pervenerit, dehonorare oportet pedagogum propter quod iam opera eius non indiget et potest solus iam sine eius adminiculo ad scolas pergere atque ad auditoria

26 *vgl.* Gal. 3, 23 ff.

A (von 6 an) CM

3 hac] haec *CM* | 10 uenerim *gleich zu* uenerit corr. *C¹* | 12 agnosceris *A* | 12 hoc] *nach* poterit *geschrieben C, durch Zeichen der richtigen Stelle zugewiesen C²* | 13 potest *A* | 14 ea quae] q, *A* | 15 studium] *das zweite u aus o corr. A* | 17 *nach* legem + et *A* | mosy *C* | 17 mosy *C* | 18 scribta erant *A* | omnem *CM* | 20 unum *C* | ex < *A* | suptemine *A* subtimine *CM* | atque] adquane *A* et que *C* | 21 uestem *CM* | 22 texturam *ACM* | gloriam enim] gloriam im *zu* gloria enim *corr. A* | 23 speculum cum nobis] speculum nobis quod *C* nobis speculum quod *M* | 24 demonstraret *A* | 25 doctores] doctore iis *C* doctorem *M* | 26 aetate *A* | dehonestare *A* | 27 *nach* oportet + et *C* | opera] ora *CM* | 28 ad auditoria] plauditoria *C*

properare? Aut rursum parvulus qui lacte nutritus est, cum profecerit 7
ad validiores cibos, cum iniuria debet abicere atque exhorrescere nutricis
mamillas? quin potius veneratur et colit et beneficii sui debitorem fa-
tetur. Aliud etiam, si videtur, adhibeamus exemplum. Homo quidam
5 proiectum in terram cum vidisset infantem et iam vehementer adflictum,
collegit eum et nutrire apud se coepit, usquequo ad aetatem adulescen-
tiae perveniret toleravitque omnes qui evenire solent nutritoribus labores.
Accedit vero post tempus is qui naturalis ei fuerat pater requirere 8
puerum et invenit eum apud illum qui nutrierat. Quid faciat hic
10 puer, patre cognito? de iusto enim puero mihi sermo est. Nonne multis donis munerato eo qui se educaverat, sequitur naturalem patrem
prospectu hereditatis? Ita mihi intellegendum est magnificum dei famu- 9
lum Moysen invenisse populum adflictum ab Aegyptiis, quem adsumptum
nutriebat in deserto tamquam pater, edocebat ut magister, regebat ut
15 rector. Conservavit populum usquequo veniret cuius est, et post aliquantum tempus adveniens pater proprias oves recepit. Nonne per om- 10
nia honorabitur quidem ab eo cui tradidit gregem, glorificabitur vero
ab iis ipsis qui ab eo conservati sunt? Quis igitur ita mentis insanae
est, o dilectissime Diodore, ut alienos a se dicat eos qui inter se con-
20 iuncti sunt, qui pro se invicem prophetarunt, qui aequalia et sibi similia
atque cognata, immo potius germana signa ac prodigia demonstrarunt?
Et primo quidem Moyses ad populum dixit: *Prophetam vobis suscitabit* 11
dominus deus vester sicut me. Deinde Iesus ait: De me enim Moyses locutus est. Vide quomodo dexteras sibi invicem tradunt, quam alter
25 propheta, alter vero filius sit dilectus; alter fidelis famulus, alter vero
dominus agnoscatur. Sed et quondam volens quis sine pedagogo ire ad 12
scolas non suscipitur a magistro dicente: Non eum suscipiam, nisi acceperit pedagogum. Qui sit autem de quo dicimus breviter exponam.

22 Deut. 18, 15 — 23 Joh. 5, 46 — 25 Hebr. 3, 5. 6

ACM

1 aut] ut *A* | 2 validiores] ceualidiores *C* | debeat *A* | 3 colet *A* | de-
betorem *A* | 5 terra *CM* | 6 colligit *A* | ad] a *übergesch. A* | 7 colerauit
que *A* | uenire *A* | 8 accidit *A* | tempus] t *übergesch. A* | is] ut his *A*
iis *C* | requireret *A* | 9 inueniret *A* | 10 patrem *A* | mihi sermo ∼ *M* |
11 educuuerat *A* | 12 intellegendum est] intellegi *A* | 13 uenisse *C* | 14
edocebat] educabat *A* docebat *C* | regebat ut] regebatur *A* | 15 *nach* rector
+ et *A* | conseruabit *A* | *nach* et + cum *A* | 16 proprias < *C* | 18 iis
ipsis] ipsis *A* his ipsis *M* | 20 inuice *A* | prophetaturi sunt *C* | qui] quin (a
übergesch.) A | et sibi similia < *A* | 21 atque] que *C* | cognita *A* | 22 dixit
< *A* | suscitauit *das zweite* i *übergesch. A* | 23 deinde iesus ∼ *CM* | 24
videa *A* | dextras *A* | quam] quamuis *A* | 26 quid *A* | 27 dicentem *A* |
accederit *CM*

Homo quidam erat dives, gentiliter vivens, in multa luxuria cotidie degens; alius vero pauper erat vicinus eius, qui nec cotidianum quidem cibum poterat invenire. Accidit utrumque vita discedere et in infernum 18 descendere et pauperem mitti in locum requiei et reliqua quae nosti.
5 Verum tamen erant diviti fratres quinque, ea quae et ipse egerat agentes, sine dubio quae domi a tali magistro didicissent. Rogavit dives simul 14 uno tempore ut ediscerent maiorem doctrinam; Abraham vero sciens quoniam adhuc indigent pedagogo, ait ei: Habent Moysen et prophetas. Si enim illos non susceperint, ut ab eo velut pedagogo gubernentur, non 10 poterunt maioris magistri capere doctrinam.

XLVII (XLII). Sed et de aliis sermonibus, ut potero, exponam; id est quod non contraria Moysi locutus est Iesus aut fecit. Primum quidem quod ait *oculum pro oculo, dentem pro dente*, hoc iustum est; quod autem caesum praestare iubet et alteram maxillam, hoc bonitas est. Num-15 quid iustitia bonitati contraria est? Absit; profectus autem est de iustitia ad bonitatem. Et rursus: *Dignus est operarius mercede sua.* Quod 2 si voluerit quis fraudem facere, exige ab eo illa quae fraude interceperat: iustissimum est, maxime cum multa sit merces. Hoc autem dico, quando Aegyptii adfligebant filios Istrahel per operum conpulsores in 20 fingendis lateribus, quod cum suppliciis Moyses totum pariter intra unum momentum temporis exegit, numquid hoc iniquitas appellanda est? Absit. Illa sane bonitatis est abstinentia, cum utitur quis frugaliter, renuntians 8 omnibus quae superflua sunt. Quod vero in veteri testamento dictum est: Ego divitem facio et pauperem, Iesus vero beatificat pauperes, non 25 dixit saeculari substantia pauperes, sed pauperes spiritu, id est qui non

1 Luk. 16, 19 — 18 Exod. 21, 24. Matth. 5, 38. 39. Luk. 6, 29 — 16 Luk. 10, 7. Matth. 10, 10 — 24 Prov. 22, 2. Matth. 5, 3. Luk. 6, 20

ACM

1 cotidie e *aus* n *corr.* C^2 | degens] delegens A | 2 ne C | 8 potest A | uitam A | 4 discendere A | pauperum A | 5 erat A | diviti] diuisit A | quinque . . . ge *a. Ras.* A | *nach* quinque + et A | gerat A | 6 quae . . magistr *a. Ras.* A | 7 ut ediscerent] discere A ut edisceret CM | *nach* doctrinam + ub A | abraam C | 8 adhuc] a tunc A | indigent] nt *a. Ras.* C | pedagogum A | moyses C | 9 illos] s *übergesch.* A | suscepint M | ut < A | 10 poterint A | maiores C | 12 contrariam C | aut] autem C | quidem < CM | 18 dentem A | 14 caesum] censum A | praestare] re *a. Ras.* M praestate C | et < A | bonita A | 16 rursum A | mercedem suam A | 17 exige] et exigi A | 19 israhel *aus* istrahel *corr.* A | opum M | 21 exigit A | hoc < A | 22 abstinentia] absentia A | renuntians] enuntians A < M | 28 vero] ergo A | 25 saeculari] secularis *und* secularii *corr.* C^2 | substantie C | spiritu] spm A

superbia inflammantur, sed humilitate se mitigant et inclinant, non plus
sapientes quam oportet sapere. Quam quidem adversarius quaestionem 4
non conpetenter aptavit. Hic enim video et Iesum libenter intuentem
divitum munera, cum in gazophylacio offeruntur; et parum hoc est, si a
5 solis divitibus in gazophylacio munera offeruntur; immo vero etiam duo
minuta paupercnlae viduae libenter suscipiuntur, in quo amplius aliquid
quam quod Moyses praeceperat de suscipienda pecunia demonstratur.
Ille enim ab his tantummodo qui habebant accipiebat; hic autem accipit 5
etiam ab his qui non habent. Sed ait, scriptum est: *Nisi quis remuntia-*
10 *verit omnibus quae possidet, non potest esse meus discipulus.* Rursum video centurionem valde divitem et saeculari praeditum potestate fidem
habere plus quam omnem Istrahel; ut si quis fuerit, etiam qui renuntiaverat, a centurione superaretur in fide. Sed dicet nobis quis: Non est 6
ergo bonum renuntiare divitiis? Bonum, inquam, his qui possunt; sed
15 et abuti divitiis ad opus iustitiae atque misericordiae parem gratiam
tribuit ac si universis pariter renuntietur.

XLVIII. De eo autem quod dicit, destructum esse sabbatum,
non plane destruxit; ipse enim dominus erat sabbati; tamquam si
sponsi quis custodiens torum diligenter extructum, a nullo alio extraneo
20 vexari vel contingi patiatur usquequo ipse sponsus adveniat, et cum
advenerit, strato suo sicut libuerit utatur vel hi quos ipse secum ius-
serit introire. Testimonium etiam dedit his quae dicimus caelesti 2
voce ipse dominus Iesus Christus dicens: *Numquid potestis filios sponsi*
facere ieiunare, donec cum ipsis est sponsus? Sed circumcisionem non
25 abiecit, quin potius ipse pro nobis in semet ipsum causam circumcisionis
excepit, labore nos relevans et pati nos frustra doloris aliquid non si-
nens. Quid enim prodest circumcidenti se quidem et adversum proxi- 3

1 Röm. 12, 3 — 3 Mark. 12, 41 ff. Luk. 21, 1 ff — 9 Luk. 14, 33 — 11 Matth. 8, 10
— 18 Matth. 12, 8 — 23 Mark. 2, 10. Luk. 5, 34. Matth. 9, 15

ACM

1 superbiam A | se < A | 2 adversarius quaestionem ∽ M | 4 offerun-
tur CM | parum] pauperum CM | 5 offeruntur] *das erste* u *u. e. sch. aus* e *corr.* C²
inferuntur A | 6 minuta] manita A | 7 suscipiendum pecuniam A | 8 tantummodo
∼ CM | suscipiebat A | accipitur AC | 9 ab his q *a. Ras.* M | 10 meus
esse CM | 11 potestatem A | 12 istrahel] israelitam C israelitum M | fuerit]
fuit CM | etiam < M | 13 dicit A | 14 bonum ergo M ∽ M² | diuitis A
| 15 et < CM | diuitis A | 16 renuntietur] *Zacagni,* enuntientur A renun-
tientur CM | 19 *mch* sponsi + si A | extructum] extruxit C | 20 potitur A
usquequod A | 21 strato] rrato A o *a. Ras. vielleicht* C | hi] hii A si M | 26
suscepit A | laborem A | frustra] *das xxrite* r *übergesch.* A | 27 prudeest A |
circumcidenti se: circumcidentis ac A circumcidente se C

muum suum pessima cogitanti? Voluit autem magis largissimae viae
spatia conpendioso nobis tramite demonstrare, ne forte, dum longa spatia
circuimus, ante nobis dies claudatur in noctem et dum deforis quidem
splendidi hominibus adparemus, intrinsecus lupis rapacibus conparemur
5 aut sepulchris conferamur dealbatis. Multo enim ille huic praeferendus 4
est qui veste squalida ac detrita circumdatus nihil mali in corde suo
conclusum retinet adversum proximum suum. Cordis enim circumcisio
sola salutem confert; nihil praestat eis ista carnalis, nisi forte spirituali
circumcisione muniantur. Audi etiam quid dicit scriptura: *Beati mundi*
10 *corde, quia ipsi deum videbunt.* Quid ergo mihi opus est laborare, cum 5
cognoverim conpendia viae, si possum mundus esse corde sicut et si
quis praevaleat in duobus mandatis omnem legem inplere et prophetas?
Post haec vero omnia edocet apostolorum maximus Paulus dicens: *Aut*
experimentum quaeritis eius qui in me loquitur Christus? Quid ergo mihi
15 opus est circumcisione, cum possim et in praeputio iustificari? Et scrip- 6
tum est: *Si quis circumcisus est, non adducat praeputium, aut si quis in*
praeputio est, non circumcidatur. Utrumque enim nihil est, nisi observatio
mandatorum dei. Cum ergo nullum possit salvare circumcisio, nec magno
opere requirenda est; maxime cum si quis in praeputio vocatus fuerit et
20 circumcidi voluerit, continuo praevaricator legis efficiatur. Si enim cir- 7
cumcidor et mandata legis adinpleo, ut salvari possim, incircumcisus
et in praeputio positus, multo magis mandata custodiens, habebo vitam.
In spiritu enim circumcisionem cordis accepi, non iam litterae per atra-
mentum, in quo laus non ex hominibus, sed ex deo est. Non ergo re-
25 feratur ad me huiuscemodi incusatio. Sicut enim aliquis dives multis 8
auri atque argenti talentis, ita ut omne domestici usus ministerium
ex huiuscemodi metallis habeat structum, in nullo vasis fictilis speciem
requirit, sed non propterea figuli opus et ars aut fictilium vaso-

---

8 Matth. 23, 27 *und* 7, 15. Luk. 11, 39 — **7** Röm. 2, 29 — **9** Matth. 5, 8
— **12** Matth. 22, 40 — **13** II Kor. 13, 3 — **16** I Kor. 7, 18. 19 — **23** Röm. 2, 29

ACM

2 spatia < *A* | conpendiosae *A* | dum] cum *A* | **4** comparamur *CM* |
5 sepurclis *A* | multum *A* | **6** veste] uere *A* | circumcidatur *C* | **7** enim] ergo
A | **8** praestat eis ista] praesta tenta *A* | spiritali *A* spiritualis *C* | **9** muniatur
A | scripta *M* | mundo *A* | **11** conpendium *A* | et] est *M* | **12** impleres *Ras.*
von einem Buchst. C | **15** circumcisio *A* | **17** praeputio] o *aus* um *corr. A* |
18 salvare] salutare *A* | circumcisio nec] circumcisio *A* circumcisionem *C* |
magnopere *CM* | **19** qui *C* | **20** praevaricator] praedicator *A* | **21** salvari]
salutari *A* | **22** in *übergesch. C* | **23** circumcisione *A* | **25** aliquis] alius
CM | **26** *nach* talentis + repletus *A* | ut < *A* | omnes *CM* | usus] eius *M*
27 vasis] uas *A* uasi *C*

rum ab eo detestanda est: ita etiam ego gratia dei dives factus sum, 9
et cordis circumcisionem consecutus nequaquam vilissimae illius circumcisionis indigeo; nec tamen malam esse dico. Absit. Quod si
diligentius de his voluerit aliquis edoceri, inveniet haec in prima epi-
5 stula apostoli plenissime pertractata.

XLIX (XLIII). De velamento vero Moysi et de ministerio mortis
dicam sermone brevissimo. Non enim valde mihi haec insinuare aliquid
adversum legem videntur. Ait ergo sermo propositus: *Quod si ministe-*
rium mortis in litteris formatum in lapidibus factum est in gloria, ita ut
10 *non possent filii Istrahel intendere in faciem Moysi propter gloriam vultus*
eius, quae aboletur et reliqua; tamen gloriam esse confitetur in vultu 2
Moysi, quod est amicum nobis. Quod si destruitur et velamen habet
lectio eius, hoc me non exacerbat neque conturbat, si tantum in eo sit
gloria. Neque vero omni genere in ignobilitatem redigitur quod destruitur.
15 Cum enim de gloria disputat Scriptura, scisse se differentias gloriae testatur; 3
alia enim, inquit, *gloria solis, alia gloria lunae, alia gloria stellarum; stella*
enim ab stella differt in gloria. Si enim sol maiorem habet gloriam quam
luna, non continuo in ignobilitatem redigitur luna. Ita et si dominus 4
meus Iesus Christus praecellit in gloria Moysen tamquam dominus fa-
20 mulum, non continuo respuenda est gloria Moysi; ita enim satis possumus facere auditoribus, sicut et verbi ipsius natura persuadet, ex scripturis quae dicimus adfirmantes vel certe etiam exemplis ea manifestius
conprobantes. Si quis lucernam accenderit noctu, cum sol exortus 5
fuerit, parvo lucernae igne non indiget propter splendorem solis ubique
25 radiantis; sed non ideo abiecit lucernam velut contrariam soli; quin

8 II Kor. 3, 7 — 16 I Kor. 15, 41

ACM

1 detestanda] te *übergesch.* M | sum < CM | 2 cordis < C | circumcisione
*A*CM | *nach* circumcisione + custo *aber gleich getilgt w. e. sch.* M | nequaquam]
nec quenquam C neque iam M | 4 aliquis] aliis C | edocari A edocere C
4 5 prima epistula ∾ CM | 5 pertractata] praetractam A tractata CM | 6
mose C | 7 sermonem A | 8 propositus) profeticus A | 9 in < M | litteri
C | formatum] firmatum A formarum C | 10 possint A | fili A | in < A
mosy C | 11/12 uulto mosy C | 13 sit < A | 14 omni genere] omnigene
CM | in < A | ignobilitate *A*CM | destruetur C | 15 disputat] depustat *xu* deputat
corr. A | scisse se] scis esse A | testatur] testat C < A | 16 inquit < A
gloria (*vor* lunae)] glorie M | 17 gloria] gloriam A | soli C | 18 ignobilitate AM
redigitur luna ∾ CM | 19 christus < A | praecellet C | gloriam AC | 20 mosy
C | 20 21 satis possumus facere] possumus satisfacere CM | 21 persuadet]
demonstrat A | 23 ortus CM | 24 lucerna A | 25 radiantis] *das letzte* i *aus*
e *corr.* A | abicit M | contrariam] contra C contraria M

potius, conperto eius usu, etiam diligentius reservabit. Custodivit ergo
populum lex Moysi tamquam lucerna, usquequo sol nobis verus salvator
noster oriretur, sicut et ait: *Et inluminabit tibi Christus.* Sed quod dixit: 6
Obscurati sunt sensus eorum; usque in hodiernum enim ipsum velamen
5 *manet in lectione veteris testamenti; non revelatur quia in Christo destrui-*
tur; usque in hodiernum enim, cum legitur Moyses, velamen est positum
super cor eorum; cum autem conversus fuerit ad dominum, auferetur
velamen; dominus autem spiritus est, quid inquit? Usque in hodier- 7
numne praesens est Moyses, non dormivit, non requievit, non abscessit
10 e vita? Quomodo ergo in hodiernum dicit? Sed intuere velamen, ubi
dicit, *positum supra cor eorum, in lectione* eorum. Haec est vox quae
arguit filios Istrahel legentes Moysen et non intellegentes neque conver-
tentes se ad dominum, quoniam ipse est qui a Moyse prophetatus est
venire.

15   L. Hoc est velamen quod erat positum super faciem Moysi, quod
est testamentum eius; ait enim in lege: *Non deficiet princeps ex Iuda ne-*
que dux de femoribus eius, usquequo veniat cuius est; et ipse erit expectatio
gentium. Qui adligabit ad vitem pullum suum et optimam vitem pullum
asinae suae. Lavabit in vino stolam suam et in sanguine uvae indumen-
20 *tum suum. Suffusi oculi eius a vino et candidi dentes eius a lacte* et reliqua. Qui etiam et unde venturus esset designavit dicens: *Prophetam* 2
vobis suscitabit dominus deus ex fratribus vestris sicut me; ipsum audite.
Et quidem quia non possit intellegi hoc de Iesu Nave dictum esse
manifestum est. Nihil enim huius circumcisionis in ipso invenitur; ad-
25 huc enim ex Iuda reges fuerunt post ipsum et ideo aliena longe est ab
eo haec prophetia. Et hoc est velamen quod est in Moysen; neque enim, 3
sicut fortasse aliqui inperitorum putant, linteum aliquod aut pellis fuit.

3 Ephes. 5, 14 — 4 II Kor. 3, 14—17 — 15 Exod. 34, 33. II Kor. 3, 13 —
16 Gen. 49, 10—12 — 21 Deut. 18, 25

ACM

1 reservabit] re *übergesch.* A obseruauit C | 2 mosy C | 3 orietur A |
et (*nach* sicut) < A | inluminat A | tibi < C te M | quod] quid A | 5 manet]
tenet et CM | destruetur C | 6 erat C | 7 supra A | *nach* fuerit + quis A |
aufertur C | 8 quod V | 10 e vita] uitam A | ergo < CM | 11 lectionem
A | 12 arguet A | 13 ipsa C | moysen A | 15 supra A | mosy C | quod]
qua A | 16 in lege] intellege A | ex] de A | 17 eius < A, *zwcimal geschrieben*
C | 18 qui] quia C | alligauit A | *nach* et + ad A | 19 uinum A | san-
guinem A | 20 suum] sum A | suffulsi A | *nach* dentes eius + et A | 21
etiam] enim A | uenturum C | 22 suscitauit AC | *nach* deus + uester M, *vgl.*
68, 23 *und* 74, 26 | 23 et quidem] equidem A | intellegi < M | ihm A |
25 ex] post A | 26 hoc] haec C | 27 aut] uel A

quae vultum eius operiret. Sed apostolus diligenter ostendit, dicens velamen esse positum in lectione veteris testamenti, propter quod is qui
appellatur antiquitus Istrahel expectat adventare Christum, non intellegens
quia defecerunt ex Iuda principes et ex femoribus eius duces; sicut 4
5 nunc videmus regibus eos principibusque subiectos tributa pendere, nulla
sibi potestate vel iudicandi vel puniendi concessa, sicut Iudas habuit,
quia Thamar, postea quam condemnaverat, potuit iustificare. *Sed et vi-*
debitis vitam vestram pendentem ante oculos vestros. (XLIV.) Habet etiam 5
hic sermo velamen. Usque ad Herodem enim ex parte aliqua regnum
10 tenere videbantur; ab Augusto autem prima adscriptio in eis facta est
et coeperunt tributa pendere et censum dare. Ex quo autem dominus
meus Iesus coeptus est prophetari atque expectari, ex eo principes ex
Iuda esse coeperunt et duces populi, qui rursum defecerunt in adventu
praesentiae eius. Si ergo auferatur velamen quod in illa lectione posi- 6
15 tum est, intellegent virtutem circumcisionis, invenient et generationem
eius quem praedicamus et crucem et quaecumque de domino nostro
gesta sunt ipsa esse quae de eo fuerant praedicta. Et velim quidem
de scripturis discutere unumquemque sermonem et ostendere, ut intellegi
dignum est; sed quoniam nunc aliud est quod urget, de vacanti nobis
20 ista dicentur; haec enim dixisse nunc sufficit, ut ostendamus non sine 7
causa velamen positum super cor quorundam in lectione veteris testamenti. Quicumque vero ad dominum convertuntur, ab his velamen aufertur. Quae omnia quam vim habeant in sese his qui sensu vigent
intellegendum relinquo.
25   LI. Veniamus etiam ad illum sermonem Moysi quod ait: *Prophe-*
tam vobis suscitabit dominus deus vester ex fratribus vestris sicut me; in
quo magnam video prophetiam famuli Moysi scientis eum qui venturus
esset et amplius quidem se auctoritatis habiturum, similia tamen esse
passurum et similia signa ac prodigia ostensurum. Ibi enim Moyses 2

7 Gen. 38, 26 — Deut. 28, 66 — 25 Deut. 18, 15 — 29 Exod. 2, 23

ACM

2 is] his *AC* | 3 intellegentes *C* | 4 et < *A* | 5 que] quae *A* | 6 vel
< *M* | iudicandi vel puniendi] puniendi uel iudicandi *M* | 7 iustificari *CM* |
et < *A übergesch. C²* | 10 augusto *A* | abscribtio *A* | 13 aduentum *A* | 14
praesentiae eius ∼ *M* | 17 esse < *A* | 18 et ostendere < *A* | 19 20 sed
quoniam .. haec enim < *A* | 19 vacanti] *Zacagni*, vacantibus *CM, vgl.* 67, 13 | 21
posito *A* | 22 iis *C* | 23 quam vim] quamuis *C* | sensum *A* | 24 intelle-
gendum] o *gleich zu u corr. A* | 25 mosy *C* | quo *CM* | 26 suscitauit *AC* |
27 moysei *A* mosei *C* | scientis] *Valesius*, scientes *A* scientibus *CM* | 28
et < *CM* | quidem se ∼ *CM* | simili *C* | 28 29 esse passurum ∼ *M* | 29
ostentarum *A*

natus, a matre sua in tibin positus, exponitur ad ripas fluminis; hic dominus noster Iesus Christus natus ex matre sua Maria per angelum fugatur in Aegyptum. Ibi Moyses educens populum de medio Aegyptiorum salvavit; et hic Iesus populum de medio Pharisaeorum educens
5 aeternae tradidit saluti. Ibi Moyses per orationem petens e caelo accepit panem quo pasceret populum in deserto; hic dominus meus Iesus virtute propria ex quinque panibus viros quinque milia satiavit in deserto. Ibi Moyses cum probaretur, positus in monte ieiunavit quadraginta dies; et hic dominus meus Iesus ab spiritu actus in desertum, cum
10 temptaretur a diabolo, quadraginta diebus similiter ieiunavit. Ibi in conspectu Moysi propter infidelitatem Pharaonis omnia Aegyptiorum primogenita perierunt; et hic Iesu nascente propter infidelitatem Herodis omne masculinum Iudaeorum subito periit. Ibi Moyses orat ut parcatur a plagis Pharaoni ac populo eius; et hic dominus noster Iesus
15 orat indulgeri Pharisaeis, dicens: *Pater, ignosce eis, quoniam nesciunt quid faciunt.* Ibi Moysi vultus resplenduit in gloria domini, ita ut non possent filii Istrahel intendere in faciem eius propter gloriam vultus eius; et hic Iesus Christus dominus resplenduit sicut sol, et discipuli eius non poterant adspicere in faciem eius propter gloriam vultus ipsius et in-
20 mensum luminis splendorem. Ibi Moyses eos qui vitulum statuerunt gladio deiecit; et hic dominus Iesus ait: *Veni gladium mittere super terram et dividere hominem a proximo suo* et reliqua. Ibi Moyses in caliginem nubium aquas ferentium sine metu incessit; et hic dominus Iesus cum omni potestate super aquas ambulavit. Ibi Moyses inperavit mari;
25 et hic dominus Iesus, cum esset in navi, surgens inperavit ventis et

1 Matth. 2, 13 — 3 Exod. 14 — 4 Mark. 8, 15 — 5 Exod. 16 — 6 Matth. 14, 16—21 — 8 Exod. 34 — 9 Matth. 4, 1. 2. Mark. 1, 12. 13. Luk. 4, 1. 2 — 10 Exod. 12 — 12 Matth. 2, 16 — 13 Exod. 8. Luk. 23, 34 — 16 Exod. 34, 35 — 17 Matth. 17, 2 — 20 Exod. 32 — 21 Matth. 10, 34. 35 — 22 Exod. 24, 18. Matth. 14, 25. Mark. 6, 48. Joh. 6, 19 — 24 Exod. 14. Matth. 8, 26. Mark. 4, 39. Luk. 8, 24

ACM

1 ripas] primum *A* | 2 christus < *A* | sua < *A* | 4 saluabit *A* | populum] m *aus* s *gleich corr. A* | 5 e] a *A* | 6 meus] noster *A* | 7 satiavit] saturauit *A* | 8 iaciunabit *A* | 9 meus] noster *A* | desertum] u *aus* o *gleich corr. A* | 10 iaciunabit *A* | 11 mosei *C* | infidelitate *A* | faraonis *ACM* 12 perierunt *a. Ras. A* | nascente] sco *a. Ras. C* | infidelitate *A* | 13 omne] omnem *CM* | masculorum *A* | perit *CM* | orat ut] oratur *A* | 14 faraoni *A* pharaonis *M* | *nach* ac + pro *A* | 16 faciant *CM* | moyses *A* | mosei *C* | gloriam *A* | 17 fili *A* | 18 et < *C* | 19 respicere *A* | 20 ibi] ubi *A* | statuerant] fecerant *A* | 22 caligine *A* | 25 uenti *CM*

mari. Ibi Moyses cum inpugnaretur extensis manibus certavit adversum
Amalech; et hic dominus Iesus, inpugnatis nobis et pereuntibus violentia
erratici spiritus (qui nunc in istis operatur), extensis in cruce manibus,
salutem dedit. Sed et alia multa praetereo, dilectissime Diodore, dum 8
5 festino ad te libellum hunc velociter mittere, quae tu pro tua prudentia
facile poteris reparare. Scribe autem mihi, carissime, quid postea egerit
adversariae partis minister. Incolumem te anima et spiritu custodiat
deus omnipotens.

LII (XLV). Accepta hac epistula Diodorus et collecto ex ea sensu
10 conflixit adversum Manen, ita ut ab omnibus conlaudaretur, quod diligenter et conpetenter ostenderit duorum testamentorum atque utriusque
legis inter sese cognationem. Plura etiam ex semet ipso inveniens, obiecit ei valida valde et fortia pro veritate. Conclusit etiam adversa- 2
rium Diodorus ex nominibus, dicens ita: Dixisti duo esse testa-
15 menta; dic ergo duo esse vetera aut duo nova. Eiusdem enim temporis vel potius aeternitatis duo adseris esse ingenita; et si duo
sunt, duo esse oportet vetera testamenta aut duo nova. Quod si hoc 8
non dicis, sed unum esse vetus et aliud novum, rursum unus utriusque
auctor ostenditur et eius esse vetus cuius et novum consequentia ipsa
20 edocent. Velut si quis dicat homini diviti: Loca mihi veterem domum
tuam, nonne per hoc etiam novae domus dominum eum esse pronuntiat?
Aut rursum si dicat ei: Novam domum tuam praesta mihi, nonne eodem 4
verbo etiam veterem eum habere designat? Deinde etiam illud pervi-
dendum est quia ex quo duo sunt ingenitam habentes naturam, ex eo
25 necesse est etiam habere unumquemque ipsorum vetus testamentum, et
fient duo vetera testamenta, si tamen ambos antiquos et sine initio esse
dicis. Ego autem non ita didici neque ita continent scripturae. Tu 5

1 Exod. 17 — 3 *vielleicht* Ephes. 2, 2

ACM

1 certabit *A* | 2 amalehc *A* | 3 istis] iustis *Zacagni*, iniustis *Routh* | crucem
M | 5 libellum hunc velociter] velociter (r *übergesch.*) libellum *A* | 6 facilem *C*
potueris *A* | preparare *M* | 7 partes *A* | animam *A* | et] *übergesch. A*
spm *A* | 8 omnipotens] omnium *CM* | 9 hac] hanc *A* haec *C* | 10 confligit
A | conclaudaretur *A* | 12 inter sese] *das letzte* se *übergesch. A* in esse *CM*
exemetipso *A* | ueniens *A* | 14 ita dixisti] ita dixit *C* quia dixisti *M* | esse
übergesch. A | 15 aut duo uetera *M corr. M²* | temporibus *A* | 16 esse inge-
nita ∽ *A* | 17 *nach* oportet + et *A* | 17 18 hoc non∽ *A* | 18 rursus *A* | unus]
unum *A* onus *über* o *ein* v *übergesch. C* | 20 edocent] educet *A* docent *CM*
diviti < *A* | 21 nonne] non *A* | eum] meum *A* | esse] essem *w. e. sch. gleich*
un esset *corr. C¹* | 23 etiam illud ∽ *CM* | 24 duo sunt ∽ *M* | ingenita
A C | 24 25 ex eo . . unumquemque < *A* | 25 vetus < *A* | 26 ambos an-
tiquos] ambo sancti quos *C* ambo sancti. quos *M* | 27 nec *A* | scriptura *C*

vero, qui dicis legem Moysi esse maligni principis et non boni dei, dic mihi, qui erant illi qui resistebant in faciem Moysi, Iannem dico et Mambrem? Omne enim quod resistit non sibimet ipsi resistit, sed alii aut meliori aut deteriori, sicut Paulus indicat ad Timotheum in secunda 5 epistula sua ita scribens: *Quemadmodum Iannes et Mambres restiterunt* 6 *Moysi, ita et isti restiterunt veritati, homines corrupti mente, reprobi circa fidem; sed ultra non proficient. Insipientia enim eorum omnibus nota est sicut et illorum fuit.* Vides quomodo Iannem et Mambrem hominibus conparat corruptis mente et reprobis circa fidem Moysen vero veritati. 10 Sed et sanctus Iohannes maximus euangelistarum ait gratiam gratia prae- 7 stare et differre; ex plenitudine enim Iesu legem Moysi accepisse nos dicit; aliam autem gratiam pro illa gratia per Iesum Christum in nobis esse conpletam. Quod ostendens etiam ipse dominus noster Iesus aiebat: *Non putetis quia ego vos accusabo apud patrem. Est qui vos accuset,* 8 15 *Moyses, in quem vos speratis; si enim creditis Moysi, credderitis utique for- sitan et mihi; de me enim ille scripsit. Quod si litteris illius non creditis, quomodo verbis meis credetis?* Sunt etiam alia multa quae dici possint 9 et de apostolo Paulo et de euangeliis, ex quibus ostendere possumus veterem legem non esse alterius quam domini, cuius est et novum testa- 20 mentum, quae nos conpetenter exponere et aptare convenit. Iam vesper inpedit; dies enim clauditur et finem nos disputandi facere par est; crastino autem nobis de quibus tibi videtur quaestiones habeantur. Et his dictis discesserunt.

LIII (XLVI). Cum autem mane factum esset, subito adventavit

4 II Tim. 3, 8. 9 — 10 Joh. 1, 16. 17 — 14 Joh. 5, 45—47

A (bis 23) CM

1 quid A | mosy C | 2 restitebant A | mosy C | iamne CM, im N. T. und bei Epiphanius 'Iavvῆς | nach dico + etiam C aber mit derselben Tinte durch- strichen | 3 mambre CM, im N. T. 'Iαμβρῆς (v. l. Μαμβρῆς), bei Epiphanius 'Iαμβρῆς | omnem A | restitit (nach quod) zweimal A | 3/4 alii aut] alia ut A | 4 indicat] dicit M | ad tymotheum nach suo (Z. 5) geschrieben M | 5 ita < CM | iamnes CM | resisterunt C, so auch 7. 6 | 6 mosy C | corrupti mente ∽ M | 7 proficent A | eorum] illorum A | omnibus .. est] manifesta erit omnibus A so auch in der Vulgata, vgl. 60,3 | 8 iannem] iamne C iamnem M | mambre C | 9 mentem A | et < A | ueritatis C | 10 maximum C | 11 differere A | plenitudinem A | ihm C | mosei C | 12 alia A | 13 ostendens] d aus s gleich ohne Ras. corr. A | 15 in < C | creditis] credetis A credederetis CM | mosy C | crederitis] credereti C M | forsitan < CM | 16 creditis] credetis A | 17 quomodo < M | multa] plura iam C plurima M | possint] sint a. Ras. M | 18 et (nach paulo) < C | 19 et < CM | 20 aptare] a patre ut A | 21 claudetur A | par est] parens C | 22 uidentur A | et] ex A | 23 nach discesserunt folgt in A Explicit. Lege cum pace. Damit schliesst das zweite Excerpt aus den Acta

Archelaus ad castellum hunc in quo demorabatur Diodorus, priusquam
omnino quisquam ad publicum procederet. Manes vero ignorans prae- 2
sentem esse Archelaum, rursum Diodorum provocabat ad publicum, ut
cum eo disputatione contenderet, volens eum verbis opprimere, ex eo
5 quod advertebat eum hominem esse simplicem et non satis scripturarum
quaestionibus eruditum; Archelai enim doctrinae iam perceperat gustum.
Cum ergo et turbae convenissent ad solitum disputationis locum et Ma- 3
nes iam verba facere coepisset, subito in medio eorum adparuit Archelaus ac Diodorum conplexus sancto osculo salutavit. Diodorus vero et
10 omnes qui praesentes erant admirati sunt opus divinae providentiae, ut
in tempore ipso adventaret Archelaus quo quaestio movebatur; re enim
vera, quod fatendum est, quasi ex parte aliqua religiosus Diodorus pertimuerat conflictum. Cum autem vidisset Archelaum Manes, cessavit qui- 4
dem continuo ab insultatione et supercilio non parum deiecto mani-
15 feste intellegebatur quod conflictum vellet effugere. Multitudo vero
auditorum adventum Archelai velut apostoli praesentiam opinata est,
pro eo quod ad verbi defensionem tam paratus et tam promptus existeret. Et cum dextera silentium poposcisset a populo (tumultus enim 5
non mediocris extiterat), hoc modo coepit Archelaus. Tametsi pruden-
20 tiae gloriam etiam nostrorum nonnulli adsecuti sunt, tamen hoc vos deprecor ut eorum quae ante me dicta sunt testimonium reservetis. Scio 6
enim et certus sum, fratres, quoniam Diodoro non pro ipsius inpossi-
bilitate successi, sed quoniam istum ego novi tunc cum ad loci mei
partes inprobus advenisset Marcelli viri incliti gratia, volens eum dever-
25 tere a nostra doctrina et a fide, videlicet, quo inpietatis huius idoneus
efficeretur adsertor; et tamen omnibus suis verbis in nullo eum diver-
tere et movere praevaluit. Similis enim inventus est religiosissi- 7
mus Marcellus petrae, in qua aedificata est domus solidissimis fundamentis, et cum descendisset pluvia et inruissent flumina ac venti
30 et inlisissent in domum illam, perstitit; fundata enim erat solidissimis
et inmobilibus fundamentis: huic autem, qui praesens est, infamiam potius intulit conatus ipse quam laudem. Non enim mihi venia dignus 8
videtur qui ignoraverit quod futurum est; oportebat enim eum praenoscere qui sunt proprii sui, si quidem spiritus paracletus habitat in eo.

28 Matth. 7, 24. 25. Luk. 6, 48

CM

1 morabatur C | 5 eum < M | 6 perceperant C | 10 opus < M |
12 pertimuerat] Zacagni, pertenuerat CM | 19 prudentiae] prudentie κ.'e. sch.
zu prudentiam und dann zu prudentia corr. C² | 22 diodorus C | 24 incliti] in
legis C | 27 est] es C | 34 paraclyti C

Sed quoniam ignorantiae tenebris obcaecatus est, in vanum cucurrit cum
iter faceret ad Marcellum, et similis facere astrologo describenti quidem
caelestia, ignoranti vero quae domi suae geruntur. Sed ne videar per 9
haec verba differre quaestiones, iam sileam; de iis vero dabo ipsi potes-
5 tatem: sumat quodcumque vult propositionis et quaestionis initium. Vos
tantummodo, sicut superius dixi, indeclinabiles iudices esse quaeso, ut
vera dicenti honorem verum palmamque tradatis.

LIV (XLVII). Tunc Manes, silentio ab omnibus facto, ita exorsus
est: Tu quoque, Archelae, bene me de deo sentientem dignamque opi-
10 nionem de Christo retinentem verbis molestissimis obtundis, licet tale
sit apostolorum genus, patiens et ferens omnia, etiam si eis conviciis
quis aut maledictis obtrectet. Si persequi volueris, paratus sum, et si 2
inferre supplicia, non refugiam. Si etiam interficere me vis, non refor-
mido; illum enim solum oportet *timeri qui potest animam et corpus per-*
15 *dere in gehennam*. ARCHELAUS DIXIT: Absit a me. Non est mihi tale 3
propositum. Quid enim perpessus es a me vel a nostris? et quidem cum
obtrectares atque iniuriam inrogares et cum detraheres de paternis nostris traditionibus et cum velles animas hominum bene institutas ac
diligenti cautela servatas interficere, quibus utique repensari non pos-
20 sunt universae mundi divitiae. Verum tamen propter quod adsumis. o 4
Manichaee? Quid est quod iudicas? Quae salutis signa ad nos de-
feras dicito. Verborum enim nuda iactatio non poterit praesenti multi-
tudini satisfacere, ut agnoscant qui nostram rectius obtinet scientiam
veritatis. De quo ergo vis nos capite disputare, hoc prius dicito, cum
25 prius dicendi acceperis facultatem. MANES DIXIT: Si non iterum his 5
quae a nobis recte dicuntur infideliter resistis, dicam; si autem talis
existis qualem te prius sensi, dicam adversus Diodorum, declinans inquietudinem tuam. ARCHELAUS DIXIT: Praedixi iam quod abutimur ini- 6
nitate verborum. Si quis nostrorum resistere infideliter invenitur, iudi-
30 cibus haec permitte discernere; tu autem quid adseras dicito. MANES
DIXIT: Si non iterum resistis his quae a me iterum recte dicuntur, inci-
piam. ARCHELAUS DIXIT: Si non hoc est, si non illud, sermo est 7

14 Matth. 10, 28

CM

1 obcecatum *C* | 2 facere] factus est *Zacagni; vielleicht liegt ein Irrtum des
Übersetzers vor* | 8 domui *C* | 4 quaestiones iam] quaestione iam *C* quaes-
tiones *M* | iis] his *M* | 5 et quaestionis < *M* | 7 uere *C* | 9 tu quoque
archelue] quequo archelaus *M* | deo] domino *M* | 12 volueris] *Zacagni*. voluerit
CM | 18 *nach* inferre + uoluerit *M* | 16 *nach* enim + mali *M* | 17 inrogares]
zu irrogares *corr.* *C²* | 21 signas, *das letzte s durchstrichen* *C*

hominis ignorantis. Ignoras ergo quod futurum est. Sed hoc quod futurum ais, resistere me aut non resistere, in mea est potestate. Quomodo
ergo stabit sermo ille duarum arborum, in quo fidis velut scuto firmis-
simo? Si enim contrariae partis ego sum, quomodo oboedientiam meam 8
5 requiris? Quod si oboedientiae in me est mens, quomodo pertimescis ne
resistam? Ais enim quia malum semper permanet malum et bonum
semper permanet bonum, vim verbi istius penitus ignorans. MANES DIXIT: 9
Numquid te advocatum meorum adhibui sermonum, ut etiam meae scien-
tiae intellegentiam disponas? quippe qui propria explanare non valeas,
10 quomodo aliena poteris explicare? Quod si victum iam se profitetur
Diodorus, tunc mihi tecum sermo movebitur. Si autem stat ille et est
idoneus ad dicendum, desine tu et noli perturbare substantiam veritatis. 10
Es enim ovis aliena, efficieris tamen postea in numero eiusdem gregis,
sicut vox Iesu ostendit, eius qui adparuit quidem in hominis specie nec
15 tamen fuit homo. ARCHELAUS DIXIT: Ergo non putas eum ex Maria
virgine esse? MANES DIXIT: Absit ut dominum nostrum Iesum Chris- 11
tum per naturalia pudenda mulieris descendisse confitear; ipse enim
testimonium dat quia *de sinibus patris descendit.* Et: *Qui me recipit, re-*
cipit eum qui me misit. Et: *Non veni facere voluntatem meam sed eius*
20 *qui misit me.* Et: *Non sum missus nisi ad oves perditas domus Istrahel.*
Sunt et alia innumera testimonia huiuscemodi, quae indicant eum venisse 12
et non natum esse. Quod si potentior illo es et magis scire potes
quod verum est, quomodo iam illi credimus? ARCHELAUS DIXIT: Neque
illo potentior sum, servus enim sum, et neque aequalis domini mei esse
25 possum; ego enim sum inutilis servus, verborum eius discipulus, credens
his quae ab ipso dicta sunt, et haec indeclinabilia esse confirmo.

LV. MANES DIXIT: Similis tui quidam cum ei aliquando dixisset:
Maria mater tua et fratres tui foris stant, non libenter accipiens eum qui
dixerat, increpavit dicens: *Quae est mater mea aut qui sunt fratres mei?*
30 et ostendit eos qui facerent voluntatem suam et matres sibi esse et
fratres. Sin autem vis matrem ipsius dicere Mariam, non est tibi sine 2
periculo; sine dubio enim etiam fratres ex ea habuisse monstrabitur.

---

18 Joh. 1, 18 *und* 3, 13 — Matth. 10, 40. Luk. 10, 16. Joh. 13, 20 — 19
Joh. 6, 38 — 20 Matth. 15, 24 — 28 Matth. 12, 47. Mark. 3, 32. Luk. 8, 20

CM

1 hominis < *M* | 3 duorum *CM* | fides *C* | 7 ignorans] *Zacagni,* ignoras
CM | 11/12 et est idoneus] testi doneus *C* | 13 efficieris] *Zacagni,* efficeris *CM*
| 14 vox Iesu] vos ibs *CM* | 16 esse *nach* eum (*Z.* 15) *geschrieben M* | 17
confitetur *C* | 21 indicat *C* | 24 *nach* enim + eius *M* | neque aequalis]
neque qualis *C* | 26 indeclinabili *C* | 28 foras *C* | 32 monstrantur *C*

Et dic utrum de Ioseph generati sunt aut ex eodem spiritu sancto.
Ergo et multos Christos habuimus, si ex eodem spiritu sancto generatos
dixeris. Quod si non ex eodem spiritu, sed tamen dixeris eum fratres **3**
habuisse, sine dubio intellegendum est quia post spiritum, post Gabrihel,
5 nupserit Ioseph virgo castissima et inmaculata ecclesia. Quod si etiam
hoc absurdum est omnino eam quolibet modo concubuisse cum Ioseph,
dic an fratres habuerit. Numquidnam etiam moechiae ei crimen inpingis, **4**
o prudentissime Marcelle? Quod si horum nihil convenit incontamina-
tae virgini, unde ei fuisse fratres adstruis? Quod si fratres ei fuisse
10 non potes edocere, quomodo Maria mater eius erit, sicut ait ille qui
scribere ausus est: *Ecce mater tua et fratres tui foris stant?* Quod etiam **5**
si ille ausus est dicere, illo ipso potentior aut maior esse nemo potest
qui ostendit nobis matrem aut fratres suos; sed et David Iesse non
dignatur audire. Apostolus Petrus discipulorum omnium eminentissimus
15 tunc agnoscere eum potuit, cum singuli opiniones suas quas de ipso
habebant promerent, ait: *Tu es Christus filius dei vivi,* et statim beatificat eum dicens: *Quoniam revelavit tibi pater meus caelestis.* Vide quanta **6**
sit differentia eorum quae ab Iesu dicta sunt. Illi enim qui dixerat:
Ecce mater tua foris stat, respondit: *Quae mihi est mater aut fratres?* Ei
20 autem qui dixit: *Tu es Christus filius dei vivi,* beatitudinem benedictio-
nemque restituit. Si ergo de Maria vis esse eum natum, mentitur ipse **7**
cum Petro; si autem verum dicit Petrus, sine dubio ille prior fefellit.
Quod si prior fefellit, causa ad scriptorem reicienda est. Unum igitur
Christum nos scimus esse secundum apostolum Paulum, cuius vocibus
25 credimus consonantibus dumtaxat adventui eius.

LVI (XLVIII). His auditis turbae permotae sunt, velut rationem
veritatis continentibus et Archelao nil habente quod his posset oppo-
nere; hoc enim indicavit tumultus, qui inter eos fuerat exortus. Sed cum
multitudo conquievisset, Archelaus hoc modo respondit: Vocis quidem **2**
30 domini nostri Iesu Christi nullus poterit esse potentior, si enim neque
nomen aliquod aequale ei esse invenitur, *propter quod deus eum exaltavit
et donavit illi nomen quod est super omne nomen,* neque in testimonio

---

13 Matth. 22, 42 — 16/17 Matth. 16, 16 — **31** Phil. 2, 9

CM

2 habuimus *nach* dixeris (*Z.* 3) *geschrieben C* | **3** dixerint *C* | quid *C*
| **5** ecclesia] *tilgt Oblasinski* | **9** astrues *C* | **10** *nach* quomodo + de (*über die
Zeile geschrieben*) *C²* | maria] *aus* mariam *corr. C²* | **11** stant] stat *a. Ras. C*
| **13** dauidi esse *M* | **18** dixerant *C* | **22** cum] eum *C* | **23** causa] *Zacagni,*
causam *CM* | **25** consonantibus] *w. e. sch. aus* consonantem *corr. C²* | **27**
possit *C* | **28** exortus fuerant *C* | **30** potentior] potior *M* | **31** eum] illum *M*

quis aequalis ei esse poterit; et ideo ego vocis eius tibi testimonia pro-
feram, primum quidem dissolvens haec quae a te dicta sunt, uti ne dicas
quoniam nec sibi ipsi consonant, ut est tibi consuetudo dicendi. Ais **8**
enim quia eum qui nuntiaverat ei de matre aut de fratribus increpaverit
5 Iesus quasi fallentem secundum id quod scriptorem fefellit. Neque is
qui adnuntiavit ei de matre et fratribus increpatus est neque Petrus
supra illum solus beatificatus est; sed uterque ab eo dignam responsio- **4**
nem propria interrogatione percepit, sicut in consequentibus sermo mon-
strabit. Cum quis parvulus est, cogitat sicut parvulus, sapit ut parvulus;
10 cum autem perfectus fuerit vir, destruit ea quae sunt parvuli, id est,
dum ad priora se quis extendit, obliviscatur quae post se sunt. Unde **5**
domino nostro Iesu Christo docente et curante humanum genus, uti ne
simul omnia deperirent, cumque in talibus studiis mens omnium auditorum esset intenta, non oportune ingressus hic nuntius de matre eius
15 suggessit ac fratribus. Quid enim? debuit etiam te ipso iudicante derelin-
quere eos, quos curabat et quos erudiebat, et cum matre ac fratribus
conloqui? Nonne continuo de hoc ipso detraheres? Cum enim pec- **6**
cati onus praegravatos ad discipulatum deligit duodecim numero, quos
et apostolos nominavit, dicens eis: Derelinquite matrem et patrem, ut
20 me digni efficiamini, ut ultra non possit eis memoria patris aut matris
robustum pectus inflectere. Et iterum volente alio quodam dicere ei: **7**
Ibo et sepeliam patrem meum, ait: *Dimitte mortuos sepelire mortuos suos.*
Intuere ergo quomodo dominus meus Iesus ad necessaria discipulos aedi-
ficat et pro meritis unicuique sancta verba committit. Ita et in eo tem-
25 pore quo inportune adnuntiaverat quidam ei de matre, non amplectitur
pro matris praesentia paternum praeterire praeceptum.

    LVII. Ut autem tibi ostendam haec ita esse: Petrus aliquando,
cum iam beatificationem fuisset ab eo consecutus, ait ad Iesum: *Propi-*
tius esto, domine, non erit tibi istud, cum dixisset ei Iesus quia oportet
30 filium hominis ascendere Ierosolymam et occidi et tertia die resurgere;

    9 I Kor. 13, 11 — **11** Phil. 3, 13 — **19** Matth. 10, 37. Luk. 14, 26 — **22**
Matth. 8, 22. Luk. 9, 60 — **28** Matth. 16, 21. 22. Mark. 8, 31

    CM

    2 haec] ea *M* | uti] i *zweimal geschrieben, aber das zweite i durchstrichen;*
w. e. sch. liegt eine Correctur zu ligierten ti *vor* | **4** nuntiauerit *C* | **5** is]
his *C* **6** *nach* et + de *M* | **7** *nach* solus + n *C, aber gleich durchstrichen*
w. e. sch. | **8** monstrabit] *Zacagni*, monstrauit *CM* | **9** *nach* ut parvulus +
sapit *M, mit derselben Tinte getilgt* | **10** destruit] destruetur *C* | **15** *nach*
debuit + et *C* | **17** peccatis *C* | **18** onus praegravatos] honus et gravatus *C*
| deligit] diligit *C* | **20** memoriam *C* | **23** necessariam *C* | **27** petrum *M*
| **30** ierosolimam *M*

respondens ait Petro: *Vade retro, Satana, quia non sapis quae dei sunt, sed quae hominum sunt.* Quoniam ergo existimas illum qui ei de matre 2 renuntiaverat et fratribus increpatum esse ab Iesu, istum vero qui ei paulo ante dixerat: *Tu es filius dei vivi,* beatitudinem consecutum, vide
5 quia magis hunc praetulit Iesus, cui et clementius et cum venia responsum dare dignatus est; Petro vero post illam benedictionem nullum iam 3 veniae titulum largitur, pro eo quod naturam rei sibi dictae non diligenter adverterit. Illius enim nuntii error responsi ratione corrigitur; huius vero tarditas intellectus acerbiori increpatione damnatur. Ex quo
10 advertere potes quod dominus Iesus, interrogationum sibi oportunitate servata, dignum promat singulis oportunumque responsum. Quod si, ut 4 nis, ex eo quod verum dixerat, Petrus beatificatur et pro eo quod fefellit nuntius ille culpatur, dic mihi quare, cum daemones eum confiterentur dicentes: *Scimus te qui sis sanctus dei*, increpavit eos et sinere
15 praecepit? Cur non (si quidem confitentium se testimoniis delectatur) 5 etiam istos, sicut Petrum vera dicentem, benedictionibus remuneratus est? Quod si hoc absurdum est, relinquitur ut pro loco, pro tempore, pro personis, pro rebus, pro accidentium salute ea quae dicta sunt intellegamus, uti ne temere pronuntiantes digna cohercitione feriamur. Et 6
20 ut te magis ac magis edoceam multo amplius illum qui de matre nuntiaverat honoratum (tu enim, oblitus rei quae nobis proposita est, in aliud conversus es), audi ergo breviter; si enim volueris diligentius intueri quae dicta sunt, inveniemus in illo priore multam dominum Iesum ostendisse clementiam idque convenientibus te exemplis edoceam. Rex 7
25 quidam, cum adversus hostem processisset armatus et cogitaret atque disponeret quemadmodum posset manum sibi hostilem et barbaram subiugare cumque in multa esset cura et sollicitudine constitutus, in medio adversariorum positus ac postea iam captivos eos tenere incipiens, cum iam illa sollicitudo immineret quemadmodum eos qui secum laboraverant
30 ac pondus belli tolerarant procuraret, quidam ei nuntius inportunus occurrens de rebus domesticis suggerere aliqua coepit. At ille admiratus 8 est audaciam atque inportunam suggestionem et morti tradere huiuscemodi hominem cogitabat; quod nisi de carissimis adfectibus talis nun-

---

1 Matth. 16, 23. Mark. 8, 33 — 4 Matth. 16, 16 — 14 Mark. 1, 24. Luk. 4, 34

CM

5 hunc] *Zacagni*, huic *CM* | 8 error] *Zacagni*, errore *CM* | responsi] *das i aus Corr. vielleicht aus* o *C²* | 9 acerbiori] ri *aus* r *corr.* *C²* | 14 qui sis] quis es *C* | dei] deus *C* | sinire *CM* | 16 ueram *C* | 17 ut pro loco] *a. Ras.* *C* | 21 enim] autem *C* | est] es *C* | 23 dominus ihs *C* | 30 belli] bellico *C*
6*

tius extitisset, eo quod incolumes esse hos et recte ac prospere agentes
omnia nuntiasset, dignum protinus potuit excepisse supplicium. Quae
enim erat cura alia regis, belli dumtaxat tempore, nisi provincialium
salus, nisi dispositio rei militaris? Ita et domino meo Iesu Christo 9
5 pugnanti adversum passiones quae profunda viscerum obsederant et
curanti eos qui multo tempore variis infirmitatibus fuerant devincti et
inclinato omni nisu pro salute universitatis, ille nuntius inportune adveniens de matre et fratribus nuntiavit. Et potuit quidem similem Petro
aut etiam graviorem excepisse sententiam; sed matris et fratrum inter-
10 iectum nomen clementiam domini provocavit.

LVIII (XLIX). Sed et amplius adhuc omnibus ostendere cupio, ut
agnoscant universi adsertio tua quantum in se inpietatis obtineat. Si
enim, secundum quod tu dicis, non est natus, sine dubio nec passus est;
pati enim eum qui natus non est inpossibile est. Quod si non est pas-
15 sus, crucis nomen aufertur. Cruce autem non suscepta, nec Iesus ex 2
mortuis resurrexit. Quod si Iesus ex mortuis non resurrexit, nec alius
aliquis resurget. Quod si nullus resurget, nec iudicium erit. Certum
est enim quia, si non resurgam, nec iudicer. Quod si iudicium non erit,
frustra erit observatio mandatorum dei; nullus abstinentiae locus est;
20 *manducemus et bibamus, cras enim moriemur.* Haec autem omnia co- 3
nectis, negans id quod de Maria natus est; si enim confessus eum fueris
de Maria natum, et passio subsequatur necesse est et passionem resurrectio et resurrectionem iudicium et salva iam nobis erunt scripturae
praecepta. Non ergo iam una est quaestio, sed plurimae in hoc verbo.
25 Sicut enim omnis lex et prophetiae in duobus sermonibus constant, ita 4
etiam nostra omnis spes in beatae Mariae partu suspensa est; et ideo
responde mihi ad singula quae te interrogabo. Quo abiciemus
tantas et tales apostoli voces, quae dicunt: *Cum autem fuit dei voluntas
in nobis, misit filium suum factum ex muliere?* Et iterum: *Pascha nos-* 5
30 *trum inmolatus est Christus.* Et quia: *Deus et dominum suscitavit et nos
cum illo suscitabit per virtutem suam.* Et alia multa his similia dicta
sunt, ut est illud: *Quomodo dicunt quidam in vobis quia resurrectio mortuorum non est? Si enim resurrectio mortuorum non est, nec Christus re-* 6

11 *vgl.* 1 Kor. 15 — **20** 1 Kor. 15, 32 — **28** Gal. 4, 4 — **29** 1 Kor. 5, 7
— **30** 1 Kor. 6, 14 — **32** 1 Kor. 15, 12—20

CM

4 christo < *M* | **5** aduersus *M* | **7** nisui *C* | **18** si (*nach* quia) < *C* | **22**
subsequatur] sub *a. Ras. C* | **24** una] uana *C* | plurima *C* | **25** constat *M*
| **26** partus *C* | **31** suscitauit *CM* | **32** nobis *C* | **33** non est resurrectio mor-
tuorum *M* | nec] *gleich aus* non *corr.* *C*¹

*surrexit. Si autem Christus non resurrexit, inanis est ergo praedicatio
nostra. Inveniemur etiam falsi testes dei, qui testimonium perhibuimus adversus deum, quia suscitaverit Christum, quem non suscitavit. Si quidem
mortui non resurgunt, nec Christus resurrexit. Si autem Christus non re-*   7
5 *surrexit, vana est fides vestra; adhuc estis in peccatis vestris; ergo et qui
dormierunt in Christo, perierunt. Si in hac vita tantummodo speramus in
Christo, miserabiliores sumus omnibus hominibus. Nunc autem Christus
resurrexit a mortuis initium dormientium* et reliqua. Quis rogo ita teme-   8
rarius et inpudens invenitur, qui ⟨his⟩ tam sacrosanctis vocibus non ac-
10 commodet fidem, in quibus nulla est distinctio, nulla dubitatio? Quis-
nam quaeso etiam te, o stulte Galata, fascinavit, sicut et illos, *quorum
ante oculos Iesus Christus praescriptus est crucifixus?* Unde arbitror suf- 9
ficere haec testimonia ad ostensionem iudicii et resurrectionis et pas-
sionis, quibus consequenter et pariter etiam ex Maria partus ostenditur.
15 Quid enim? si tu nolis adquiescere, sed evidentissime scriptura proclamet. Verum tamen interrogabo te, tu autem mihi responde, quando   10
Iesus de Iohanne testimonium dabat et dicebat, quia *maior in natis mulierum nullus surrexit Iohanne Baptista; qui autem minor est in regno caelorum maior est illo:* dic mihi qua ratione maior illo est in regno cae-
20 lorum? Numquid Iesus minor erat Iohanne in regno caelorum? Dico,
absit. Dic ergo in quo, ut vel te ipsum superare possis. Sine dubio   11
minor erat Iohanne Iesus inter natos mulierum; in regno autem caelorum
maior illo erat. Dic mihi illud etiam, o Manichaee, si ais Iesum non
esse ex Maria natum, sed adparuisse quidem ut hominem, cum homo
25 non esset, praestante hoc et agente virtute quae in ipso est; dic mihi,
super quem spiritus sanctus sicut columba descendit? Quis est etiam,   12
qui baptizatur a Iohanne? Si perfectus erat, si filius erat, si virtus erat,
non poterat spiritus ingredi, sicut nec regnum potest ingredi intra regnum. Cuius autem ei caelitus emissa vox testimonium detulit dicens:
30 *Hic est filius meus dilectus, in quo bene conplacui?* Dic age, nihil remo-   13
reris, quis ille est qui patrat haec omnia, qui agit universa. Responde,
itane blasphemiam pro ratione inpudenter allegas et inferre conaris?

11 Gal. 3, 1 — 17 Matth. 11, 11. Luk. 7, 28 — 80 Matth. 3, 17. Luk. 3, 22

CM

5 nostra *C* | 8 ita] tam *C* | 9 qui his tam sacrosanctis] *Traube,* qui istam
sacro sancta *C* quis tam sacrosanctis *M* | vocibus] bus *aus s corr. C*² | 11·12
quorum ante ∼ *M* | 12 rescriptus *C* | 15 tu < *M* | 17 dat *C* | 18 iohanne]
a. *Ras. C, wahrscheinlich rar ursprünglich* maior *geschrieben* | *nach* est + illo
M | 19 est illo ∼ *M* | 26 descenderit *M* | 29 cuius] cui *M* | ei < *M*
31 patrat] parat *C* | 82 conaris] *Zacagni,* coneris *CM*

LIX (L). MANES DIXIT: Nemo quidem, qui adversum haec quae a te
dicta sunt respondere potuerit, blasphemiae crimen incurrit; quin potius
est omni laude dignissimus. Oportet enim artificem rebus propositis
responsione diligenter aptata, manifesta omnibus ea de quibus quaeritur
5 vel dubitatur ostendere et maxime idiotis. Et quoniam tibi doctrinae 2
nostrae non placet ratio, tamquam artifex bonus etiam hanc mihi quaestionem rationabiliter exsolve. Mihi enim pium videtur dicere quod
nihil eguerit filius dei in eo quod adventus eius procuratur ad terras
neque opus habuerit columba neque baptismate neque matre neque fra-
10 tribus, fortasse neque patre, qui ei secundum te fuit Ioseph; sed totus 3
ille ipse descendens, semet ipsum in quocumque voluit transformavit in
hominem eo pacto quo Paulus dicit, quia *habitu repertus est ut homo*.
Cuius igitur rei indiguerit is qui semet ipsum in omnia transformarit,
ostende. Quando enim voluit, hunc hominem rursus transformavit in 4
15 speciem solis ac vultum. Quod si rursus resistis, mihi recte dicenti
fidem nolens accommodare, audi definitionem tuam in qua stas. Si enim
hominem eum tantummodo ex Maria esse dicis et in baptismate spiritum percepisse, ergo per profectum filius videbitur et non per naturam.
Si tamen tibi concedam dicere secundum profectum esse filium quasi 5
20 hominem factum hominem vere esse opinaris, id est qui caro et san-
guis sit? Necesse est ergo et spiritum, qui sicut columba adparuit, non
aliud esse quam naturalem columbam; *sicut homo* enim dictum est et 6
sicut columba et quaecumque opinari potest de eo sermone, quod dictum
est, *sicut homo*, hac opinione concipe etiam de eo, quod dictum est, *sicut*
25 *columba*. Necesse est et haec aequaliter recipere, ita enim in scripturis
quae de eo scripta sunt inveniuntur. ARCHELAUS DIXIT: Sicut tibi ipse 7
non potes, tamquam bonus artifex, neque ego tibi hanc quaestionem
diligenter aptarem tam manifestam atque manifesto dissolverem, nisi
propter hos qui adsistunt et qui nos audiunt; et ideo, sicut convenit,
30 quaestionis huius quoque exponam rationem. Tibi quidem non videtur 8
pie dici matrem habuisse Iesum Mariam et reliqua quae nunc prose-

12 Phil. 2, 7 — 22 Phil. 2, 7. Mutth. 3, 16. Mark. 1, 10. Luk. 3, 22.
Joh. 1, 32

CM

4 responsione] *nach* aptata *gesch.* M. | 12 homine CM | 18 is] iis C | 14
rursus] *s aus* m *corr.* C[2] | 16 nolis C | 18 filium C | 22 naturalem columbam]
naturale columbam C naturalis columba M | 24 hac] ac CM | 26 invenitur
C continetur M | 28 diligenter C | aptarem tam] aptare tam C aptare uitam
M | manifestam] manifestarem CM | manifeste] manifesteq; (festeq; *a. Ras.*)
C manifesteq M. Die *Stelle ist nach Z.* 3—7 *ungefähr wie im Texte steht zu
corrigieren* | 29 hos] *s aus* c *ohne Ras. corr.* C[1] *w. e. sch.*

cutus es, quae quidem omnia repetere perhorresco. Interdum quidem
cogi solet artifex propter inperitiam resistentis dicere et facere ea quae
tempus recusat; et ideo quia mihi est inlata necessitas propter praesen-
tem turbam, ad ea quae a te non recte dicta sunt paucis respondeam.
5 Dic ergo mihi: si Iesum hominem naturaliter factum intellexerimus ex 9
Maria, habentem carnem et sanguinem, intellegamus necesse est etiam
spiritum sanctum veram columbam fuisse et non spiritum? Et quomodo poterit vera columba verum hominem ingredi atque in eo permanere? caro enim carnem ingredi non potest; sed magis, si Iesum ho- 10
10 minem verum confiteamur, eum vero qui dicitur *sicut columba* spiritum
sanctum, salva est nobis ratio in utroque. Spiritus enim secundum rectam rationem habitat in homine et descendit et permanet, et conpetenter hoc et factum est et fit semper, sicut tu te ipsum ante hoc tempus
profitebaris esse paracletum dei, ut dicam: Delire, non homo, qui fre-
15 quenter oblivisceris ea quae dicis. Spiritum enim venisse super te 11
dixisti, quem promiserat Iesus esse missurum; et unde nisi de caelo descendat? Et si descendit spiritus super hominem dignum se, super te
autem veras columbas descendisse sentiendum est? ut te columbarum
potius furem accipiamus, insidias eis ac laqueos molientem; dignus enim 12
20 es qui verbis ridiculis inludaris; ego tamen parco, ne auditores videar
offendere haec dicens, et maxime quia praeter propositum est meum in
te ingerere quae merearis audire.

      LX. Sed redeam ad rem. Memor sum enim transformationis suae,
qua dicis quia deus transformaverit se in hominem vel in solem, ex hoc
25 volens ostendere Iesum nostrum habitu solo et visu factum esse hominem, quod absit ab unoquoque fidelium dicere. Alioquin haec secun- 2
dum te ad somnium nobis redeunt universa et figuras; non solum autem,
sed et adventus nomen delebitur; poterat enim in caelo positus facere
quae voluerat, si spiritum eum esse non hominem dicis. Sed non ita
30 est, quoniam *exinanivit semet ipsum formam servi accipiens.* Dico autem 3
de eo qui ex Maria factus est homo. Quid enim? non poteramus et nos
multo facilius et lautius ista narrare? sed absit ut a veritate declinemus
iota unum aut unum apicem. Est enim qui de Maria natus est filius,
qui totum hoc quod magnum est voluit perferre certamen Iesus. Hic

30 Phil. 2, 7

CM

8 ueram columbam *C* | 10 eam *CM* | 14 delire] dilere *C, vgl.* 28, 15 |
18 columbarium *C* | 19 eis] ei *CM* | laqueo *C* | 20 ridiculosis *M* | 21
est < *C* | 22 mereris *M* | 24 qua] aus que *corr. C¹ w. e. sch.* | transformaverit
se ∽ *M* | 26 alioquin haec ∽ *C* | 34 quod] quo *C*

est Christus dei, qui descendit super eum qui de Maria est. Quod si 4
non credis neque voci quae caelitus facta est, temerarium aliquid ipse
pronuntias et, si dixeris, nemo credet. Statim enim in desertum ab
spiritu ductus est Iesus, ut temptaretur a diabolo; quem cum diabolus
5 ignoraret, dicebat ei: *Si filius es dei.* Ignorabat autem propter qui 5
genuisset filium dei. Praedicabat regna caelorum, qui erat habitaculum
magnum nec ab ullo alio portari potuisset; unde et adfixus cruci, cum
resurrexisset ab inferis, adsumptus est illuc ubi Christus filius dei regnabat, ut cum iudicium habere coeperit, hi qui ignoraverunt eum *videant*
10 *quem conpunxerunt.* Ut autem credas: cum discipuli eius per annum 6
integrum manserint cum eo, quare nullus ipsorum procidit super faciem
suam, sicut paulo ante dicebas sed in una hora illa, quando sicut sol
resplenduit vultus eius? Nonne propter habitaculum illud, quod ex
Maria fuerat effectum? Sicut enim paracleti pondus nullus alius valuit 7
15 sustinere nisi soli discipuli et Paulus beatus, ita etiam spiritum, qui de
caelis descenderat, per quem vox paterna testatur dicens: *Hic est filius
meus dilectus,* nullus alius portare praevaluit nisi qui ex Maria natus est.
super omnes sanctos Iesus. Sed et ad haec quae obicio, responde. Si ha- 8
bitu eum et specie dicis esse hominem, quomodo ab his, qui ex viro et
20 muliere nati sunt, Pharisaeis teneri potuit et ad iudicium pertrahi, cum
spirituale corpus a crassioribus corporibus non valet conprehendi? Quod
si habes aliquid quod ad verbum atque ad propositum respondeas, qui numquam ad proposita respondisti, perge quaeso et pugillum plenum solis mihi
adfer aut modium plenum. Ipse vero sol pro eo quod subtilioris est cor- 9
25 poris, cooperire te et circumdare potest, tu vero eum. etsi conculcaveris,
nihil laedis. Dominus vero meus Iesus, si tentus est, ut homo ab hominibus tentus est. Si non est homo, nec tentus est. Si non est tentus, nec
passus est nec baptizatus est. Si ille non est baptizatus, nec quisquam 10
nostrum baptizatus est. Baptisma autem si non est, nec erit remissio
30 peccatorum, sed in suis peccatis unusquisque morietur. MANES DIXIT:
Ergo baptisma propter remissionem peccatorum datur? ARCHELAUS
DIXIT: Etiam. MANES DIXIT: Ergo peccavit Christus, quia baptizatus 11
est? ARCHELAUS DIXIT: Absit; quin potius *pro nobis peccatum factus*

---

8 Matth. 4, 1—3. Luk. 4, 1—3 — **9** Joh. 19, 37 — **16** Matth. 3, 17. Luk. 3, 22
— **33** II Kor. 5, 21

CM

1 dei] d *aus Corr.* C¹ | **5** dicebat] d *aus Corr.* C¹ | propter qui] *die
Stelle ist verdorben;* propter quid *Zacagni* | **6** qui] *vielleicht eine unrichtige Über-
setzung* | **8** ab] b *a. Ras.* C | **9** haberi *M* | hii *M* | **10** quem conpunxerunt
uideant *M corr. M*² | **11** manserunt *C* | **23** solis] solidis *in* soli *corr.* C
28 baptizatus neque *C*

est, nostra peccata suscipiens, ⟨propter⟩ quod ex muliere natus est et propter quod ad baptisma venit, ut huius partis perciperet purificationem, ut spiritum, qui descenderat in specie columbae, corpus quod susceperat portare posset.

5 LXI (LI). Haec cum dixisset Archelaus, admiratae sunt turbae veritatem doctrinae eius et laudes ei inmensas cum clamoribus reddiderunt, ita ut omni studio conarentur ultra ei non sinere ad propria remeare. Et tunc quidem discesserunt; postea vero congregatis eis Archelaus 2 adquiescere sibi atque audire verbum suadebat: non enim soli qui cum 10 Diodoro erant audiebant eum, sed et omnes quicumque ex provincia eius aderant atque ex vicinis locis; factoque silentio, hoc modo de Mane dicere aggressus est. Qualiter quidem se habeat nostra doctrina 3 audistis et fidei nostrae experimenta cepistis; prout potui enim intellegere scripturas coram omnibus vobis exposui. Sed nunc paucissime 15 dicere volentem deprecor ut cum silentio audiatis, ut agnoscatis quis sit et unde et qualis sit iste qui advenit, sicut Sisinnius quidam unus ex comitibus eius indicavit mihi, quem etiam ad testimonium eorum quae a me dicentur si placet, vocare paratus sum. Sed ne ipse quidem 4 me dicere recusabit eadem, quae nos dicimus, praesente Mane; credidit 20 enim doctrinae nostrae supradictus, sicut et apud me alius Turbo nomine. Quaecumque ergo contestati sunt mihi, sed et ea quae nos ipsi deprehendimus in hoc viro, non faciam latere conscientiam vestram. Tunc vero turbae eo amplius incitatae congregatae sunt ad audiendum 5 Archelaum; etenim ea quae ab eo dicebantur plurimam eis oblectationem 25 praebebant. Propter quod et certatim adhortabantur eum dicere quaecumque vellet, quaecumque sentiret; paratos se esse ad audiendum et usque ad vesperum permanere, etiam accensis luminaribus, pollicebantur: quorum animositate incitatus Archelaus cum omni fiducia dicere exorsus est. Viri fratres, superiores quidem causas domini mei Iesu audis- 6 30 tis, dico autem eas quae ex lege et prophetis indicantur; inferiores vero domini mei Christi Iesu salvatoris nostri non ignoratis. Sed quid plura? Appellati sumus ex salvatoris desiderio Christiani, sicut univer- 7 sus orbis terrarum testimonium perhibet atque apostoli edocent; sed et

CM

1 propter] *Zacagni* | 4 possit *C* | 7 sinerent *C* | 12 quidem se ⁓ *C* | 13 potuit *C* | 15 qui *C* | 16 unus] *Zacagni,* nos *C* < *M* | 17 quem] quae *C* | 19 me < *M* | recusauit *C* | 24 ea < *M* | *nach* eis *eine Ras. von einem oder zwei Buchst.* *C* | 27 luminibus *C* | 28 animositate] *aus* animositatem *corr.* *C²* | 30 eas] ea *M* | 31 salvatoris] *Zacagni,* saluatori *C* salutari *M*

optimus architectus et fundamentum nostrum, id est ecclesiae, Paulus
posuit et legem tradidit,. ordinatis ministris et presbyteris et episcopis
in ea; describens per loca singula quomodo et qualiter oporteat minis- 8
tros dei, quales et qualiter fieri presbyteros qualesque esse debeant qui
5 episcopatum desiderant; quae omnia bene nobis et recte disposita usque
in hodiernum statum suum custodiunt et permanent apud nos huius re-
gulae disciplinae.

LXII. Istius vero qui nunc nobis ex Persarum provincia ebullivit,
Manes nomine, adversum quem mihi disputatio iam secundo commota
10 est, genus vobis dicam et actum; sed et doctrina eius unde descendat
lucidissime demonstrabo. Iste non est primus auctor huiuscemodi doc- 2
trinae nec solus; sed quidam Scythianus nomine apostolorum tempore
fuit sectae huius auctor et princeps, sicut fuerunt et multi alii apo-
statae, qui primatus sibi vindicare cupientes, falsa pro veris conscripse-
15 runt, simpliciores quosque ad suam libidinem pervertentes, quorum nomina et perfidias dicere nunc tempus non sinit. Hic ergo Scythianus 8
dualitatem istam introducit contrariam sibi, quod ipse a Pythagora suscepit sicut et alii omnes huius dogmatis sectatores, qui omnes dualitatem defendunt, declinantes scripturae viam directam; *sed non in amplius*
20 *proficient.* (LII.) Nullus tamen ita inpudenter praevaluit sicut iste Scy- 4
thianus. Inimicitias enim inter duos ingenitos introduxit et omnia haec
quae consequuntur huiuscemodi adsertionem. Quique Scythianus ipse
ex genere Saracenorum fuit et captivam quandam accepit uxorem de
superiore Thebaide, quae eum suasit habitare in Aegypto magis quam
25 in desertis. Atque utinam numquam eum illa provincia suscepisset, in 5

1 I Kor. 3, 10 — 2 Act. 14, 23 — 4 1 Tim. 3, 1

CMF (von 11 an) T (Auszüge von 22 an)

1 optimos architectos ei *C* | 6 regulae] *aus* regula *ohne Ras. corr.* C² |
7 disciplina *C* | *Am Rand* archelaus episcopus (e *aus* s *corr.*) refert quis fuerit
manes *C* | 9 iam secundo ∽ *M* | 10 doctrina *aus* doctrinae *ohne Ras. corr.* C¹
w. e. sch. | 11 *Hier beginnt das Excerpt aus den Acta, das in der F-Gruppe der
HSS. sich findet. Die Überschrift (fehlt in Douai 275) lautet:* Quod iste manes
non sit auctor huius heresis sed potius quidam stutianus | 12 quidam] *aus*
quidem *corr.* C² | scythianus] scitianus *T* ex scythia scutianus (*das letzte Wort
a. Ras.*) *C* excytianus *M* stutianus *F* | nomine] *a. Ras. C* | *nach* nomine +
qui *vom Rand Douai 275*) *F* | 13 *nach* sicut + et *C* | 14 uendicare *CM* | 16
sinit] *vielleicht a. Ras. M* sinet *C* | scutianus *C* excytianus *M* stutianus *F* |
17 pytagora *C* pithagora *M* pitagora *F* | 20 excutianus *CM* stutianus *F* | 21
inimicitie *M* | 22 eum sequuntur *C* consecuntur *F* | *Mit dem Folgenden vgl. die
Auszüge in der Turiner HS. (T) und den Bericht des Socrates I 22* | excutianus
CM stutianus *F* | 23 sarracenorum *T F* | 24 thebaide] hatabat *M* thebaida *F*

qua cum habitaret cum Aegyptiorum sapientiam didicisset; erat enim,
ut quod verum est dicamus, valde dives ingenio et opibus, sicut hi qui
sciebant eum per traditionem nobis quoque testificati sunt. Discipulum 6
autem habuit quendam, qui scripsit ei quattuor libros, ex quibus unum
5 quidem appellavit Mysteriorum, alium vero Capitulorum, tertium autem
Euangelium et novissimum omnium librum Thesaurum appellavit; et
erant ei isti quattuor libri et unus discipulus nomine Terebinthus. Quia 7
ergo aliquantum temporis secum isti ambo decreverant, soli placuit
Scythiano discurrere in Iudaeam, ut ibi congrederetur cum omnibus,
10 quicumque ibi videbantur esse doctores; et provenit eum continuo vita
defungi nec potuisse aliquid promovere.

LXIII. Ille vero discipulus, omnibus quaecumque fuerant con-
vasatis, in fugam versus est et Babyloniam petiit, quae nunc provincia habitatur a Persis quaeque abest nunc a locis nostris itinere die-
15 rum ac noctium ferme sex; quo cum venisset, talem de se famam per- 2
vulgavit ipse Terebinthus, dicens omni se sapientia Aegyptiorum repletum et vocari iam non Terebinthum, sed Buddam nomine sibique hoc
nomen inpositum; ex quadam autem virgine natum se esse simulavit
et ab angelo in montibus enutritum. Parcus vero quidam propheta et 3
20 Labdacus Mithrae filius arguebant eum mendacii et erat eis cotidie satis
animosa certatio de huiuscemodi negotio. Sed quid plura? Licet frequen-

CMF T (Διεκώρε)

1 *nach* cum + eum C cum ea habitaret *Routh* | cum (*nach* habitaret)] et
F, *vielleicht liegt ein Anakoluth vor* | 2 *nach* dicamus + uir M | hi] hii (*zu* hi
corr. C) CM | 4 *nach* quendam + nomine terebentum (*über die Zeile geschrieben*)
C² | 5 mysterium T | autem] uero F | 6 thensaurum T | 7 terebinthus]
terebintus *und* terebinthus T tereuentus CM teribeneus F Τέρβινθος *bei Epiphanius*
Τερβινθος; *bei Cyrill und Socrates* | quia] cum F | 8 decreuerant soli] decre-
uerant soli habitare C esse decreuerant soli F | 9 excutiano C exutiano M stu-
tiano F | excurrere F | iudeam CM | 10 uitam C | 12 13 omnibus . . con-
vasatis] qui cum eo fuerant (*zu* fuerat *corr.*) conuersatus C omnibus quaecumque
fuerant magistri conuasatis M omnibus quaecumque fuerant con satis F | 14
habitatur] habetur CM, *vgl. Socrates a. a. O.* ὃς τις ἐπὶ τὴν Βαβιλωνίαν χώραν
ὁρμήσας ἢ τις ὑπὸ περσῶν οἰκεῖται | 15 ac] et C | 16 tereuentus CM teribe-
neus F | 16 repletum] aus repletus *corr.* C² | 17 iam non ∾ C | tereuen-
tum C tereuentus M teribeneum F | buddam] aliud cuiusdam C luddam M | *vgl.*
T *mutato sibi nomine baiddam se pro terebintho appellauit, vgl. Epiphanius* 66,1
ἐκ Τερβίνθου τινὸς; . . μετονομασθέντος δὲ Βουδδᾶ κατὰ τὴν τῶν Ἀσσυρίων
γλῶτταν *und* 3 ἀλλάξας; ἑαυτοῦ τὸ ὄνομα. ἀντὶ Τερβίνθου . . Βουδδᾶν ἑαυτῷ
ἐπιθέμενος ὄνομα, *Socrates* 1,22 Βούδδας πρότερον Τερβίνθος καλούμενος | 18
simulavit] simul C simulabat F | 20 mithrae] mitre CM metri F *vgl. Epi-*
phanius Cap. 3 | arguebat C | 20 21 satis animosa certatio] animosa exagge-
ratio C

tius obiurgaretur, tamen adnuntiabat eis quae ante saeculum essent, et
de sphera et duobus luminaribus; sed et quo et quomodo animae disce- 4
dant et qualiter iterum revertantur in corpora et alia multa huiuscemodi et horum nequiora, id est: bellum Deo commotum esse in princi-
5 piis, ut ipse propheta crederetur. Pro quibus dum argueretur, ad viduam
quandam secessit cum suis quattuor libris, nullo ibidem discipulo ad-
quisito praeter anum solam quae eius particeps facta est. Tunc deinde 5
mane primo ascendit solarium quoddam excelsum, ubi nomina quaedam
invocare coepit quae nobis Turbo dixit solos septem electos didicisse.
10 Cum ergo ascendisset ritus nescio cuius vel artificii gratia, solus autem
ascendit, uti ne ab aliquo convinci possit, quod si dissimulasset vel pro
nihilo duxisset, cogitabat se ab aëris principibus poenis esse subdendum:
haec eo cogitante, iustissimus deus sub terras eum detrudi per spiritum 6
iubet, et continuo de summo deiectus, exanime corpus deorsum praeci-
15 pitatum est, quod anus illa miserata collectum locis solitis sepeliit.

LXIV (LIII). Tunc omnia illa quae secum de Aegypto pertulerat
manserunt apud eam et gavisa est valde morte eius duplici causa, primo
quod non libenter adspiceret artes illius, secundo pro his quae de
hereditate fuerat consecuta; erat enim multum praescia. Quae cum 2
20 sola esset, habere aliquem ad ministerium voluit et conparavit sibi
puerulum annorum ferme septem Corbicium nomine, quem statim manu
misit ac litteris erudivit. Quique cum duodecim annorum esset effectus,
anus illa diem obiit ipsique universa bona sua tradidit et cum ceteris
reliquiis etiam quattuor illos libellos quos Scythianus scripserat, non
25 multorum versuum singulos. Tunc ergo Corbicius, sepulta domina, 3

CMF T (*Auszüge*)

1 tamen adnuntiabat] tamen nuntiabat *C* annuntiabat tamen *M* tamen annun-
tiabat *F* | 2 spera *CMF* | *nach* sphera et + de *F* | *nach* luminaribus —
mysteria *F* | quo et < *F* | discedebant *F* | 3 reuertebantur *F* | 5.6 ad
viduam quandam] a uidua quadam *M* | 6 cum suis ∼ *F* — 7 tunc] nunc *C* tum
F | 8 nomina quaedam ∼ *F* | 9 invocare coepit ∼ *C* | 11 uti ne] ut inde *C*
ut ne *F* | posset *F* | 12 ab aëris] a ueris *C* habere *F* | subdendum] subditum
CM | 13 eo] illo *F* | 14 deiectus] d *übergesch.* *C²* | 15 quod] quo *CM* | sepelit
CM | 16 protulerat *F* | 17 morte] de morte *C* in morte *F* pro morte . . gauisa
T | *nach* duplici + ex *F* | 18 quae pro his *M, corr. M²* | de < *F* | 19
praescia] pretie *C* pecuniae auida *F* pecuniae cupiditate gauisa *T* | 20 *am Rand*
(m\anes ab infantia (uo\catur corbicius . . . . comparatur /a uidua *C²* | 21 puerum
CMT παιδάριον *Socrates* | corbicium] curbicus *und* curbicius *T* Κούβριχος *bei*
Cyrill, Epiphanius und Socrates, Urbicius *bei Augustin* | quem] quemque *F* |
22 quique] qui *F* | 23 illa diem ∼ *F* | 24 reliquis *CM* | excutianus *CM*
stutianus *F*

bonis sibi derelictis omnibus uti coepit et migravit ad medium civitatis locum in quo manebat rex Persarum et commutato sibi nomine Manen semet ipsum pro Corbicio appellavit, nec Manen, sed Manes; Persarum enim lingua tali utitur declinatione. Effectus igitur puer ille annorum 4
5 prope sexaginta, eruditus secundum doctrinam quae in locis illis est, et paene dixerim super omnem hominem, diligentius tamen ea didicit, quae in illis quattuor libellis continebantur; adquisivit etiam ipse discipulos tres, quorum nomina sunt haec: Thomas, Addas et Hermas. Tunc ad- 5
sumit illos libellos et transfert eos, ita ut multa alia ex semet ipso in-
10 sereret eis, quae anilibus fabulis similia sunt. Habebat ergo tres istos discipulos conscios malorum suorum; nomen vero libellis proprium ad-scribit, prioris nomine deleto, tamquam si eos solus ex semet ipso con-scripserit. Tunc visum est ei mittere discipulos suos cum his quae con- 6
scripserat in libellis ad superiora ipsius provinciae loca et per diversas
15 civitates et vicos, ut haberet aliquos se sequentes; et Thomas quidem partes Aegypti voluit occupare, Addas vero Scythiae, solus autem Her-mas residere cum eo elegit. Cum ergo illi essent profecti, regis filius 7
aegritudine quadam adreptus est, quem rex curare desiderans edictum proposuit, invitans, si quis eum curare posset, accederet, praemio multo
20 proposito. Tunc iste, sicut illi qui cubum (quod nomen est aleae) lu- 8
dere solent, praesentiam sui Manes exhibet apud regem, dicens se esse puerum curaturum; quae cum audisset rex, suscepit eum cum obsequio ac libenter habuit. Verum ne multa narrando quae gessit taedium au-ditoribus inferam, mortuus est puer in manibus eius vel potius extinc-
25 tus. Tunc rex in carcerem detrudi iubet Manen et ferri talento onerari. 9
Illi vero duo discipuli eius qui missi fuerant ad docendum per singulas civitates quaerebantur ad poenam, quique, fugientes licet, numquam

-

CMF T (Auszüge)

2 manem CM | 3 am Rand mutat nomen C² | 4 nach effectus + est F
5 est] esset M | et < MF | 6 ea didicit] haec didicit C edidicit M
didicit ea F | 7 quatuor illis F | am Rand ⟨disc⟩iplilos accquint C² | 8 addas]
abda T abdas CF, Addâ, bei Epiphanius | ermas C | assumpsit F | 9 et
transfert] ut transferret F | ex < C | 12 scripserit F | 14 am Rand
praedicandum mittit C² | ipsius] illius C | 16 aegypti] egyptiorum F | abdas
CF | scythine] scytie C scitie M syrie F, vgl. auch 69, 20 und Epiphanius, 12
17 illi] aus illic corr. C | 18 curari C | 19 invitans] in uita C inuitana ut M
| possit C | accederet] acciperet CM | praemium CM | 20 tum CM | cubum]
cibum CM | aleae ludere] tale cludere CM | 21 sui] suam C, exhibet manes F
| 22 quod F | 23 gessit] gesta sunt F | 24 nach extinctus + est M | 25
carcere F | manem M | am Rand nunc carcere trudetur C²

cessarunt alienam hanc et ab Antichristo inspiratam per loca singula
inserere doctrinam.

LXV (LIV). Post haec ad magistrum suum redeunt, referentes quae
eis acciderint; audiunt etiam ea quae in ipsum conlata sunt mala. Acce-
5 dentes ergo, ut decebat, ad eum sui et suggerentes ei de his malis quae
per loca singula patiebantur, de reliquo converti se debere ad salutem
suadebant; pertimuerant enim, verentes ne quid sibi ex his malis quae
illi inferebantur accideret. At ille suadens eos nihil vereri ad oratio- 2
nem consurgit. Tunc deinde iubet in carcere positus legis Christianorum
10 libros conparari; valde enim hi qui missi ab eo fuerant per civitates
singulas ab omnibus hominibus execrationi habebantur, maxime apud
quos Christianorum nomen venerationi erat. Sumpto ergo aliquantulo 3
auri modo, abierunt ad loca in quibus Christianorum libri conscribe-
bantur et simulantes se novicios esse Christianos rogabant praestari
15 sibi libros ad conparandum; et, ut ne multa dicam, conparant uni- 4
versos libros scripturarum nostrarum et deferunt ad eum in carcere
constitutum, quibus ille acceptis homo astutus coepit in nostris libris
occasiones inquirere dualitatis suae nec suae quidem, sed Scythiani, qui
hoc ante plurimum temporis protulerat, et ex nostris libris, sicut etiam 5
20 adversum me disputans fecit, adsertionem suam proferre, quaedam in
his accusans, quaedam permutans, solo Christi nomine adiecto; quem se
idcirco suscipere simulavit, ut per civitates singulas sanctum et divinum
nomen audientes Christi, minime execrantes eos, discipulos istius non
fugarent. Inveniens autem etiam vocem de paracleto positam in scrip- 6
25 turis, semet ipsum esse subiecit, qui non legerat diligenter quia paracletus iam tunc venisset cum apostoli adhuc essent super terram. His
ergo tam scelerate conpositis, mittit et discipulos suos praedicaturos
intrepide fictos simulatosque errores et novas falsasque voces adnuntia-
turos per loca singula. Quod cum rex Persarum cognovisset, dignis 7
30 eum suppliciis subdere parat. Quo Manes agnito, admonitus in somnis,
elapsus de carcere in fugam versus est, auro plurimo custodibus corruptis, et mansit in castello Arabionis. Unde scriptam epistulam per 8

CMF T (Auszüge)

1 cessarent F | 4 nach acciderint + mala M | ea < M | ipso C | 5 di-
cebant CM dicebam Zacagni | 6 converti] conuerti C | 8 accederet O | ora-
tione C | 10 11 fuerant ab eo per singulas ciuitates C | 13 nach ad + ea F
15 ut < F | 16 referunt F | carcerem CM | 17 constituto CM | 18 ex-
cutiani CM stutiani F | 19 ex] in CM | 22 ciuitates] iu aus Correctur C
24 fugarent] fatigarent CM | etiam uocem] uocem etiam C ∽ C² etiam F |
positum F | 27 et < F | 28 simulatoque C | adnuntiaturos] annuntiaturas
CM | 29 cum] mum C | dignus C

Turbonem ad Marcellum nostrum misit, in qua se significavit esse venturum. Quo cum venisset, fuit nobis certamen tale quale et hic vidistis et audistis, in quo prout potuimus ostendimus eum pseudoprophetam esse manifeste. Sed custos quidem carceris qui eum dimiserat punitus 0
5 est; rex vero eum requiri iussit et in quibuscumque locis repertum conprehendi. Haec cum ego cognovissem, necessarium fuit me etiam vobis indicare quia requiritur iste a rege Persarum usque in hodiernum diem.

LXVI (LV). His auditis, turbae volebant Manen conprehensum tradere potestati barbarum, qui erant vicini ultra Strangam fluvium,
10 quoniam et ante tempus venerunt quidam ad requirendum eum, quo nusquam reperto discesserant; erat enim tunc in fuga constitutus. Cum 2 ergo haec ita Archelaus prodidisset, continuo se in fugam dedit Manes et evadere potuit, dum nemo eum insequeretur, cum populus Archelai quem libenter audiebant relatione teneretur, quidam tamen crebre inse-
15 cuti sunt post eum. Sed ille vias quibus venerat repetens transito 8 fluvio ad Arabionis castellum rediit, ubi postea conprehensus, oblatus est regi; quique plurima adversus eum indignatione commotus, duas mortes in eum vindicare cupiens, unam filii, alteram carcerarii, iussit eum ante portas civitatis excoriatum suspendi et pellem eius medica-
20 mentis infectam inflari, carnes vero volucribus dari iussit. Quibus postea 4 agnitis, Archelaus adiecit ea priori disceptationi ut omnibus innotesceret, sicut ego, qui haec scripsi, in prioribus exposui. Congregatis igitur omnibus Christianis ferri adversus eum sententiam placuit, velut epylogum quendam morti eius transmittentes consonantem reliquae vitae eius
25 negotiis.

LXVII. Addidit etiam hoc Archelaus dicens: Viri fratres, ne quis vestrum incredulus sit his quae a me dicta sunt, id est quod non ipse primus auctor scelerati huius dogmatis extiterit Manes, sed tantum quod per ipsum aliquibus terrae partibus manifestatum sit. Sed non statim

CMF (bis 20) *T* (Ausxüje bis 20)

1 se significavit ∽ *C* | 2 aduenisset *F* | 5 eum requiri (requirere *Douai* 275 und *Douai* 280 von erster Hand) ∽ *F* | reppertum *C* | 6 de morte manichei (rot) *M* | nach necessarium + duxi *M*, gleich getilgt w. c. sch. | 8 conprehensum] sum a. Ras. *M* | 9 potestatibus barbarorum *F* | strangam] strangum *CM* stracum *F*, vgl. 41, 23 | 10 nach quidam + hominum *F* | 11 reppertum *C* repertum *M* | discesserunt *F* | erant *C* | 13 nemo] ne *F* | cum populus archelai] sed populus cum archelai *C* is populus et (et < *Douai* 275 am Rand geschrieben *Douai* 280) archelai *F* | 14 audiebat *M* | tenerentur *F* | crebro *F* | 16 ad rabionis *F* | 18 nach filii + et *M* | 19 portum *C* | am Rand heresiarcha manycheorum manes excoria(tus) . . suspe . . *C²* | 22 haec scripsi] inscripsi *C* | 28 tantum] tentum *CM* | 29 sed möchte Gustafsson tilgen

is qui aliquid quocumque portaverit auctor eius putandus est, sed qui
invenerit. Sicut enim gubernator acceptam navem, quam alius fecit, ad 2
quaecumque loca voluerit perducere potest, alienus est tamen omni genere a constructione eius, ita intellegendus est et iste. Non enim ex
5 initio huic rei ipse originem dedit, sed tantum quae ab alio fuerant inventa per se detulit hominibus, sicut certis testimoniis notum est, quibus propositum est nobis ostendere: non ex Mane originem mali huius 3
manasse, sed ab alio, et ante multum temporis a barbaro quodam exorta
in silentio habita, ab isto vero ignota et latentia velut propria eius esse
10 prolata, deleto conscriptoris titulo, sicut superius exposui. Fuit praedi- 4
cator apud Persas etiam Basilides quidam antiquior, non longo post
nostrorum apostolorum tempore; qui et ipse cum esset versutus et vidisset quod eo tempore iam essent omnia praeoccupata, dualitatem istam
voluit adfirmare quae etiam apud Scythianum erat. Denique cum nihil
15 haberet quod adsereret proprium, aliis dictis proposuit adversariis. Et om- 5
nes eius libri difficilia quaedam et asperrima continent. Extat tamen tertius decimus liber tractatuum eius, cuius initium tale est: „Tertium deci-
„mum nobis tractatuum scribentibus librum necessarium sermonem ube-
„remque salutaris sermo praestabit: per parabolam divitis et pauperis
20 naturam sine radice et sine loco rebus supervenientem unde pullulaverit
indicat“. Hoc autem solum caput liber continet? Nonne continet et 6
alium sermonem? At, sicut opinati sunt quidam, nonne omnes offen-
damini ipso libro, cuius initium erat hoc? Sed ad rem rediens Basilides
interiectis plus minusve quingentis versibus ait: „Desinamus ab inani 7
25 „et curiosa varietate; requiramus autem magis quae de bonis et malis
„etiam barbari inquisierunt et in quas opiniones de his omnibus per-
„venerunt. Quidam enim horum dixerunt initia omnium duo esse, qui-
„bus bona et mala adsociaverunt, ipsa dicentes initia sine initio esse et
„ingenita; id est in principiis lucem fuisse ac tenebras, quae ex semet

CM

1 is] bis CM | 3 potest < C | 4 constructionis C | 5 nach sed + etiam
C | 7 manen C | 8 manasse] manes esse C | exhorta M | 9 ignota et] ig-
note C | 11 basilidis C | 13 esset C | 14 scutinnum C excutianum M | 15
aliis dictis] die Stelle ist verdorben. Traube nimmt eine Lücke an, etwa: aliis dictis pro(pemodum eadem op posuit adversariis mit quare als Beginn des nächsten
Satzes; Schöne vermutet ab aliis dicta, Gustafsson aliena dictis, Jacobi interpun-
giert nach asseceret und schreibt de initiis statt dictis | 18 tractatuum CM |
19 salutaribus C | praestabit] Traube, perstauit C perstatuit M | parabolam]
Routh, paruulam CM | 20 radice] aus radicem corr. C | 22 Jacobi vermutet
alienum statt alium und möchte den vorhergehenden Satz als eine Behauptung er-
klären | ut] Plenkers, et CM | nonne] ne M | offendamini] Traube, offendemini
C offendam in M | 24 ve] uel C | desine C

„ipsis erant, non quae ⟨genitae⟩ esse dicebantur. Haec cum apud semet 8
„ipsa essent, proprium unumquodque eorum vitam agebant quam vellent
„et quale sibi conpeteret; omnibus enim amicum est, quod est pro-
„prium et nihil sibi ipsum malum videtur. Postquam autem ad alter-
5 „utrum agnitionem uterque pervenit et tenebrae contemplatae sunt lucem,
„tamquam melioris rei sumpta concupiscentia insectabantur ea et coadmis-
„ceri ac participari de ea cupiebant. Et tenebrae quidem haec agebant, 9
„lux vero nequaquam ex tenebris quicquam recipiebat in sese nec in
„earum desiderium veniebat, tantummodo quod etiam ipsa spectandi libi-
10 „dinem passa est. Et quidem et respexit eas velut per speculum. En-
„fasis igitur, id est color quidam lucis, ad tenebras factus est solus, sed
„lux ipsa respexit tantummodo et abscessit, nulla scilicet parte sumpta
„de tenebris. Tenebrae vero ex luce sumpserunt intuitum et yles enfasin 10
„vel colorem, in quo ei displicuerant. Cum ergo nequiores de meliore
15 „sumpsissent non veram lucem, sed speciem quandam lucis atque en-
„fasin, … boni raptiva mutatione traxerunt. Unde nec perfectum bonum
„est in hoc mundo, et quod est valde est exiguum, quia parum fuit etiam
„illud, quod initio conceptum est. Verum tamen per hoc ipsum exiguum 11
„lucis, immo potius per speciem quandam lucis, creaturae valuerunt gene-
20 „rare similitudinem perferentem ad illam, quam de luce conceperant, per-
„mixtionem. Et haec est ista, quam cernimus, creatura.“ Sed et reliqua 12
eorum similia in consequentibus executus est. Haec autem sufficere
aestimavi ad ostendendam eius in hac parte sententiam. In his enim
de mundi conditione conscripsit secundum quod Scythianus senserat.

25 LXVIII. Hic vero adsumptis eius litteris adiecit etiam nomina dae-
monum et commotiones inquietas atque elementorum cursus non secundum illum ordinem, qui a veteribus scriptus est, sed ut sarcinam quandam verborum multorum et inutilium congregaret et permixtiones inmensas ac confusiones legentibus generaret. Quia vero omnis eius dogma 2
30 et inscientia Basilide illi obversante conscripta in dualitate suspensa sunt,
nulli dubium est. Si quis ergo subvertere potuerit ingenitam dualitatem, quam ipse adserit, dico: universam eius verborum silvam pariter

C (bis Z. 7) M

1 genitae] *Routh* | 2 uellet C | 6 meliores CM | et condmisceri] *letzte
Worte in C* | 9 eorum M | spectandi] *Traube*, expectanti M | 13 ylea]
Traube, ylem M | 14 in] sine *Schöne* | 15 quandam lis atque M, *von Traube
verbessert* | *nach* enfasin *fehlen einige Worte, etwa:* speciem quoque tantummodo
Traube oder, speciem quoque atque enfasin *Brambach, vielleicht genügt* et enfasin
| 18 initium M | 29/30 dogma et inscientie num illi auersante conscripta
M, *von Traube verbessert*, dogma et inscientia etiam illo auersante *Schöne* | 30
suspensus est M, *von Traube verbessert*

abscideret. Sicut enim quis draconis caput esecans reliqua corporis eius 8
inutilia atque inania derelinquet, ita et nos, si dispositam non recte
creaturam et commixtionem duorum ingenitorum, lucis ac tenebrae,
sicut Basilides praesumit, ostenderimus, sine dubio omnia reliqua,
5 quae ipse scribit, inania et quae nos scripsimus, vera esse signabi-
mus. Hoc autem deprecor eos, qui his exemplis uti voluerint, ut 4
subtilius intueantur unumquemque sermonem, quoniam quidem argute
et breviter Basilides locutus est ea, quae apud Scythianum reppererat
definita; quae hic translata subtilius argumentis quoque violentioribus
10 communivit, uti verborum novitate propria sua esse putarentur. Haec,
ut potuimus, a nobis dicta sunt. Poterunt autem hi, qui nos sensu 5
sublimiori praecellunt, plura horum ac meliora proferre atque con-
scribere adversum eos libros, qui ab illo editi sunt. Finita ergo disputatione ista, Archelaus turbas cum pace dimisit ad propria. Qui
15 benedicentes eum voce, qua dignum est, cum omni laetitia discesserunt.

Ego Egemonius scripsi disputationem istam exceptam ad describen-
dum volentibus.

———

Veteres heretici propemodum omnes divinitatem duplicem simularunt, ut alium bonum deum, alium iustum esse confingerent et dicerent
20 boni dei subvenitoris atque melioris filium dominum Iesum Christum
venisse in hunc mundum, ut de iusti dei, quem tantum severum putant
dominum, animas ad pristinas reduceret sedes, quae creatoris praecepto
corporibus fuissent ligatae. Ex quibus est Cerdon atque Marcion et 2
ceteri qui eorum sequuntur errorem. Valentinus vero et ipse duplicem
25 esse simulavit divinitatem; is simul et aeonum numerum novum visus
est introferre, quod triginta aeonas visus est dicere. Basilides quoque 3
de hac inpietate descendit, qui tot deos simulat esse, quot dies in anno
sunt, et de his quasi minutalibus unam summam divinitatis efficit et
appellat Mithram, siquidem iuxta conputationem Graecarum litterarum
30 Mithras anni numerum habet. Hi non multum a gentilitate distant et 4
eisdem paene mysteriis inbuuntur, quibus a gentilibus initiatur. Hoc
defuncto aliae rursum multae diversae hereses ebullierunt, quae divinitatem Christi negantes tantummodo confitentur humanitatem eius ex

M

3 commotionem M, von Traube verbessert | 5 signauimus M, von Traube ver-
bessert | 22 dominum] Mercati und Turner möchten dominio lesen, vielleicht mit
Recht | 23 muron M | 25 simularunt. Ita diuinitatem ihs simulet conum M,
von Traube verbessert | 27 descendit] das erste e vielleicht a. Ras. M | 29 my-
trum M | 30 mytras M | habent hii M, von Traube verbessert

Maria. Ex quibus est Cerinthus, Ebion et nunc Fotinus, qui eorum 5
heresim instauravit. Erupit et alia heresis, quae Catafrigae appellatur
ex promissione spiritus sancti, quam dominus salvator noster pollicitus
est dicens: Vadam et alium paracletum mittam vobis, adserens non in
5 apostolis, sed in Montanum, Priscillam et Maximillam. Post has erupit 6
Manichaeus, post dormitionem sancti martyris Cypriani, modicum ante
Diocletianum, qui alium deum bonum, alium malum indicant et omnium
universa quae a corpore sunt dicunt esse Satanae. Huius heresis de
Pythagorae fonte libatur et commixta magicis artibus astrologia quoque
10 utuntur, sicut et ipse Pythagoras de his exordium sumit. Et uti infinita 7
praeteream, nunc de novis heresibus breviter increpandum est. Super
funere Constantini erupit heresis Arriana apud Alexandriam, quae unum
patrem deum esse, filium vero eiusdem dominum nostrum Iesum Christum et spiritum sanctum adoptione esse filium non natura et quantum
15 distare dicit filium a patre tantum rursus dicit a filio spiritum separari.
Haec in tria scinditur. Eunomius quippe, a quo vocantur Eunomiani 8
audaciter proclamant et libere, quod quorum diversa natura est, similes
eos esse non posse, itaque filium et patrem, quoniam alterius substantiae
essent, dissimiles esse. Macedonius vero, a quo vocantur Macedoniani, 9
20 qui etiam Arriani nuncupantur, sub inpietate pietatem videntur inferre,
ut dicant similem esse filium patri; et in eo differunt ab Arrianis, quod
Arriani filium similem patri dicunt, Macedoniani vero, ut plus ei donare
videantur, similem dicunt esse per omnia. Sed et eos dolus et lapsa 10
quasi pietas detegit, cum etiam homo ad imaginem et similitudinem dei
25 conditus sit. Extrema est heresis Apollinaris, quae quot homines habent
tot paene sententias. Necdum enim inter eos decretum est, in quae
quasi pro certo et statuto blasphemabunt. Alii dicunt nec sensum nec 11
animam humanam habuisse dominum nostrum Iesum Christum. Qui vero
audaciores sunt, etiam corpus illius sic de Maria confitentur, ut nihilo-
30 minus etiam hoc de caelestibus vindicent. Nonnulli animam et corpus
tantummodo profitentes, sensum, id est mentem, negant. Sed istos si 12
discusseris, et animam et corpus incipiunt denegare et dicunt pro anima
inhabitatorem fuisse verbum deum; et dum volunt humanitatem in Christo

4 Joh. 14, 12 ff. und 16, 28

M

1 cherintus M | 2 Mercati möchte nach appellatur interpungieren und nach
adserens (Z. 4) usw. etwa eundem (paracletum) missurum esse ergänzen | 5 apo-
stolis] vielleicht zu apostolos zu corr. | 7 dioclitinnum M | omnium] operum Schöne
| 9 pytagore M | astrologie M, von Plenkers verbessert | 14 spiritum suum M, von
Traube verbessert, Plenkers und Turner möchten diese Worte (et sp. su. Turner) tilgen
| 16 exciditur M | 21 et] at Schöne | 27 pro certum et statu M, von Traube verbessert

7*

negare, id est: quod et cogitationibus humanis non subiectus fuerit, omnes passiones eius ad deitatem referunt, si animam non habuit nec mentem.   Flevit autem et contristatus est et ceteros passus est affectus.
Haec enim per se corpus pati non potest.   Superest, ut deitas in illo 13
5 haec passa fuerit.   Inter Novatianos et Montenses hoc interest, quod
Novatiani maiorum criminum poenitentiam non accipiunt, id est negationis, adulterii, homicidii, fornicationis et ceterorum his similium; Mon- 14
tenses vero dicunt nos scripturas sanctas exurendas tradidisse, simulantes suos episcopos ecclesiam gubernasse et quod faciunt Luciferiani mo-
10 nentibus sacerdotibus, hoc illi faciunt in omnibus ecclesiis, dicentes
eorum sacerdotes esse non posse, qui scripturas tradiderunt, et super
hoc addunt, quia nostram ecclesiam traditorum infamant quemcumque
a nobis invenerint.

M

2 *Mercati setzt einen Punkt nach* referunt *und ein Komma nach* mentem |
4 *Mercati fasst* haec enim . . potest *als Parenthese* | 9 luciferianis M, *von Traube
verbessert* | monentibus *schreibt Mercati und Turner unrichtig; der letztere
vermutet* eminentibus | 11 eorum] *Mercati möchte* earum (d. h. ecclesiarum) *lesen*
| 12 traditorum] *Traube vermutet* traditurum | 13 *nach* invenerint *folgt:* Expli-
cit altercatio Sancti Archelai episcopi contra Manen Heresiarcham | *Mercati glaubt,
dass die Vorlage am Ende verstümmelt sei*

REGISTER.

Die Zahlen beziehen sich auf Seite und Zeile des vorliegenden Bandes.

———

I. Stellenregister.

II. Namenregister.

III. Griechisches Wortregister.

Die Namen sind im II. Register unter den lateinischen Entsprechungen zu suchen.

ἄχθομαι, moleste fero 6, 4
ἄχρι, usque ad 18, 13: ἄχρις
  πγ, usquequo 21, 15: ἄχρις
  οὗ, usquequo 13, 7: ἄχρι
  τούτων, eo usque 7, 8

βάλλω, inicio 18, 12: mitto
  17, 1. 5 (bis); 19, 6
βασιλεύς, rex 10, 1
βαστάζω, porto 11, 10: κάτω
  βαστάζει, est . . deorsum
  11, 9
βιβρώσκω, manduco 16, 1
βλάπτω, laedo 17, 9. 10
βροχή, pluviae 14, 10
βρόχος, laqueus 7, 15
βρῶμα, esca 16, 13
βῶλος, anima 21, 7: massa
  19, 4

γάρ, autem 13, 8: enim 7,
  1. 3. 15; 11, 3; 12, 9;
  13, 3; 14, 12; 19, 2. 8;
  20, 16; 21, 2: ergo, 17, 4
γέεννα, gehenna 16, 11;
  18, 11
γεμίζω, adinpleo 18, 8; re-
  pleo 13, 4
γέμω, repletus sum 13, 12
γένος, genus 6, 5
γῆ, terra 10, 5; 11, 9. 12;
  14, 12; 17, 9; 21, 6: terrae
  22, 5
γίγνομαι, efficior 9, 17; 12,
  1; 16, 1: fio 15, 4; 20, 6;
  21, 9: generor 7, 11: na-
  scor 12, 13: oborior 20,
  10: sum 11, 10: γίγνομαι
  ἄφαντος, nusquam conpa-
  reo 14, 7: ἄρχεται
  γίνεσθαι, efficitur 15, 2
γιγνώσκω, adverto 8, 14:
  cognosco 7, 14; 10, 4; 18, 10
γνωρίζω, agnosco 18, 4
γνῶσις, scientia 18, 4; 19, 4
γόμος, onus 13, 6. 10
γράμματα, litterae 8, 14:
  scripta 6, 6
γράφω, scribo 7, 12; 8, 12;
  21, 4
γυνή, mulier 7, 10. 11

δαίμων, daemon 18, 10
δαμάζω, domo 18, 11. 12
δέ, autem 7, 14; 9, 13. 15.
  16; 10, 3; 11, 9; 12, 7;
  13, 12; 15, 6. 10. 11; 16,
  8; 18, 1. 3. 7. 13; 19, 5;
21, 9 (bis); 22, 2: ergo 16,
  6: et 8, 13: quod 15, 3.
  9 (bis): quoque 20, 5: tamen 19, 8: vero 6, 4. 15;
  8, 14; 13, 14; 14, 3; 19,
  13; 20, 8. 13; 21, 4; 22,
  5. 6: — 6, 8; 10, 4; 14,
  2. 10; 18, 2. 5; 22, 3: at
  vero 10, 9: εἰσὶ δέ, id
  est 10, 7
δεῖ, necesse est 17, 13
δεινῶς, vehementer 10, 11;
  14, 5
δένδρον, arbor 7, 5 (bis)
δεξιά, dextera 6, 1; 10, 14;
  11, 2
δεῦτε, venite 19, 14; 20, 2
δέω, devincio 19, 4: vincio
  12, 6; 21, 8: vinculis trado
  21, 1
δηλόω, indico 8, 12
δημιούργημα, conditio 9, 16
δημιουργία, conditio 20, 7:
  machina 12, 13
δημιουργός, conditor 7, 7
διά, a 19, 1: per 7, 12; 8,
  11. 15; 20, 6. 11: propter
  17, 7; 20, 17: — 13, 13:
  διὰ τοῦτο, ideo 18, 7:
  propterea 11, 1; 16, 13;
  19, 11: διὰ ταύτην τὴν
  πρόφασιν hac causa 12,
  9: διὰ τό . . σεσυλῆσθαι,
  propter quod furtum passus sit 20, 9
διαιρέω, discerno 6, 12
διακρίνω, discerno 18, 5: per-
  scrutor 6, 11
διάνοια, mens 19, 2
διασπείρω, dispergo 16, 9
διασύρω, protraho 7, 13
διατηρέω, conservo 6, 1
διατρίβω, dego 22, 7
διαφθείρω, corrumpo 18, 2
διδασκαλία, doctrina 22, 3
διδάσκω, doceo 6, 10
δίδωμι, do 11, 2; 20, 2. 5:
  facio 16, 12: porrigo 10,
  14: praesto 16, 11: ὅπως
  αὐτῷ τὴν προσήκουσαν
  ἐπιτιμίαν δῷ, quo illum,
  ut par erat, coherceret 11, 13
διέρχομαι, transeo per 16, 8
διό, propter quod 15, 13
δίσκος, discus 13, 3
δόγμα, dogma 22, 7
δόξα, gloria 13, 11
δύναμαι, possum 7, 4; 14, 5
δύναμις, virtus 10, 5. 12;
  11, 5; 12, 4

δύο, ambo 9, 17: duo 9, 12;
  10, 1; 13, 4; 22, 1
δύομαι, occido 17, 8
δυσωδία, spurcitiae 7, 11
δώδεκα, duodecim 12, 14;
  21, 11

ἐάν, cum 11, 1; 13, 4; 14,
  9; 16, 4; 19, 6: si 14, 11;
  15, 3. 8. 9; 17, 5; 18, 9
ἑαυτοῦ, sui 6, 6; 11, 2; 12,
  11; 16, 9: suus 16, 10;
  22, 2: ἑαυτῆς, sese 12,
  2: ἑαυτόν, semet ipsum
  17, 2
ἐγγύς, proximus 7, 3
ἐγκαταμίγνυμι, permisceo 6,
  14
ἐγώ, ego 5, 22; 8, 15; 9,
  11; 13, 3; 16, 15; 17, 2
  (bis); 19, 8; 20, 2: — 7,
  14: ἡμῶν, noster 5, 24;
  7, 4; 20, 3: θαυμάζειν
  μοι ἐπέρχεται, plurimum
  miror 7, 8
ἐθνικοί, gentiles 20, 15
εἰ, si 9, 11; 16, 3. 10. 13;
  17, 4. 9. 12; 19, 3: — 10,
  13: εἰ μή, nisi 8, 14; 10,
  12: εἴ τις, qui 15, 15; 16,
  2 (bis). 8. 10
εἴγε, si tamen 7, 15
εἶδος, species 12, 11: εἰς
  εἴδη, — 11, 9
εἴθε, utinam 7, 8
εἰκών, imago 19, 14; 21, 5
εἰμί, sum 6, 4; 7, 10; 9,
  15; 10, 2. 10; 11, 3. 6.
  7; 12, 8. 12; 13, 4. 12.
  13. 14; 14, 10; 15, 10.
  12; 16, 2. 3 (bis). 7; 17,
  7. 10. 12 (bis). 13; 18,
  1. 4. 6. 8. 14; 19, 5. 10;
  20, 1. 4. 14 (bis). 16; 22, 1:
  — 6, 3; 12, 6; 17, 13:
  εἰσὶ δέ, id est 10, 7
εἶπον s. ἐρῶ
εἰρήνη, pax 5, 24
εἰς, ad 12, 9; 13, 5; 22, 6:
  in (mit Acc.) 7, 12; 11, 12
  (bis); 12, 1. 11; 15, 7. 8
  (ter). 9. 10. 14 (ter). 15
  (bis); 16, 4. 6. 12; 17, 1.
  5; 18, 12. 13; 19, 3; 21,
  8; 22, 4: in (mit Abl.)
  15, 12; 16, 10: intra 19,
  4: per 16, 9: — 16, 11:
  εἰς εἴδη. — 11, 9
εἰς, unus 6, 11; 9, 13 (bis).

14; 20, 14: ἀνὰ μίαν, singulas 12, 4
εἰσακούω, exaudio 10, 12
εἰσηγέομαι, introduco 6, 11; 9, 14
εἶτα, deinde 15, 7; 21, 7: et 13, 4
ἕκαστος, singuli 8, 15; 10, 2: ei 22, 4
ἐκδίδωμι, trado 6, 6
ἐκεῖ, ibi 10, 11
ἐκεῖνος, ille 12, 6; 16, 8; 17, 4; 20, 17; 21, 2: — 18, 3
ἐκεῖσε, ibi 22, 7
ἐκλεκτός, electus 16, 11. 13; 19, 5
ἔκτοτε, ex eo 10, 15
ἔλαιον, oleum 19, 7
ἐλαφρύνω, relevo 13, 6
ἐλεήμων, misericors 12, 8
ἔλεος, misericordia 5, 23
ἐλπίζω, spero 20, 17; 21, 2
κατὰ φιλοφροσύνην ἐμήν, solita mihi humanitate 8, 14
ἐν, ad 10, 5: in (mit Abl.) 7, 3 (bis); 9, 15; 11, 3. 6; 12, 6. 8; 13, 11; 14, 1; 16, 3. 13; 17, 12; 18, 2. 3. 5. 11; 20, 16; 21, 10. 12. 16
ἔνδον, interior 6, 13
ἐνδύω, induo 10, 8
ἕνεκα, de 11, 11
ἐνθύμησις, intellectus 15, 11
ἐνεστώς, praesens 6, 1
ἔννοια, sensus 15, 11
ἐνόω, permisceo 6, 16
ἐντέλλομαι, praecipio 19, 5
ἐξ, ab 20, 9: de 7, 9; 10, 10. 14; 11, 12; 15, 13; 16, 4; 20, 2. 5: ex 7, 10; 10, 5; 14, 8; 17, 8; 18, 4: per 20, 7: pro-(gredientes) 10, 3
ἐξαπατάω, decipio 20, 6: seduco 20, 16
ἐξαρπάζω, excito 14, 6
ἐξέρχομαι, exeo 16, 4; 18, 10
ἐξορκίζω, exorcidio 19, 7
ἔξω, extra se 21, 6
ἔξωθεν, exterior 6, 13
ἔοικα, conferor 15, 12
ἐπαιτέω, mendico 16, 5
ἐπακολουθέω, insequor 15, 4
ἐπάν, cum 11, 9
ἐπανόρθωσις, emendatio 6, 5
ἐπειδή, enim 13, 12: quia 17, 10
ἔπειτα, deinde 6, 8

ἐπέρχομαι, progredior 10, 3:
θαυμάζειν μοι ἐπέρχεται plurimum miror 7, 8
ἐπί, ad 7, 2: in (mit Acc.) 20, 17; 21, 2: super 14, 11; 19, 6; 20, 8: ἐπὶ τέλει, ad ultimum 21, 4: ἐπὶ τούτοις ἀρκεσθήσομαι, sufficit ista dixisse 7, 14
ἐπιβάλλω, inicio 8, 1
ἐπιδημέω, supervenio 10, 5
ἐπιείκεια, patientia 7, 13
ἐπιθυμητός, concupiscibilis 14, 3
ἐπιθυμία, concupiscentia 18, 2; 19, 11 (bis); 20, 5. 16; 21, 3
ἐπίσημος, notus 8, 11
ἐπιστολή, epistula 7, 12; 8, 11. 12. 16
ὅπως αὐτῷ τὴν προσήκουσαν ἐπιτιμίαν δῷ, quo illum, ut par erat, coherceret 11, 12
συλᾶν ἐπιχειρέω, furto adpeto 13, 15
ἑπτά, septem 19, 5. 9
ἔργον, opus 17, 7
ἑρπετόν, repens 17, 11
ἔρρωσθε, vale 8, 16
ἔρχομαι, venio 12, 10. 13; 21. 9
ἐρῶ, εἴπον, dicam, dixi 7, 3; 15, 6; 17, 3. 4. 12; 19, 13; 20, 1
ἐρωτικός, amoris 14, 6
ἐσθίω, manduco 16, 1. 14; 19, 6
ἔσωθεν, interior 21, 14
ἕτερος, alius 11, 5; 17, 7: alter 9, 14; 10, 12; 15, 8: — 12, 2: ὁ ἕτερος, collega suus 20, 2: θατέρῳ θάτερον, alteri alterum 6, 14
ἔτι, — 7, 15
ἔτος, annus 21, 16
εὐαγγέλιον, euangelium 7, 3
εὐειδής, speciosus 14, 3
εὔμορφος, decorus 14, 3
εὑρίσκομαι, — 15, 10
εὐσέβεια, alimenta 14, 11: misericordia 16, 12
εὐσπλαγχνος, miserator 12, 8
εὔχομαι, oro 10, 12; 17, 3; 19, 6
ἔφαγον, comedi 10, 10: manduco 17, 2: manducavi 15, 13

ἐχθρός, inimicus 10, 2
ἔχω, gero 6, 9: habeo 10, 3; 12, 14; 14, 14; 20, 8; 21, 1: mihi adest 7, 13
ἕως ἄν, usquequo 16, 8: ἕως οὗ, usquequo 16, 12

ζωή, vita 10, 6; 21, 10
ζῷον, animal 13, 9; 15, 8; 17, 11
ζῶν, vivens 10, 13; 11, 4. 7; 12, 7; 14, 1; 21, 12. 14

ἤ, aut 15, 8 (bis). 14 (bis). 15 (bis); 17, 6 (bis): vel 12, 1: — 12, 1; 20, 1: ἀλλ᾿ ἤ, sed 18, 6
ἡγέομαι, duco 6, 7: puto 19, 12
ἥλιος, sol 20, 11
καθ᾿ ἡμέραν, cotidie 20, 11
ἡμέτερος, noster 19, 14
ἤτοι, sive 18, 14: vel 9, 16; 13, 3

θάνατος, mors 15, 5
θανατόω, morte adficio 14, 12
θαυμάζω, plurimum miror 7, 8
θέλω, volo 9, 11: ὑπόθεσιν στῆσαι θέλοντες, gratia praedicandi 22, 8
θέμενος, inponit 9, 14
θεός, deus 5, 24; 7, 1. 2. 6; 9, 12; 17, 13; 18, 6; 19, 11; 20, 8. 15. 17 (bis); 21, 2
θερίζω, demeto 17, 5: deseco 15, 15: meto 16, 15; 17, 4: messem meto 15, 12: messem seco 15, 10
θερισμός, messis 14, 10
θεριστής, messor 15, 11
θήλεια, femina 14, 3 (bis)
θλίβω, adfligo 10, 11: 12, 7: tribulo 14, 9; 17, 1
θλίψις, tribulatio 20, 10
θνήσκω, morior 12, 15

ἰδέα, species 12, 5
ἴδιος, proprius 13, 8: ἀνὰ μέρος . . . τὰ ἴδια, suas portiones 10, 2: τὸ ἴδιον, quae sua sunt 22, 2
ἰδρόομαι, sudo 14, 9
ἱδρώς, sudor 14, 10
ἱερεύς, sacerdos 20, 13
ἵνα, ut 7, 12; 15, 15; 18, 12
ἴσα, similiter ut 6, 15

ὑπόθεσιν στῆσαι θέλοντες, gratia praedicandi 22, 8
ἰχθύς, piscis 17, 11

κάδος, urceus 12, 15; 13, 7
καθάπερ, quemadmodum si 10, 1: sicut 14, 9
καθαρίζω, purgo 13, 2; 15, 7; 18, 9: καθαριζόμενος, mundus 13, 13
καθηγεμών, magister 6, 10
καθημερινόν, cotidie 18, 9
καθώς, sicut 21, 4
καί, ac (atque) 6, 6. 14; 7, 11; 13, 9; 20, 14: et 5, 22. 23. 24 (bis); 6, 2 (bis). 8. 10. 11. 12. 13. 16; 7, 1 (bis). 4. 6. 7. 8. 9. 11. 12; 9, 13. 14. 15. 16; 10, 7. 12 (bis). 13. 14; 11, 1. 4. 5. 8 (bis). 9. 10. 12; 12, 2. 4. 5. 6. 8. 10 (bis). 11. 12; 13, 2 (bis). 5. 6 (bis); 14, 2. 3. 5. 10. 13; 15, 1. 2. 4. 6. 15 (bis); 16, 1. 5. 7. 10. 12. 13. 14; 17, 2 (bis). 3. 6. 7. 9 (bis). 11 (quater). 12. 13; 18, 2. 7. 9. 11. 12; 19, 2. 6. 9 (bis). 10. 11. 14; 20, 2. 4. 6. 9. 10. 12 (bis). 13 (bis). 15 (bis); 21, 1. 6. 10. 11 (ter). 12 (bis). 13 (bis). 14 (bis). 16; 22, 1. 7: etiam 16, 2; 17, 5: -que 13, 1: sed 14, 4: — 6, 13; 7, 6; 10, 2. 9; 11, 13; 12, 3; 14, 9; 16, 4; 17, 13. 19, 1. 14; 22, 4: καὶ μηχανὴν συνεστήσατο, id est, rotam statuit 12, 14: καὶ ταῦτα, quibus 10, 8: καὶ αὐτήν, qua 10, 6: ἀπολύεται τὸ . . . πῦρ, καὶ . . . ἀναλίσκει, dimittitur . . . ille ignis qui . . consumat 21, 6: διακρίνει τὸ καλὸν καὶ τὸ πονηρόν, discernit bonum a malo 18, 5
καιρόν, tempus 11. 11
κακός, malus 6, 10. 12; 7, 2. 5 (bis). 7
καλέω, convoco 12, 3: voco 13, 11; 14, 13; 18, 1
καλλωπίζω, exorno 14, 4
καλός, bonus 7, 5. 6; 16, 13: 18, 4. 5
κάμηλος, camelus 15, 8

κάμνω, laboro 11, 10: κάμνων, ex labore 12, 1
καρδία, cor 11, 12
καρπός, fructus 7, 5. 6
κατά, ad 19, 14: intra 17, 2: iuxta 6, 4: secundum 12, 5; 20, 1. 3 (bis); 21, 2: — 19, 14: καθ' ἡμέραν, cotidie 20, 11: κατὰ φιλοφροσύνην ἐμήν, solita mihi humanitate 8, 13: κατὰ . . σύστασιν τὸ σκότος . . προσεμαχήσατο, acciderit . . ut tenebrae . . bellum . . commiserint 10, 3
καταβαίνω, descendo 7, 10
καταβάλλομαι, concido 16, 8
καταλαμβάνω, adprehendo 14, 5
καταλείπω, relinquo 10, 15
καταλογάδην, per verba 8, 15
καταναλίσκω, absumo 21, 15
κατάρα, maledictum 7, 2
κατασκευάζω, facio 12, 5
κατασκευή, adparatus 10, 8
καταχέω, effundo 14, 11
κατέρχομαι, descendo 10, 8. 14; 11, 5
κατέχω, detineo 10, 15
κατηχούμενος, catechumenus 16, 12: qui detulit 17, 3
κάτω, deorsum 10, 9. 11; 11, 1. 9; 14, 14: κατώτερος, inferior 22, 2: κατώτατος, interior 11, 13
κελεύω, iubeo 22, 4
κελεφός, elephantiacus 15, 9
κεφαλή, caput 19, 8
κινδυνεύω, periclitor 10, 15
κινέω, moveo 13, 9; 17, 9
κιρνάω, confundo 6, 14
κληροῦμαι, suscipio 22, 6
κλίβανος, clibanus 17, 1
κλίμα, mundi plaga 22, 4
κολάζω, poenis subdo 16, 11
κόλασις, poena 16, 6
κόλπος, sinus 7, 9; 11, 12
κόπτω, demeto 15, 15: excido 15, 1. 2
κοσμέω, exorno 13, 15
κόσμος, mundus 11, 4; 14, 12. 13; 16, 3; 17, 8. 12; 18, 1. 5. 6. 9; 20, 7. 8. 12; 21, 7. 15: omnis mundus 14, 9: ἀπὸ τούτου τοῦ κόσμου, hic 17, 8
κριθή, hordeum 15, 14
κτίζω, creo 11, 4. 7. 8; 12,

2; 19, 13; 20, 4: facio 20, 5
κτίσις, creatura 20, 12
κυβερνήτης, gubernator 21,11
κυκλεύω, circumeo 11, 8
κύριος, dominus 5, 24; 7, 4
κύων, canis 15, 8

λαγχάνω, sortior 22, 5
λαλέω, loquor 20, 13; 21, 1. 3: loquor in veritate 19, 2
λαμβάνω, accipio 18, 5: 20, 2: adimo 13, 1: sumo 12, 4
λάχανον, holus 15, 15
λέγω, confirmo 13, 9: dico 6, 10; 7, 7. 10; 8, 1; 9, 17; 10, 5. 13; 11, 3; 13, 4; 16, 15; 18, 14; 19, 13; 20, 14; 21, 4: respondeo 17, 3
λείψανα, reliquiae 11, 8
λίαν, vehementer 6, 3
λογισμός, animi 6, 9: cogitatio 15, 11; 18, 3
λόγος, ratio 6, 4: λόγοι, verba 19, 3
λοιμός, fames 14, 11: pestilentia 15, 2
λούω, lavo 16, 10

μαθητής, discipulus 22, 4
μανθάνω, disco 9, 11; 19, 4; 21, 16
ματαιοπονία, vanitas 7, 9
μέγας, magnus 14, 8. 13; 18, 13; 19, 9; 21, 6. 13: maior 13, 1; 21, 12: μέγιστος, inmensus 6, 3
μέλλω, volui 16, 14
μέν, quidem 6, 3. 7; 8, 12; 9, 13. 15; 14, 4: — 7, 8; 15, 4; 22, 4
μέντοι, autem 18, 6
μέρος, pars 9, 15; 11, 13; 13. 8; 20, 8; 22, 2. 5: ἀνὰ μέρος . . τὰ ἴδια, suas portiones 10, 2: ἀπὸ μέρους, ex parte 18, 6
μετά, cum 20, 8. 13. 17; 21, 1. 3: post 16, 5; 21, 4. 16: inter medium 21, 7: μετὰ τὴν παίδευσιν, postea quam correpta fuerit 18, 11
μεταγγίζω, inicio 16, 5: transfundo 15, 6. 8. 14; 18, 12

μεταδίδωμι, trado 13, 2. 10
μεταπορθμεύω, transfreto
13, 5
μετασχηματίζω, transformo
12, 11
μεταφέρω, transfundo 15, 9
μετενσωματόω, transformo
16, 12
μετέχω, partem trahere 13, 9
μέχρι, usque in 22, 7
μή, ne (mit Konjunct.) 6, 9.
15; 7, 12: non (mit Indic.)
14, 5: (mit Infin.) 20, 8:
(mit Konjunct.) 7, 9; 12,
12; 18, 10: — 10, 13:
εἰ μή, nisi 8, 14; 10, 12
μηδέ, neque (nec) 6, 16;
20, 8
μῆκος, longitudo 7, 13
μήν, — 7, 5
μήτηρ, mater 10, 6; 21, 10
μηχανή, mola 17, 5: rota
12, 14
μικρός, modicus 21, 10: parum 15, 7: μικρὸς φωστήρ,
luna 21, 14
μίξις, permixtio 9, 16
μογγιλάλος, mutus 15, 10
μονογενής, unigenitus 7, 9
μόνος, solus 19, 5. 8
μορφή, forma 20, 1. 3
μῦς, mus 16, 2. 3

νεανίας, adulescens 14, 3
νέος, novus 21, 7
νεφέλη, nebula 14, 8
νοέω, intellego 8, 1
νοῦς, mens 15, 11: sensus 8,
14: — 14, 6

ὁ, hic 6, 6; 7, 2. 3; 12, 5.
15; 22, 7: ille 14, 7; 16,
13; 17, 3; 18, 3. 13. 14;
19, 2. 8; 20, 13; 21, 6:
ipse 11, 7; 12, 2; 21, 5:
is 6, 8; 16, 7: iste 13, 4:
quidam 12, 13: suus 10,
2. 3; 11, 12; 13, 1: —
5, 24; 6, 1 (bis). 2 (bis). 3.
4 (bis). 5 (bis). 6. 8. 9 (ter).
10 (ter). 12 (quater). 13 (bis).
14 (bis). 15 (bis). 16 (bis);
7, 1. 2 (bis). 3. 6 (ter). 9
(quater). 11 (bis). 12 (bis).
13 (bis). 14. 15; 8, 11.
12. 13. 14 (bis). 15; 9, 11
(bis). 13. 14 (bis). 15 (ter).
16 (ter). 17 (bis); 10, 1. 3.
4 (ter). 5. 6 (bis). 9 (ter).

10 (bis). 11 (bis). 12. 14.
15; 11, 1. 3 (bis). 4 (bis).
5. 6 (bis). 7 (bis). 8. 9 (bis).
10. 11 (bis). 12 (ter). 13;
12, 1. 2. 3. 4. 5 (ter). 6
(bis). 7 (ter). 8 (ter). 9 (bis).
10 (ter). 11 (bis). 12. 14.
15; 13, 1 (bis). 2 (bis). 3. 4.
5. 6. 7 (ter). 8 (ter). 9. 10
(quater). 11 (ter). 12. 13
(ter). 14 (ter); 14, 1 (ter).
2. 3. 4. 5 (bis). 7 (bis).
8 (bis). 9. 10 (ter). 11 (bis).
12 (bis). 13 (bis). 14; 15,
1 (bis). 2. 3. 4. 5 (bis). 6.
10 (bis). 11. 12 (bis). 13 (bis);
16, 3. 4. 6. 7 (bis). 8. 9.
10 (bis). 11 (bis). 15; 17,
8 (bis). 9. 10 (quater). 11
(quater). 12 (bis). 13; 18, 1.
2. 3 (bis). 4 (ter). 5 (ter).
6 (ter). 7. 8 (bis). 9. 10 (ter).
11 (ter). 13; 19, 2. 3 (bis).
4 (ter). 5 (bis). 6. 7. 8. 9.
10 (ter). 11. 13; 20, 2. 3.
4. 5 (bis). 6 (ter). 7 (quater).
8. 9 (bis). 11 (bis). 12 (bis).
13 (bis). 14 (quater). 15
(ter). 16. 17; 21, 1. 2 (ter).
5 (bis). 6. 7 (ter). 8 (ter).
9 (bis). 10 (quinquiens). 11
(quater). 12 (quinquiens). 13
(ter). 14 (quater). 15 (bis).
16; 22, 1 (bis). 2 (ter). 3
(bis). 4. 5 (quater). 6. 7:
quae (qui) est (sunt, sumus) 5, 22; 10, 7; 15, 12;
18, 2. 4. 13; 20, 3: τὸν
μὲν .. τὸν δέ, alterum
.. alterum 9, 13: τὸν
καταβάντα, qui .. descendit 7, 9: τοὺς .. ἀνενεχθέντας, qui sunt ..
educti 14, 1: τοῖς ἄνω,
sursum 14, 14: τὰ ἄνω,
superiores partes 15, 3:
μετὰ τὴν παίδευσιν, postea quam correpta fuerit
18, 11: τὸ γεμίζον, quod
adinplet 18, 8: τῷ .. δηλουμένῳ, qui .. indicatus
est 8, 11: ὁ εἰπών, qui
dicit 19, 13; 20, 1: τὸ ..
ἀνελθόν, quae ascenderunt
19, 1: τὸ ἴδιον, quae sua
sunt 22, 2: τοῖς ἑτέροις,
collegas suas 20, 1: τὸ
καθαριζόμενον, quod purgatur 18, 9: ὁ κινῶν, qui
movet 17, 9: ὁ .. λαμ-

βάνων, qui acceperit 18,
5: τὸν λαλήσαντα, qui
locutus est 20, 17: ὁ ..
προσαγορευόμενος, qui
appellatur 13, 3: οἱ τῶν
πολλῶν ἀφρονέστεροι,
plurimi insipientium 8, 1
ὅδε, hic 7, 12: ἀπεικάζων
.. τῷδε τῷ παραδείγματι,
conferens .. in huiuscemodi exemplum 10, 1
ὁδεύω, proficiscor 22, 4
ὅθεν, propter quod 6, 4
οἰκέω, habito 21, 15; 22, 1
οἰκία, domus 16, 9
οἰκοδομέω, aedifico 16, 9
οἰστρέω, in libidinem moveo
14, 4
ὀκτώ, octo 11, 9
πρὸ ὀλίγου, paulo ante 17, 4
ὅλος, omnis 7, 14; 14, 11;
16, 9: totus 21, 15: universus 20, 12; 21, 6
ὁμοίως, similiter 20, 5
ὁμοίωσις, similitudo 20, 1
ὁμοῦ, sed 14, 10
ὄνομα, nomen 9, 14; 15, 10;
19, 7. 8. 10
ὁπόταν, cum 14, 4. 14
ὀπτάω, coquo 17, 6: excoquo 17, 6
ὅπως, quo 11, 13: ut 14,
8; 18, 11; 21, 8: ita ut
14, 12
ὁράω, video 12, 7; 14, 4;
20, 1. 4
ὀργή, ira 14, 8
ὀρθός, rectus 6, 4
ὅρια, fines 10, 3
ὁρίζω, constituo 11, 10
ὀρνίθιον, pullus 16, 2 (bis)
ὅς, qui 7, 2; 8, 1; 10, 10;
11, 6. 7; 13, 11; 17, 8;
18, 1. 4. 7; 20, 1. 2. 4
(bis). 12; 21, 16: — 13,
13: ἄχρις οὗ, usquequo
13, 7: ἕως οὗ, usquequo
16, 12
ὁσάκις, quotiens 12, 1
ὅσοι, qui 15, 12: quicumque
20, 17
ὅστις, qui 12, 15
ὅταν, cum 14, 6; 15, 2; 16,
14; 17, 2; 21, 5. 9
ὅτε, cum 12, 7: ex quo 15, 13
ὅτι, quia 7, 4; 17, 12; 19,
13; 21, 2: quoniam 19, 4:
id est 20, 2
οὐ (οὐκ), non 6, 4. 14; 7,
13; 16, 10; 17, 12; 19,

ῥίζα, radix 14, 13; 15, 1. 2. 3

σαλεύω, concutio 15, 3
σάρξ, caro 7, 11
σεσττοῦ, tuae 6, 8; 7, 15
σέβω, colo 9, 12; 20, 15
σεισμός, terrae motus 11, 10; 12, 1; 15, 4
σελήνη, luna 13, 2 (bis). 4. 10; 18, 9; 20, 12
σημεῖον, signum 11, 2
σήμερον, hodiernum 22, 7
σῖτος, frumentum 17, 5
σκήνωμα, corpus 16, 4
σκοτίζω, obscuro 14, 8
σκότος, tenebrae 6, 12; 9, 14. 16; 10, 3. 4. 9 (bis). 11. 14; 11, 2. 3; 15, 13; 17, 13; 19, 1; 20, 14
σκοτόω, obscuro 17, 13
σταυρόω, crucifigo 11, 6; 14, 2
στάχυς, spicae 15, 15
στερέωμα, firmamentum 11, 6. 8; 14, 1
στηριγμός, confirmatio 19, 7
στοιχεῖα, elementa 10, 7
στρέφω, verto 12, 15
στῦλος, columna 13, 11. 12
σύ, tu 6, 1. 7. 8. 15; 7, 15; 8, 12. 14; 15, 6; 16, 15; 17, 1. 3. 4. 12; 18, 13; 19, 9: — 6, 9: σοῦ, tuus 7, 13: περὶ σέ, tuus 6, 3
συγκινουμένου . . Ὁμοφόρον, Homophori concussio 15, 4
σύγκρασις, coniunctio 9, 16: — 12, 7
συλάω, furor 12, 3; 18, 7; 20, 10: συλάομαι, decipior 14, 11. 14: furtum patior 20, 9: συλᾶν ἐπιχείρει, furto adpetit 13, 15
συμπτώματα, ruinae 6, 2
σύν, cum 5, 22
συναντάω, invicem occurro 11, 1
συνδέω, conligo 14, 14
συνίσταμαι, statuo 12, 14
συντέλεια, consummatio 18, 13
συντόμως, breviter 9, 12
κατὰ . . σύστασιν . . προσεμαχήσατο, acciderit . . ut . . bellum commiserint 10, 3

σφαῖρα, sphera 11, 6; 12, 15
σώζω, libero 11, 3; 13, 8: αἰτία δι᾽ ἧς αἱ ψυχαὶ σώζονται, causa salutis animarum 13, 13
σῶμα, corpus 9, 16; 11, 6; 12, 8; 14, 12; 15, 7. 8. 9; 16, 5. 6. 8. 9. 12; 17, 12; 18, 12
σωτήρ, salvator 7, 4
σωτηρία, salus 6, 7; 7, 15; 12, 9. 14

τέ, et 6, 6: — 15, 4; 20, 15
τεῖχος, murus 21, 13 (bis)
τέκνον, filius 5, 23; 6, 15; 8, 2
τέλειος, perfectus 13, 12
τέλος, finis 7, 1. 2: ἐπὶ τέλει, ad ultimum 21, 4
τίθημι s. θέμενος
τίμιος, honorabilis 19, 9: τιμιώτατος, honorabilis 8, 2
τὶς, aliquis 7, 15; 15, 7: quidam 7, 10; 12, 3; 13, 15; 17, 8: εἴ τις, qui 15, 15; 16, 2 (bis). 9. 10: si quis 16, 3. 10. 13; 17, 4. 9. 12: 19, 3
τοίνυν, ergo 12, 2
τολμάω, audeo 7, 7
τόνῳ, validius 15, 3
τότε, et 11, 7: tunc 10, 11; 11, 4: 12, 2; 14, 7; 15, 1; 21, 5. 9: — 15, 2
τρεῖς, tres 11, 5; 22, 3
τρέμω, intremesco 11, 10: tremo 12, 1
τρέχω, curro 14, 7
τρίτος, tertius 21, 12
τοῦτον . . τὸν τρόπον, hoc modo 9, 17
τυγχάνω s. τύχοι
τυφλόω, excaeco 19, 2
ὡς ἂν τύχοι, indiscrete 6, 16: τῶν ἅμα σοι τυγχανόντων, qui tecum sunt 6, 8

ὕδωρ, aqua 10, 7; 16, 10; 21, 14
υἱός, filius 7, 10; 11, 11; 12, 9. 11
ὕλη, materia 9, 16; 10, 8; 12, 2; 16, 7; 17, 13; 18, 7

ὑπέρ, pro 17, 3
ὑπισχνέομαι, promitto 8, 15
ὑπό, a 8, 12; 10, 11; 14, 1. 11. 14; 20, 9: ex 10, 13: per 12, 15; 13, 7; 20, 12
ὑπόθεσις. — 12, 7: ὑπόθεσιν στῆσαι θέλοντες, gratia praedicandi 22, 7
ὑπολαμβάνω, puto 12, 12

φαγεῖν s. ἔφαγον
φαίνομαι, adpareo 12, 11; 14, 2
φανεροῦμαι, manifesto 19, 8
φασήλια, fasiolum 15, 14
φαῦλος. — 6, 13
φείδομαι, subvenio 6, 5: parco ac provideo 7, 15
φέρω, defero 17, 2: φέρομαι, subsisto 6, 11
φθάνω, pervenio 7, 8
φιλοφροσύνη, humanitas 8, 13
φίλτρον, amor 14, 5
φλέγω, instigo 14, 5
φονεύω, occido 16, 2: — 16, 2: φονεύομαι, homicidium admitto 15, 9
φορέσαν, indutus 11, 4
φράζω, expono 8, 15
φράσεις, eloquentia 7, 14
φρόνησις, prudentia 15, 11
φυράω, conspargo 17, 6 (bis)
φυσικός, naturalis 7, 13
φύσις, luminare 22, 1: natura 19, 10
φυτεύω, planto 16, 7
φυτόν, arbor 18, 2. 3: φυτά, plantas vel germina 12, 2
φῶς, lumen 20, 2: lux 6, 1. 12; 9, 14. 15; 10, 4. 7; 13, 12; 21, 11
φωστήρ, luminare 11, 7; 13, 1. 4: 17, 8. 20, 11: μικρὸς φωστήρ, luna 21, 15

χαίρω, gaudeo 6, 3; 20, 8: χαίρειν, salutem 8, 12
χαμαί, in terra 17, 9
χάρις, gratia 5, 23; 11, 2: χάριν, de causa 20, 10
χείρ, manus 17, 10
χόρτος, faenum 15, 14
χράομαι, utor 19, 9
χρόνος, tempus 7, 13

Acta Archelai.   8

ψυχή, anima 6, 8; 9, 15; 10, 10; 11, 1. 7; 12, 6. 8. 9. 14; 13, 1. 7. 9. 10. 12. 13; 15, 6. 9. 10; 16, 10; 17, 10; 18, 10; 20, 11; 21, 8: animae 13, 8

ᾧ, ὁ 6, 15
ὦμος, humerus 12, 2
'Ωμοφόρος, im Namenregister unter Homoforos
ὡραῖος, decorus 13, 15
ὡς, sicut 6, 9. 13; 8, 1. 15;

17, 4: tanquam 10, 8; 11, 2: ut 12, 12: ὡς ἂν τύχοι, indiscrete 6, 16
ὥστε, ideo 20, 14: ita ut 16, 5

IV. Lateinisches Wortregister.

Dieser Index soll den Sprachgebrauch der Acta illustrieren, besonders an denjenigen Stellen, wo die HSS auseinandergehen oder der Text sonst unsicher ist und wo ein Unterschied zwischen dem Übersetzer der Acta und dem Schreiber des Anhangs zu konstatieren ist. Auch die ungewöhnlichen Wörter bezw. Bedeutungen werden angemerkt, sowie die Konstruktionen, die den Übersetzer der Acta charakterisieren. Vieles ist eingetragen, das den Eigentümlichkeiten des Spät- oder Bibellateins im allgemeinen angehört.
 * kennzeichnet diejenigen Wörter, die sich nur im Anhang (S. 98, 18—100) finden.

a b universa civitate colebatur 1, 9; adflictus est a (ὑπό) tenebris 10, 25; a (ὑπό) vivente spiritu educti 14, 15; tenebrarum a quibus decepti 18, 27; homo a mala natura plasmatus manifestum est 31, 6; a nobis reticendum est 39, 26; plurimum tibi ab humana deest prudentia 52, 33; quia nihil minus feci vobis a ceteris apostolis 57, 3; permanete inmobiles ab spe euangelii 58, 17; praestructi sumus a sanctis scripturis 59, 2; ab stella 72, 17; ab spiritu 75, 9: cum spirituale corpus a crassioribus corporibus non valeat comprehendi 88, 20; omnium universa quae a corpore sunt 99, 7; infamant quemcumque a nobis invenerint 100, 12

Ablativ: interiori 6, 28; 35, 25; maiori 21, 27, *aber* maiore 62, 18; exteriori 35, 25; inferiori 37, 16; longiori (longiore *C*) 50, 20; igne 72, 24; meliori, deteriori 77, 4, *aber* meliore 97, 14; acerbiori 83, 9; priore 83, 23; superiore 90, 24; sublimiori 98, 12; accito uno ex pueris suis Callisto nomine praecipit proficisci

9, 1; tenebris ex accidentibus esse demonstratis non possunt usw. 38, 24; haec eo cogitante deus eum detrudi iubet 92, 13; quibus postea agnitis Archelaus adiecit ea 95, 20; s. *auch* a, io
a b n e g a n s reditum fore 8, 25
a b o r s u s (*Zeitwort*) 54, 1; 54, 30; (*Nom.*) 54, 8 novissime omnium tamquam a b o r t i v o (ἐκτρώματι) visus est et mihi 56, 28
abortus (*Nom.*) 54, 2
a b s c i s i o n e capitis 66, 22 qui est in a b s c o n d i t o (*M*) 35, 14
a b s c u l t a n s (*M*) 1, 8
unde semel a b s o l u t e nomen tale est 31, 8 voluit eum a b s o r b e r e 41, 1; absorta 47, 10; 49, 1
Abstrakta: omnis senilis aetas victa laboribus corruebat in terram 3, 5
a b s i t *häufig in der Antwort, z. B.* 26, 15; 41, 11. 32; 47, 12; 69, 21; absit ut confitear 80, 16; absit ut declinemus 87, 32; quod absit ab unoquoque fidelium dicere 87, 26
vos ignis a b s u m e r e habet 24, 9; usquequo totum mundum ignis absumat (κατ-

ἀναλώσῃ) 21, 30; sicut scintilla ad splendorem solis admota absumitur (assumitur *C*) 61, 24
addidit etiam hoc in lege nihil a b s u r d u m fieri debere 49, 18
a b u n d a n t e s in gratiarum actione 58, 21; unde abundare existimavi de multis pauca dixisse 63, 15
a b u t i divitiis ad opus iustitiae 70, 15; abutimur inanitate verborum 79, 28
ubi a b y s s u s? 26, 22
parem gratiam tribuit ac si universis pariter renuntietur 70, 15
a c c e d i t is requirere (accidit ut requireret *A*) 68, 8 (= παραγένετο?); *statt* accido 28, 25 (*M*); 36, 31 (*CM*): 94, 8 (*C*); *vgl.* 94, 4: *statt* accipio 68, 27 (*CM*)
a c c i d i t utrumque vita discedere 69, 3
quid ego haec indignanter a c c i p i o? 59, 30; ab his qui habebant accipiebat (suscipiebat *A*) 70, 8; *vgl.* excepit 70, 26; accipio *statt* accedo 93, 19 (*CM*)
qui vocibus non accommodet fidem 85, 9; *vgl.* 52, 29; 86, 16; si pars aliqua non accommodaverit adsensum 27, 24

voluntates eius audiunt 51,
23; ostendit se esse paracletum cum dicit 56, 17;
vgl. 24, 12; cum (C) in-
becilli praesumebant 4, 14
(nur hier m. Ind. imp.);
cum m. Ind. fut. fehlt;
cum dies inclaruit perduxerunt 2, 33; cum fuit dei
voluntas in nobis misit
84, 28 (nur in diesen
Stellen m. Ind. perf.); cum
laboraverit (ἐπὰν κάμῃ) in-
tremescit 11, 22; cum re-
pleta fuerit (ἐὰν γεμισθῇ)
transfretare 13, 18; vgl. 13,
19. 23; cum viderint (ὁπόταν ἴδωσιν) moventur 14,
17; cum conparuerit (ὅταν
γένηται) producit 14, 20;
cum tribulatus fuerit (ἐὰν
θλιβῇ) sudat 14, 22; cum
deceptus fuerit (ὁπόταν
σπληθῇ) incipit 14, 28; cum
exierit (ἐὰν ἐξέλθῃ) necesse
est 16, 18; cum voluerint
(ὅταν μέλλωσιν) orant 16,
28; cum dixerit (ὅταν
εἴπῃ) respondet (respondit
A M) 17, 16; cum occide-
rint oboriuntur 17, 22; cum
fecerit (ὅταν προφάνῃ)
derelinquit 21, 21; vgl.
25, 18. 20; 27, 3; 37, 12. 13;
38, 1; 40, 3; 67, 26; 68, 1;
72, 23; 82, 10; cum causale
23, 22; 42, 23; 52, 4; 71, 10;
79, 24; 99, 24; cum concess.
58, 10. 11; quid agebat
unus cum alter extruxerit
39, 10; cognosces cum fuero
7, 28; haec fient cum venerit (ὅταν ἔλθῃ) 21, 25; vgl.
27, 23; 28, 4; 30, 21; 47, 6;
60, 11 (ὅταν ἔλθῃ); 73, 7
(ἡνίκα ἐὰν ἐπιστρέφῃ);
cum viderit iactavit 40, 34;
cum manserint (manserunt
C) quare procidit 88, 10;
cur cum promiseris mi-
sisti 44, 22; vgl. 44, 25; 45, 6;
55, 9; cum dixeris quare
dixit 60, 9; cum in omni-
bus propriis suis maneat
28, 28; cum (causale und
concess.) sit . . est 23mal;
cum esset 43mal; cum
quintus decimus transigeretur dies 3, 29; cum a servatoribus interrogaretur nie-

bat 5, 11; cum fuisset
54mal; s auch ἐάν, ἐπάν,
ὁπόταν, ὅταν, si, tunc
interroganti se pastori cur
paruerit 42, 25; cur virtus
dicta sit lex exponimus
50, 14
desinamus ab inani et curiosa varietate 96, 24
certamen certavi circum cucurri 58, 26; non in va-
cuum cucurri 62, 12. 22; in
vanum cucurri 79, 1

deferre de (< M) gregibus
3, 23; plurimi ex (de M)
diversis urbibus 4, 9; auch
sonst nur ex bei plurimus;
auxilium de (ex C) eo praesumebant 4, 14; de Persida
venio 5, 13; conservet te a
(de A) saeculo 5, 21; ἀπό
— a bezw. ex, nicht de in
den Acta; qui de patris
sinibus descendit 7, 23; de
domo non discedit 9, 7;
comederunt de armatura
10, 24; eduxisset eum de
tenebris 10, 28; cum exierit de corpore 16, 18; date
mihi de lumine 20, 19; vgl.
20, 22; commixtio de huiuscemodi occasione descen-
dens 27, 2; de intus 35, 31;
vos de patre diabolo estis
50, 31; eiecti sunt de paradiso 53, 26; qui de Maria
dei genetrice natus est
55, 30; vgl. 84, 21; de
semel 56, 26; si angelus de
caelo adnuntiaverit 57, 14;
confisus de benignitate legentium 63, 29; coepit dicere plurima ex lege multa
de euangelio et apostolo
Paulo 65, 10; quia hoc de
vacanti fieri poterit 67, 12;
vgl. 74, 19; Moyses edu-
cens populum de medio
Aegyptiorum 75, 3; acce-
pit uxorem de superiore
Thebaide 90, 23; de
Aegypto pertulerat 92, 16;
suggerentes de his malis
94, 5; de reliquo 94, 6;
elapsus de carcere 94, 31;
participari de ea cupiebant
97, 7; s. ἐξ, περί; vgl. ab, ex

decido m. in und Akk. 41, 1;
51, 12; 52, 10 (Abl. C);
52, 12 (Abl. C); humi de-
cidere 3, 4
decora = ὡραῖα 13, 27;
— εὔμορφος 14, 16; bel-
lus, pulcher fehlen
cum utrumque dedicetur
33, 29
ne forte nomen solum defendat 29, 25
osculis eum defixus am-
plectitur 63, 20
audi definitionem tuam in
qua stas 86, 16
dehonorare (dehonestare A)
oportet pedagogum 67, 26
deitatem ipsius humanis infirmitatibus conparas 39, 17;
in ipso habitat omnis plenitudo deitatis 58, 23; superest ut deitas in illo haec
passa fuerit 100, 4
ad discipulatum deligit
82, 18
videris mihi delirus esse et
obliviscens propositionum
tuarum 28, 15; ut dicam
delire (dilere C) non homo
qui frequenter oblivisceris
ea quae dicis 87, 14
demisso (demerso C) ca-
pite 2, 23; demissis onere
brachiis 3, 4
in qua demorabatur Manes
4, 22; in quo demorabatur
(morabatur C) Diodorus
78, 1
et animam et corpus incipiunt denegare* 99, 32
extra se terram derelinquit
(ἀφίησιν) 21, 22; vgl. 44, 25;
proximis omnibus heredi-
tatem derelinquens 43, 32;
ipsi domini heredesque derelicti 44, 2; bonis sibi derelictis uti 93, 1
commixtio de huiuscemodi
occasione descendens
27, 2; absit ut dominum
nostrum per pudenda mu-
lieris descendisse confitear
80, 16; Basilides de hac
inpietate descendit 98, 26
zodiacum circulum descri-
bere 38, 6; placuit disputationem hanc excipi atque
describi 63, 28; vgl. 98, 16;

astrologo describenti caelestia 79, 2
ut ipsi desecentur (θερι-
σθῶσι) 15, 29
habitare in Aegypto magis
quam in desertis 90, 24
ut non euangelio Christi deserviant 24, 23; cum
templis ex more deserviat
28, 28; operibus iustitiae
deservire 45, 18
plurimum tibi ab humana
deest prudentia 52, 33;
quae deerant tribulationum
Christi 57, 16
eos dolus et lapsa quasi pietas
detegit* 99, 23
veste squalida ac detrita
circumdatus 71, 6
ars detestanda est 71, 28
apocrusin detrimentum fa-
cere 13, 19
devoratorem sanguinis et
carnis 25, 1
dextera *usw. immer außer*
dextras (.M) 11, 14; (A)
68, 24
appellatus est diabolus eo
quod transitum fecerit de
caelestibus et quod in terris
mandato dei obtrectator
existeret 51, 16
dicentes ad panem 16, 28;
dicit quia princeps est 19, 26;
cuius est mandatum illud
dico quod datum est? 32,
7; cum salvatoris voce dicatur ad eos 35, 26; dices
mihi deus est 41, 19; aliud
dicimus exemplum 43, 24;
dic ad ea quae proposuit
47, 23; quid dicit scrip-
tura? 59, 25; dicebam ei
sermonem euangelicum
65, 6; dicebat quod dixe-
rit deus 65, 14; hoc dico:
numquid hoc iniquitas ap-
pellanda est? 69, 18; quomodo in hodiernum dicit?
73, 10; Iannem dico et
Mambrem 77, 2; uti ne
dicas quoniam consonant
82, 2; quo abiciemus voces
quae dicunt? 84, 27; dicit
ausgelassen 99, 12
eadem ipsa die 22, 21; in
die septima 49, 9; tertia
die 56, 24; in illa die 58,
27; quadam die 64, 6; tertia

die 82, 30; ad hunc diem
2, 17; quintus decimus dies
3, 29; magnus iudicii dies
63, 10; ante hos dies 67, 8;
in hodiernum diem 95, 7;
ultimum (ultimam C) diem
62, 27
dignitate nominis mentiris
39, 16
indignatus adversus mortem
advenire dignatus est
48, 24; David Iesse non
dignatur audire 81, 13
si hoc dignum est facere
deum et dolos exquirere
42, 8; qui non sum dignus
vocari apostolus 56, 9; dignus es qui inludaris 87, 19
dilectionem tuam sentiens
6, 19
ex fructu omnis arbor dinoscitur 31, 16
verborum eius discipulus
80, 25
nec numero aliquo nec discretione ulla distinguit
2, 3; qui discretionem habere possunt 25, 18; non
est in his naturis ulla discretio 29, 5; quae ad discretionem esset uniuscuiusque regni 39, 30
expetebant primos discubitus (discubitos M) 36, 3;
-os ⹀ -us *nur hier*
adinpletur lunae discus
13, 16
velim de scripturis discutere
unumquemque sermonem
74, 17; istos si discusseris
incipiunt denegare 99, 31;
das Wort nur hier
malignus ignorans dispen-
sationem 48, 27; dispen-
satione prolata 52, 30
filium et patrem dissimiles*
esse 99, 18; absimilis *fehlt*
pretia militibus nec numero
aliquo nec discretione ulla
distinguit 2, 3
hi non multum a gentilitate
distant* 98, 30; quantum
distare filium a patre 99, 14
districtissimam ultionem
retorquebat 99, 23
magnifico honore ditatus
56, 12
quae diversoria Marcellus
instruxerat 5, 10

quis est qui inter eos diviserit 36, 17
Pharao adfligens filios Istrahel divinitate neglecta
50, 17; unam summam di-
vinitatis efficit 98, 28; divinitatem Christi negantes
98, 32; divinitatem duplicem simularunt 98, 18
documentum quaeritis eius
qui in me loquitur Christus
43, 7
sperans adsertorem dogma-
tis sui fieri posse Mar-
cellum 4, 24; qui dogma
aliquod adserere volunt
64, 27; huius dogmatis sectatores 90, 18
ad oves perditas domus
Istrahel 80, 20; ingreditur
domum 2, 1; in Archelai
domum residere 22, 20;
quis potest introire in (< M)
domum? 29, 20; de domo
discedebat 9, 7; si sit in
domo 36, 17; qui in domo
sunt 36, 29; quae domi didicissent 69, 6; quae domi
(domui C) suae geruntur
79, 3; ingreditur domos
62, 31
donec '*so lange als*' *m. Ind.*
4mal; nicht ⹀ '*bis*'
dormio ⹀ κοιμάω 56, 27;
73, 9; 85, 6
post dormitionem* sancti
martyris Cypriani 99, 6
praemittit protectores suos
signa dracones labaros
duces 61, 10; quod habeat
adiutorem draconem illum
65, 13
scire te non dubito hoc
35, 10
quia indigeat nulli dubium
est 34, 22; *vgl.* 52, 24;
97, 29
dum hauriuntur (⹀ *Gen. ab-
sol. des Griech.*) 13, 20;
quomodo non dum alteri
invidet inrogavit infamiam
34, 11; ne dum (cum A)
circuimus dies claudatur et
dum adparemus conferamur
71, 2; dum argueretur se-
cessit 92, 5; evadere po-
tuit dum nemo insequere-
tur 95, 13

dumtaxat 60, 8; 81, 25;
84, 3
duplici cogitatione 5, 1;
duplici causa 92, 17; divinitatem duplicem simula-
runt 98, 18

ex ligno ebelino 22, 27
qui ex Persarum provincia
ebullivit 90, 8; aliae multae diversae hereses ebullierunt 98, 32
intellegendum est quia nupserit Ioseph virgo castissima
et inmaculata ecclesia
81, 4
praeter eam (scientiam) quae
apostolica est et ecclesiastica 67, 8
efficior = γίγνομαι häufig
intellegendum est tenebras
effugatas 33, 15; turba
concitavit se ad effugandum
(fugandum M) Manen 63, 22
quod non egeant solliciti
esse homines 61, 21
quinque elementa (στοι-
χεῖα) 10, 21; propter quod
sub elementis mundi essent
26, 2; elementorum cursus
97, 26
in elephantiacorum (κελε-
φῶν) corpora 15, 23
ad emendationem (ἐπαν-
όρθωσιν) generis humani
missus 6, 21
apostolus Petrus discipulorum
omnium eminentissimus
81, 14
enfasis id est color 97, 10;
tenebrae sumpserunt intuitum et yles enfasin 97, 13;
cum sumpsissent speciem
quandam lucis atque en-
fasin 97, 14
enim fast immer = γάρ
ut eat in poenas aeternas
16, 19
qui episcopatum deside-
rant 90, 4
velut epylogum quendam
morti eius transmittentes
95, 23
equidem (statt et quidem)
25, 26 (C); 73, 23 (A);
s. et
-ere ==-erunt, nur in M, 2, 34;
3, 2. 14

quae quasi ergastula in
parte maligni posita sunt
26, 8
ergo s. οὖν, τοίνυν
violentia erratici spiritus
76, 2
erupit* heresis 99, 2. 12;
erupit Manichaeus 99, 5
esca sing. 4 mal, plur. 2 mal
draconis caput esecans*
98, 1
et: καί steht ziemlich häufig
am Anfang eines Satzes
im griechischen Teil, s. B
7, 6. 12; 9, 15; 12, 10;
17, 2; der Übersetzer hat
et geschrieben, wo es im
Griech. fehlt, sowohl als
kopulatives Verbindungs-
wort als auch für etiam. s. B.
11, 19; 13, 26; 15, 19;
20, 30; 15, 20. 29; 16, 17;
17, 18; et steht häufig am
Anfang eines Fragesatzes,
s. B. et quomodo 27, 6;
32, 4 (vgl. 32, 23). 9. 19
(vgl. 32, 25); 36, 22; 47, 3;
57, 19; 62, 30; 87, 7; et
quando 30, 32; et cui 35, 12;
et quis 36, 8; et quid 65, 28;
vgl. für etquis neben ec-
quis Archiv f. lat. Lexi-
kogr. Bd. 15, S. 76; et
quidem 25, 20 (equidem C);
43, 7. 27; 53, 8; 64, 14;
73, 23 (equidem A); 79, 16;
97, 10; et quoniam 46, 13.
16; sicut et 24, 4; 31, 16;
33, 26 (et < C); 36, 27;
46, 24; 71, 11; 72, 21;
73, 3 (et < A); 77, 8 (ὡς
καί); 85, 11; 89, 20; 90, 18;
99, 10; etiam et 49, 5;
55, 24; nam et 31, 20;
41, 16; 55, 8; 66, 22; quoniam et 95, 10

etiam cetera (∼ M) 25, 4;
fast immer in dieser Reihenfolge, vgl. etiam reliqua
27, 23; 46, 29; 64, 26;
etiam et 49, 5; non solum
... verum etiam et 55, 24;
etiam ipse 16, 18 (καὶ
αὐτός); 17, 19 (καὶ αὐτός);
51, 26; 61, 23
etsi diversa substantia sit
(est M) 33, 1; etsi conculcaveris 88, 25
Etymologie: s. diabolus

sermo euangelicus 37, 1;
65, 7
euangelista Matheus 57, 29;
Iohannes maximus euange-
listarum 77, 10
ad euangelizandum 60, 7;
vgl. 25, 6
volens evomere cogitata
53, 16
interfecerunt ex nobis ad
mille trecentos viros 2, 32;
ex (ἀπό) tenebris liberati
11, 15; e contrario 27, 9;
quae ex initio facta com-
mixtio est 27, 19; utendo
ex eo perverse 31, 22; quia
ex tempore et non ex aeternitate regnavit 47, 6; liberavit eos ex cruciatibus
49, 29; laus non ex homi-
nibus sed ex deo est 71, 24;
non deficiet princeps ex
(de A) Iuda 73, 16; vgl.
73, 25; 74, 4; utrum de
Ioseph generati sunt aut ex
eodem spiritu sancto 81, 1;
e kommt 8 mal vor
hoc me non exacerbat 72, 13
qui vita excesserunt 44, 20;
qui vitam excesserunt 45, 7
placuit disputationem excipi
atque describi 63, 28; vgl.
98, 16; in semet ipsum
causam excepit (suscepit A)
70, 25; vgl. 70, 8; dignum
potuit excepisse supplicium
84, 2; vgl. 84, 9; das Wort
nur an diesen Stellen
si panem coxerit excoque-
tur 17, 20
iussit eum excoriatum suspendi 95, 18
qui in exequias non ierit
crucifixo 44, 10
fatigatis ministeria exhibens
(parens M) 3, 21; praesentiam sui Manes exhibet
apud regem 93, 21
per hoc ipsum exiguum
lucis 97, 18
exinanivit semet ipsum
87, 30
inest aliquid providentiae et
existimationis? 32, 18
perquirebat quo casu ipsi inferiores extiterint 2, 12;
quod mandato dei obtrec-
tator existeret 51, 17; quod
tam paratus et tam promp-

salvabitur omne animarum
genus 41, 6; hoc solum
ultimum genus salvabitur
45, 13; linguae totius generis cessabunt 61, 21
Gerundium: si cui vires fuerunt tolerandi 3, 1; remoratus est non inveniendo
responsum 28, 8; nisi prius
gustando discat 30, 1; utendo ex eo perverse 31, 22;
illum ad comedendum ani-
mam provocavit 42, 6; se-
veritate usus est legis nulli
indulgendo iniuriam 49, 30;
si in iniuriam permanserit
inrogando 50, 2; quos deus
creavit ad percipiendum
(εἰς μετάληψιν) 57, 26;
praemisit prius ad explo-
randum quanta sit 59, 5
glorificatum est (δεδό-
ξασται) quod gloriosum
factum est 66, 6; glorificabitur ab iis 68, 17
arescente linguae glutino
3, 9
qui camelum glutiunt 35, 26
grammaticae artis et dis-
ciplinae rhetoricae peritissi-
mus 23, 9
grandis *fehlt*
huius signi gratia 11, 14;
dogmatis huius gratia praedicandi 22, 15; in gratiarum actione 58, 21; *vgl.*
57, 26. 28
animam corporis guberna-
cula dicimus 34, 24

habent vinculis tradi (ἔχουσι
δεθῆναι) 21, 18; vos aeternus ignis absumere habet
(absumet *M*) 24, 9; quod
vincitur vicinum habet interitum 29, 19; eos vult
pro certo habere quia esset
usw. 56, 10; non habetis
opus ut scribam 62, 28
habitaculum 88, 6. 13
non agnito habitatore
templi neque inhabitator
conlocatur 33, 28
quae provincia habitatur
(habetur *CM*) a Persis
91, 13
hebes sensu 32, 24
heu 36, 24

hic *mehr als 450 mal:* *s.* ὁ,
οὗτος; haec (*statt* hac
ACM) 8, 5; 11, 23 (*A*); 12,
23 (*A*); 20, 26 (*A*); 49, 1 (*C*);
67, 3 (*CM*); 76, 9 (*C*); hii
— hi *und* ii; *s.* *Einleitung*
S. LIII
hilaris 62, 16
in hodiernum 22, 15; 51, 14;
73, 4. 6. 8. 10; 90, 6; in
hodiernum diem 95, 7
homines qui non didicimus
vulnerant 2, 30; primus
homo 10, 25; est vobis
hominibus commixtio cum
uxoribus 27, 1
quid ei potest ex istis creaturis esse homousion? 52, 5
triginta argenteis honoratus 54, 27
hospitalissimus Marcel-
lus 5, 10
peregrinorum et pauperum
hospitium 4, 17; qui
mansionibus atque hospitiis
praeerant 5, 17; obsequentissimo fovebat hospitio 8, 5
huc usque 3, 16
confitentur humanitatem
eius ex Maria 98, 33; vo-
lunt humanitatem in Christo
negare 99, 33
humilitate se mitigant 70, 1
parvulos humi decidere sinebant 3, 3
hypocrises et fallacias ad
Evam demonstravit 53, 23;
in hypocrisi mendacia lo-
quentes 57, 24
qui deforis hypocritae sunt
35, 26

quae iamdudum construxe-
rat 40, 16
nullo ibidem discipulo ad-
quisito 92, 6
unum atque idem 20, 30;
28, 4; 29, 4; 35, 9; 41, 34;
vgl. 47, 25; filium eiusdem
99, 13
idiotam me esse confiteor
66, 30
ieiunavit quadraginta dies
75, 8; *vgl.* 11
ieiunos (nos ieiunio *M*)
vesper obtexit 2, 20
non ita obscure et ignobiliter adveniet 61, 8

forsitan peccantes ignorabamus 2, 25; ignorantes
quia exterminantur 25, 9;
ignorantes quoniam ipse
fecit 36, 7; ignorans prae-
sentem esse Archelaum 78, 2;
sermo est hominis (< *M*)
ignorantis 79, 32
ille *um 200 mal:* *s.* αὐτός, ὁ
pervideo Moysen imagina-
riam legem tradidisse
49, 6
immo potius 58, 11; 68, 21;
97, 19; immo vero 27, 9;
70, 5
Imperativ: *s.* profero
Persarum in regione eum
pertulit admirandum 4, 21;
similes in signaculo 27, 16;
artificium eius in malo conversum 31, 21; si sit in
domo 36, 17. 29; non in
tuto (*vielleicht* — ἐν ἀσ-
φαλεῖ) nunc fieri ratus sum
38, 7; *vgl.* in primo 61, 14;
in nullo 71, 27; 78, 26; si
horum nihil in causa est
deo destruendi 40, 15; in
sex diebus 49, 9; in die
septima 49, 9; in iudicii
tempore 50, 8; in novissimis temporibus 57, 23; in
illa die 58, 27; in Ierusalem
habitant 59, 19; in die
iudicii 63, 25; in diebus
istis 64, 12; in sabbato
65, 24 (*bis*); *vgl.* 65, 22, 26;
in die sabbati 65, 25; differt
in gloria 72, 17; praecellit
in gloria 72, 19; in tempore
ipso 78, 11; in quo con-
placui 85, 30; *vgl.* εἰς, ἐν,
πρός; conferens ambos
deos in huiuscemodi exem-
plum 9, 24; morietur in
saecula 19, 17; speraverunt
in deum 21, 18; ut vincian-
tur in aeternum 21, 24; in
Archelai domum residere
22, 20; introire in (< *M*)
domum 29, 20; in vanum
34, 6; 79, 1; in futurum
41, 12. 15; *vgl.* in futuro
50, 9. 10; in nullum 42, 34;
elevata in modum tubae
voce 63, 24; in vacuum
62, 12. 13. 22; dies claudatur in noctem 71, 3; ani-
mam perdere in gehennam

79, 14; non in amplius proficient 90, 19; duas mortes
in eum vindicare cupiens
95, 17; in quae blasphemabunt 99, 26; *vgl. εἰς, ἐπί*
abutimur inanitate verbo-
rum 79, 28
eisdem mysteriis inbuuntur*
98, 31
iam captivos eos tenere incipiens 83, 28
incircumcisus 71, 21
cum dies inclaruit 2, 33
Marcelli viri incliti gratia
78, 24
Inconcinnitas: lux uni nomen
inponit et alteri tenebras
9, 21; intuemini aliquem
volentem thesaurum sig-
nare et velle signaculum
exprimere 27, 11; et clementius et cum venia respon-
sum dare 83, 5
incondite protulisti 30, 26
pater inconparabilis 67, 1
incontaminati atque in-
maculati regni praedicatores 61, 14; convenit incon-
taminatae virgini 81, 8
inconversibilis 29, 3 (conversibiles *CM*); 29, 5;
51, 31; inconvertibilis 28, 7;
28, 13; 28, 20 (*C*); 28, 23 (*C*)
acerbiori increpatione
damnatur 83, 9
de novis heresibus incre-
pandum est 99, 11
blasphemiae crimen incurrit
86, 2
referatur ad me incusatio
71, 24
indeclinabiles iudices 79,
6; haec indeclinabilia esse
confirmo 80, 26
lumen verum indeficiens
36, 23; indeficiens lux 37, 21
indesinenter 49, 16
virga ferrea regi indigeat
a deo 47, 33; indigent pedagogo 69, 8; nequaquam
circumcisionis indigeo 72, 2;
parvo lucernae igne indiget
72, 24
quid ego haec indignanter
accipio 59, 30
indiscrete — ὡς ἂν τύχοι
6, 30
non sermonem indiscussum
relinquam 31, 1

indulgentissime ministra-
bat 4, 11; indulgenter praeberent 44, 3
admiratus est habitus indumenta 22, 24
senilis aetas resoluta per inediam 3, 5
nostram ecclesiam traditorum
infamant* 100, 12
infantes Manem pellere ac
fugare coeperunt 63, 21;
vgl. 68, 5; *nur hier*
mihi infimo omnium apostolorum 57, 15
Infinitiv: initium factum est
sentire eos virtutem 50, 27;
proclamant quod similes
eos esse non posse 99, 17;
*für andere Fälle vom Inf.
nach* quod, quia *usw. s.
Archiv f. Lat. Lex. Bd. 3,
S. 49 und Morin, Anecdota
Maredsolana Vol. III.
Pars III. S. 189; s.* accedo,
dignus, egeo, facio, habeo,
indigeo, necesse, periculum,
possibile, provenio, quaeso,
rogo, sum, venio
uti infinita* praeteream
99, 10
infirmitas — morbus 84, 6
qui non superbia inflam-
mantur 69, 25
quae (lex) mortis ministerium continet informa-
tum 25, 12
ingentem doctrinam ferens
ades 28, 2; ingens *7 mal,*
magnus *17 mal;* grandis
fehlt
praeter propositum est meum
in te ingerere 87, 21
neque inhabitator conlocatur 33, 28; pro anima in-
habitatorem fuisse verbum
deum 99, 32
laqueum alicui inicio (ἐπιβάλλω) 7, 29; in corpus
inici (μεταγγισϑῆναι) 16,
19; inicitur in ignem (βάλλεται) 18, 25; manus iniecistis in patrem Christi
24, 11; ut manus inicerent
in Manen (mane *CM*) 34, 31
quibus a gentilibus initiatur* 98, 31
initium factum est sentire
eos virtutem 50, 27
quo luto caeci oculos inlinitos videre facis 59, 17

Mithram locorum myste-
riorum inluminatorem
59, 28
incontaminati et inmaculati
regni praedicatores 61, 14
imminebat haec lex 49, 20
— ἐπίκειμαι; cum illa
sollicitudo inmineret 83, 28
pascha nostrum inmolatus
est Christus 84, 29
inmorantes 2, 20; quid inmoramur alterius? 36. 11
deos innatos (ἀγεννήτους)
9, 19
est diabolus inoperans
(operans *M*) in nobis 50, 31
moechiae ei crimen inpingis
81, 7
non pro ipsius inpossibili-
tate successi 78, 22
declinans inquietudinem
tuam 79, 27
nec cessat inquirere san-
guinem ipsorum 45, 22; requiramus quae barbari in-
quisierunt 96, 25
inrationabiliter — ἀλο-
γίστως 6, 30
qui inrepere vult gregi
40, 33; cum eos inrepsisset
oblivio 47, 29
insectabantur ea et coad-
misceri cupiebant 97, 6
insecuti sunt post eum
95, 14
non valde mihi haec insinuare aliquid adversum legem
videntur 72, 7
plurimi insipientium
(ἀφρονέστεροι) 8, 3
insipientia — ἄνοια 60, 3
Fotinus qui eorum heresim
instauravit* 99, 1
muri istius instructorem
38, 30
intellectus (ἐνθύμησις) 15,
25; diversos habet intel-
lectus 55, 4
intendere in faciem 75, 17
intercisa est mors ne regnaret 48, 11
muri interdictione con-
stante 39, 33
interdum 32, 5; 87, 1; interdum ... interdum 39, 20;
interdum ... interdum ...
nonnumquam (interdum *M*)
63, 1
corpus interiet (interibit *M*)
33, 13; *vgl.* periet (peribit

M) 30, 31; *das Fut. nur hier*

interImere debes iudicii rationem 52, 11

inter Novatianos et Montenses hoc Interest* quod 100, 5

introduco *s.* εἰσηγέομαι

aeonum numerum novum visus est introferre* 98, 25

quo intromisso templum continuo concideret 34, 14

intuemini mihi aliquem volentem thesaurum signare 27, 11; *vgl.* 33, 25; intuebatur quod ex utroque concluderetur 28, 9; ut subtilius intueantur unumquemque sermonem 98, 6

ferre non valet regni lucis intuitum 40, 27; tenebrae ex luce sumpserunt intuitum 97, 13

postea quam uterus Intumuit 54, 29

invicem: *s. Reciprocum*

inutilitatem hominis designas 32, 13

absit ut declinemus iota unum aut unum apicem 87, 32

ipse *nm 200mal; s.* αὐτός, ἑαυτοῦ, ὁ; ipsud (ipsut *A* ipsum *M*) 18, 21

is *um 675 mal; s.* αὐτός, ὁ, οὗτος; id est, *vom Übersetzer eingeschoben, ziemlich häufig*; hoc est *fehlt*; *f.* hii = ii *und* hi *s. Einleitung S. LIII*

iste *nm 75mal*; *s.* ἑαυτοῦ, ὁ, οὗτος, οὗτω; quia isti sunt fructus malae illius radicis 30, 11; isti priores diei exordium sumant 37, 33; dic mihi istud 45, 3; advenit quidam in diebus istis 64, 12; haec est ista quam ceruinus creatura 97, 21; scripsi disputationem istam 98, 16

ita ut 2, 6 (*M*); *sehr häufig*

his itaque gestis 2, 11; triduo itaque exacto 3, 16

cum iter faceret ad Marcellum 79, 1

iterum: *s.* πάλιν

omnes iustificationes legis 48, 10

iuxta (κατά) rectam ratio-

nem 6, 20; iuxta rationem veritatis 29, 10; iuxta conputationem Graecarum litterarum 98, 29; secundum *35 mal*

Koninnctiv: s. absit, ac si, cum, dum, etsi, intercido, licet, ne, necesse est, nolo, non, priusquam, quamquam, quamvis, quantacumque, quemadmodum si, qui, quia, quippe, quo, quod, quoniam, si, sicut, tamquam, ut; *vgl. Fragesätze*

praemittit protectores suos signa dracones labaros duces *usw.* 61, 20

eos dolus et lapsa* quasi pietas detegit 99, 23

laqueus — παγίς 6, 17; βρόχος 7, 29

largissimo viatico praeparato 4, 6; largissima munera 66, 29; largissimae viae spatia 71, 1

latere *nur m. Akkus.*

facilius et lautius ista narrare 87, 32

cervicibus degravatis ac laxis (lassis *C*) 2, 22

fit in litteris legislatio 46, 9

legislator vult esse devinctum 49, 16

audaciter proclamant ac libere 99, 17

uua cum coniugibus ac liberis 2, 18; *nur hier*

heresis de Pythagorae fonte libatur* 99, 8

licet tale sit apostolorum genus 70, 10; licet frequentius obiurgaretur 91, 21; fugientes licet 93, 10

quae (animae) corporibus fuissent ligatae* 98, 22

furabatur ea quae mittebantur in loculum (loculos *M*) 54, 6

ne in longitudinem temporis protraham patientiam tuam 7, 25

longe differre 42, 3; longe ab urbe positum 64, 4; longe diversa 64, 15; aliena longe est ab eo haec prophetia 73, 25

circumdatione ludificat 60,2

ludum gladiatorium erat videre 35, 23; in ludis scolaribus 54, 12

lumen — φῶς 20, 2

luminare — φωστήρ; accensis luminaribus (luminibus *C*) 89, 27

lux — φῶς *immer w. e. sch.*

commixta magicis* artibus astrologia 99, 9

quod intellegere magis dignum est 29, 9; *nicht selten* — potius

magnopere (*C.M*) (magno opere *A*) 71, 18

scripturarum doctor maximus Paulus 33, 21; apostolorum maximus Paulus 71, 13; Iohannes maximus euangelistarum 77, 10

malignus — ὁ πονηρός *24 mal; adjectivisch 5 mal*

proticiebat in peius 54, 4

manduco *6 mal: s.* βιβρώσκω, ἐσθίω, ἔφαγον; *vgl.* comedo; ceno, edo, prando *fehlen*

ostendere non ex Mane originem mali huius manasse 96, 7

qui mansionibus atque hospitiis praeerant 5. 17

post dormitionem sancti martyris* Cypriani 99, 6

maribus (masculis *A*) femina adparet 14, 15; *nur hier*

omne masculinum (masculorum *A*) periit 75, 13; *nur hier*

devinctus intra massam (βῶλον) 19, 17; sunt unius massae omnes homines 30, 25

vocis meatum praepediri 3,9

medietas 37, 5. 7. 35

non mediocre (mediocriter *C*) tibi esse in talibus studium 66, 25

circa medium noctis 2, 21; inter medium novi saeculi 21, 24; medium caeli axis (axes *CM*) 37, 26; *und so häufig*; cum medium sol tenuerit caelum 38, 1; *als Adj. nur hier in diesem Sinn*

mens — *τοῖς* 15, 25; si oboedientiae in me est mens 80, 5; nonnulli sensum id est mentem negant 99, 30; si animam non habuit nec mentem 100, 2

alii poenam suscipere meruerunt 51, 10; in te ingerere quae merearis audire 87, 21

semet (met < *M*) 3, 24; 8, 8; *sonst nur m. zweisilbigen Formen oder m.* ipse

tamquam elegantem mimum perages mysteria 59, 30

sole cursum suum tribus mundi partibus ministrante 37, 30

de his quasi minutalibus* unam summam divinitatis efficit 98, 28

duo minuta pauperculae viduae 70, 5

quia est miserator (εὔσπλαγχνος) et misericors (ἐλεήμων) 12, 22

usquequo faciat misericordias multas 16, 26

missibilibus vulnerant 2, 31

munitio quae missa fuerat 40, 18

Modi des Verbums: s. Infinitiv, Konjunktiv

ablata tibi est in modico sermone obiectio tua 27, 32; erupit Manichaeus modicum ante Diocletianum 99, 5 (*nur hier als Adverbium*)

pugillum plenum solis mihi adfer aut modium plenum 88, 23

modo (*Adverbium*) 26, 5 (*M*); usque modo 49, 12. 15; *nur in diesen Stellen*

modus (mundus *CM*) 46, 5

numquidnam moechiae ei crimen inpingis? 81, 7

de temporibus et momentis 62, 28

dicimus monarchiam unius naturae 26, 12

omne animal quod movetur 13, 22; quo quaestio movebatur 78, 11; tunc mihi tecum sermo movebitur 80, 11

cum dixeris te mox ires missurum esse *usw.* 44, 25; 45, 6

languentium multitudines reddidit sanitati 55, 13

multi hominum (τοῖς πολλοῖς τῶν ἀνθρώπων) 6, 30; post multum temporis 43, 11; post multum tempus quam promissum fuerat 43, 19; multo (multum *A*) ille huic praeferendus est 71, 5; *Akkus.* multum *in diesem Sinn sonst nur* 98, 30: hi non multum a gentilitate distant; multo *12 mal*; erat multum praescia 92, 19; pauca de pluribus 36, 12; quid plura 65, 28; 89, 31; 91, 21; video centurionem fidem habere plus quam omnem Istrahel 70, 10; ut ne plurima (τὰ πολλά) scribam 7, 25; silentio facto plurimo (plurimum *A* plurima *C*) 23, 16; *vgl.* honore plurimo 1, 9; plurimo tempore 44 6; ante plurimum temporis 19, 19; *vgl.* 5, 8; 43, 9; plurimum in (plurimas *M*) lacrimas profusus est 3, 19; plurimum (plurima *CM*) ipse secum volvebat 4, 23; *vgl.* 7, 22; 14, 23 (πάντ); 43, 25. 29; 52, 16. 33; 55, 17

mutus — μογγιλάλος 15, 24

cum plurima namque suorum manu progressus est 4, 1; ita namque et dominus 54, 22; *nur hier*

-ne — num 42, 6; 73, 9; 85, 32; *sonst nur* 63, 8; num *fehlt; s.* numquid, numquidnam

ne permisceas neque (μηδέ) inferas 6, 29; ut (uti) ne (ἵνα μή) *10 mal*

ne . . . quidem: *s.* neque (nec) . . . quidem

necdum* inter eos decretum est 99, 26

necessario, *Adverbium* 28, 12 (*C*); 52, 23

reliquae omnes creaturae visibiles sint necesse est 52, 2; *auch m. Konj. ohne* ut 54, 15. 20; 61, 17; 84, 22; *sonst m. Infin.*

maiorum criminum id est negationis* *usw.* 100. 6

nemo *8 mal; nur im Nominativ*

cum horum nequiora perferret 5, 16; nequissimi istius inpietas 36, 24

nequaquam 8, 19 (οὐδαμῶς); 72, 2 (neque iam *M*); *12 mal*

neque: nec non et 4, 15; ne permisceas neque inferas 6, 29; erras nesciens scripturas neque virtutem dei 45, 16; non semel tantum sed et nec secundo nec tertio 50, 1; iubet neque angelum de caelo suscipi 57, 19; vas es et neque bonum vas 59, 3; sed neque alium mittere ullum ausus est 59, 8; qui neque sortitus es 59, 15; neque illo potentior sum et neque aequalis esse possum 80, 23; uti ne dicas quoniam nec sibi ipsi consonant 82, 2; si non credis neque voci 88, 1; nec . . . quidem 29, 18 (ne *M*); 31, 23 (ne *M*); 36, 24; 69, 2 (ne *C*); *vgl.* 28, 16; 64, 21; 94, 18

quoniam quod futurum est nescio 30, 33; qui nesciat quomodo aut qualiter defunctus est 44, 11; quoniam nesciunt quid faciant (faciant *CM*) 75, 15

omni nisu 38, 9 (nisi *C*); 84, 7 (nisui *C*); summo nisu 65, 29

nolo moretur hic 39, 4; *sonst m. Infin.*

Nominativ: sed homo a mala natura plasmatus manifestum est quia ipse sit fructus 31, 6; praecepit perfrui bonis et fructibus ipsi domini heredesque derelicti 43, 33; et continuo de summo deiectus exanime corpus praecipitatum est 92, 14; congregatis omnibus Christianis ferri adversus eum sententiam placuit velut epylogum transmittentes 95, 22

non differat (dixerat *C*) 39, 3; non adducat praeputium (μὴ ἐπισπάσθω) 71, 16; non circumcidatur (μὴ περιτεμνέσθω) 71, 17; non referatur ad me incusatio

71, 24; non putetis (μὴ
δοκεῖτε) quia 77, 14
si quis nostrorum (= no-
strum) 79, 29; vgl. nostrorum nonnulli 78, 20
simulantes se novicios esse
Christianos 94, 14
novissime omnium (ἔσχα-
τον πάντων) 56, 28
verborum nuda iactatio
79, 22
nullus = nemo 7 mal; in
nullum 42, 34; in nullo
71, 27; 78, 26
numquid 29, 1 (< M);
13 mal; num fehlt
numquidnam 49, 12; 81, 7
quod nunc (tunc Routh) obiectu corporum obumbra-
tus non adpareat 37, 14;
ex illo tempore usque nunc
44, 20; post adventum
Christi usque nunc 45, 17
qui etiam Arriani nuncu-
pantur* 99, 20
nusquam conparuit: s. con-
pareo
omnes qui evenire solent
nutritoribus labores 68, 7

ob fehlt
diem obiturus 43, 31; diem
obiit 92, 23
quod umbram sui obiectione
generaret 37, 21; vgl. obiectu 37, 14
oblivisceris ea quae dicis
87, 15; m. Gen. 28, 15;
83, 21
obscuro = σκοτίζω 14, 22;
= σκοτόω 17, 27; =
πωρόω 73, 4
obsequentissimo fovebat
hospitio 8, 5; neque de-
functo nostro obsecutus 58,
9; qui obsecuti sunt aegrotanti 58, 12
cum praeparandae divini cultus observantiae non
habuerit facultatem 23, 22;
dominatione et observantia
et (observantiae C) usu una
persona subsistit 33, 1
quod mandato dei obtrec-
tator existeret 51, 17
si eis conviciis quis obtrectet 79, 11
obtusissimi cordis invenitur 32, 21

haec est mortis occasio
(altía) 15, 19; in nostris
libris occasiones inquirere
dualitatis suae 94, 17
occidentali plaga statum
servante 37, 30
occiduae plagae pars 38, 4;
in parte occidua 37, 34
qui est in occulto (abscondito M) 35, 14
cum sibi occurrunt (συναντάω) 11, 14
a suis finibus in occursum
hosti procedit 42, 12
olim = πάλαι 10, 28
qui nec aequalem potestatem
omnipotenti deo tribuit
36, 24; incolumem te custodiat deus omnipotens (om-
nium CM) 76, 7
septingentis omnibus ex-
tructis mensis 3, 26; omnis
qui conditor est pater appellatur 53, 2; omne quod
resistit non sibimet resistit
77, 3; omni genere (omni-
gene A 72, 14) 72, 14; 96, 3
operarius = ἐργάτης 63, 7;
69, 16
operor 49, 12 (bis); 49, 15;
50, 32 (M); 76, 3
ad opus quod propositum est
veniam 1, 13; opus (ἔργον)
facere 17, 21; quomodo
huiuscemodi auctoris opus
esse hominem audebit ali-
quis confiteri? 32, 23; otiosum erit omne navis opus
34, 24; non habetis opus
(χρείαν ἔχετε) ut scribam
62, 28; vehemens tam ser-
mone quam opere 64, 24;
operum conpulsores in fingendis lateribus 69, 19;
quid mihi opus est circumcisione (circumcisio A 71,
14; neque opus habueri t
columba 86, 9
quem cum diaconum ordi-
nasset 64, 2; ordinatis
ministris et presbyteris et
episcopis in ea (ecclesia)
90, 2
Orthographie: s. Einleitung
S. LIII.
quo evidenter ostenso 52,
23; ostensurum 74, 29
proficerent ad ostensionem
ingenitae radicis 47, 19;
arbitror sufficere haec tes-

timonia ad ostensionem
iudicii 85, 12
ne te otiose per ineptias
sequar 30, 26; sine gubernaculis otiosum erit omne
navis opus 34, 23; otiosum
opus invenitur hominis 35, 4

voluit mors pactum re-
scindere 48, 20; pro praevaricatione pacti (acti CM)
48, 24
adsumentum panni 33, 12. 19
paracletus nur in C, 19, 18;
24, 3; 52, 32; paraclitus
immer in M, in C 37, 1;
43, 3; paraclytus immer in
A, und in C außer den
oben angeführten Stellen;
quem ego magis parasitum
quam paracletum dixerim
37, 2; paracleti pondus
nullus alius valuit sustinere
88, 14
si saluti tuae parcere festinas 7, 28; ut parcatur a
plagis Pharaoni 75, 13
parebat (ACM) (ἐγαίνετο)
hominibus ut homo 12, 25;
vielleicht richtig = adparebat, aber sonst immer ad-
pareo 20 mal; ad omnia
quae inperabat parebat
42, 22
Participium: forsitan peccantes ignorabamus aut etiam
agnoscentes non desine-
bamus 2, 25; cum desine-
rent manducantes (ἐὰν
παύσησθε ἐσθίοντες) 19,
19; ingentem doctrinam
ferens ades 28, 2; haec
signa iste non deferens
adest 44, 14; adstat iste
persuadens et rogans 62, 30
participari de ea cupiebant
97, 7
parum omnino aliquid ac-
cipientes 2, 9; purgatur aliquid ex ea parum (μι-
κρόν τι) 15, 21; qui ex
summa malitia parum quid
fermenti acceperit 54, 14;
sin minus 46, 29; nihil
minus feci a ceteris apostolis 57, 4; plus minusve
96, 24
pascha nostrum inmolatus
est Christus 84, 29

domino pugnanti adversum
passiones quae profunda
viscerum obsederant 84, 4
imitatus patrem nostrum Abraham patriarcham 3, 21
quis ille est qui patrat
(parat C) haec omnia 85, 31
paucis dicam 43, 2; ad haec
paucis rescribe 66, 24; ad
ea paucis respondeam 87,
4; paucissime dicere volentem 89, 14
duo minuta pauperculae
viduae 70, 5
si dixerint vobis in penetrabilibus 58, 6
per annos singulos 2, 17; qui
per Addam fuerat instruc-
tus 5, 5; per (διά) episto-
lam scribam 7, 25; hauri-
untur per (ὑπό) urceos animae 13, 20; per (διά) haec
factum est figmentum mundi
per (ἐκ) conditionem principis 20, 23; muro per medium instructo 38, 17; cum
per annum manserint 88, 10
tamquam elegantem mimum
perages mysteria 59, 30
ad perfectum perducens
iniqua consilia 54, 26; qui
ad doctores a pedagogo
perducitur 67, 25
perduravit si cui vires fuerunt tolerandi 3, 1
ad tempus peregre afuturus
43, 25
si quando ad vesperam velut
peregrinans (peregrinus
A) ad hospitium perve-
nisset 5, 9
domus peregrinorum et
pauperum hospitium dice-
batur 4, 17; peregrinus
Turbo 5, 19; quando te
vidimus peregrinum 63, 4;
cum peregrina quaedam et
aliena adsereret 64, 6; quae
peregrina visa sunt et infida 64, 17
periet (peribit M) 30, 31;
vgl. interiet (interibit M)
33, 14; das Fut. nur hier
quoniam ad perfectum ad-
duxerat omnem creaturam
49, 10; ad perfectum per-
ducens iniqua consilia 54,
26; vgl. ad perfectionem
54, 21
Perfekt in -ere nur in M;

perduxere 2, 34; fuere 3, 2;
indulsere 3, 14
testimonium perhibere 44,
19; 56, 6 (συνμαρτυρέω);
85, 2 (μαρτυρέω); 89, 33
primus homo detentus periclitaretur (ἐκινδύνευσεν)
10, 28
non est sine periculo m.
Infin. 25, 14; 29, 18; cf.
80, 31
permisceo — ἐγκαταμίγ-
νυμι 6, 29; — ἐνόω 6, 30
permixtio — μῖξις 9, 23
neque quicquam perscru-
tantes(διακρίνοντες)6, 26
(Paulus) persecutor ecclesiae 55, 19; vgl. 55, 23
Paulum ex propria sua persona dicebat adserere
66, 12
(domus) perstitit (perstetit
C) 78, 28
pertimuerat (pertenuerat
CM) conflictum 78, 12
inveniet haec in prima epistula apostoli plenissime
pertractata (praetractata
A tractata CM) 72, 4
ad iudicium pertrahi 88, 20
utinam eo usque vanitas pervenisset (ἔφθασεν) 7, 22
qui in perversum declina-
verint 51, 6
(Marcellus)aedificans cor suum
super inmobilem petram
4, 18; similis inventus est
Marcellus petrae 78, 27
ut parcatur a plagis Pharaoni 75, 13
plaga — κλῖμα 22, 12
mundus plasmatus (ἐπλά-
σθη) 18, 19
plenus m. Gen. 27, 29. 31;
88, 23; m. Abl. 26, 27;
35, 30; 41, 16; prudentia
iudicum plenissimum ter-
minum posuit 42, 32; sciens
doctrinae tuae perfectum
et plenissimum sensum 64,
18; exolutionem plenissi-
mam recepturus 66, 31;
quos deus plenissime re-
pletos intellectu misit 39,
8; plenissime ostendere 47,
15. 20
qui ingenio atque scientia non
parum pollet 32, 23
in similitudinem (similitudine
C) ponuntur animarum

41, 9; in tibin positus 75, 1;
sonst m. Abl. m. in; ipse
in prima epistula posuit
dicens 56, 3
quarta (+ parte M) pretiorum portione suscepta
2, 8; lapis solet portionem
uniuscuiusque dividere 38,
32; vgl. 10, 17
pos — post 9, 2 (A); 48, 17 (C)
possibile est m. Inf. 24, 15;
29, 9; 30, 24 (bis)
non multo post 43, 27; 44,
17; non longo post apostolorum tempore 96, 11; sonst
postea als Adv.; vade post
me 51, 19; post tempus
68, 8; vgl. post aliquantum
tempus 68, 15
postea quam (postquam A)
correpta fuerit 18, 24; postea
quam intumuit 54, 29; postea
quam confugit 55, 1; postea
quam condemnaverat 74, 7
postquam pervenit 97, 4
ubi potestates? 26, 22
incontaminati atque inmaculati regni praedicatores
61, 14; fuit praedicator apud
Persas etiam Basilides 96, 10
praedicare — predigen
häufig, nicht — vorher-
sagen
peccati onus praegravatos
ad discipulatum deligit
82, 17
ministros eius tales adventuros
praenoscimus 59, 13;
oportebat eum praenoscere
qui sunt proprii 78, 33
vocis meatum praepediri
3, 9
remoratione non prospera
praesagatus (praesagus
A) 9, 5
erat multum praescia (pre-
tie C pecuniae avida F)
92, 19
praescriptum est de te
59, 2; Iesus praescriptus
est crucifixus 85, 12
ea certis praescriptioni-
bus excludam 30, 26
caelestis regis praesentiam
exponere 61, 27; defecerunt
in adventu praesentiae eius
74, 13; praesentiam sui
Manes exhibet apud regem
93, 21

dic quantacumque videntur
esse conscripta 46, 16
dic quare increpavit eos
83, 13
qui que (qui *C*) 1, 18; *vgl.*
quique 2, 16; 5, 6; 90, 22;
92, 22; 93, 27; 95, 17;
quasque 12, 29; quamque
34, 20; quaeque 91, 14;
cumque 82, 13; 83, 27;
et . . . que 62, 16; et . . .
ac . . . que 61, 32; idque
83, 24
volvebat quemadmodum
posset 4, 23; intuere quemadmodum confirmat le-
gem 50, 11; quemadmodum
si (καθάπερ) *m. Konj.*
10, 16
qui movet (ὁ κινῶν) laedit
(βλάπτει) 17, 24; poterat
facere quae voluerat 87, 28;
necesse est eum qui plan-
taverit (τὸν φυτεύοντα)
transire 16, 21; qui acceperit (ὁ λαμβάνων) discernit
(διακρίνει) 18, 19; *vgl.*
40, 4; 51, 6; 54, 13; qui
occiderit (φονεύσει) erit
(ἔσται) 16, 17; qui aedificaverit (οἰκοδομεῖ) dispergetur (διασπαραχθήσεται)
16, 23; qui non praestiterit
(δίδωσι) subdetur (κολα-
σθήσεται) 16, 24; *vgl. auch*
cum, si; quis est qui ex-
truxit? 39, 8; *vgl.* 36, 17;
quis est qui extruxerit 39,
2; qui nec ostendit . . .
qui non adfuerit . . . qui
non ierit *usw.* 44, 9; qui
non legerat diligenter 94,
25; *s.* quippe
quia *m. Ind. nach* dico
18 mal; nach scriptum est
4 mal; je zweimal nach:
aio, credo, ignoro, puto,
scio, testimonium do, video:
je einmal nach: addo, certus sum, confiteor, constat,
indico, intellego, mani-
festum est, nescio, nosco,
retracto, testimonium fero,
trado; *mit Konj. nach* dico
40, 11; 46, 20; 49, 10 (non
dico); 87, 24; *nach* aio
56, 15; 82, 3; *nach* intellego 38, 18; 81, 4; *nach*
profiteor 40, 7; 57, 17;
nach certus sum 84, 17;

Acta Archelai.

pro certo habere 56, 11;
confiteor 52, 26; lego 94,
25; manifesto 55, 19; mani-
festus est 73, 23; scribo
63, 2; testimonium perhi-
buimus 85, 2; retractans
quia si dicam 28, 10; *vgl.*
Archelaus dixit quoniam
quod futurum est nescio
30, 33; fides quia non sit
iuxta rectam rationem mo-
leste tuli 6, 20; quia deus
sit qui dedit 51, 18; quia
causale m. Ind. 12, 22;
14, 18; 17, 24; 20, 32;
21, 18; 45, 5; sed quia non
valet humana natura . . .
tamen *usw.* 61, 27; quia
artifice indigeat nulli dubium est 34, 22; nulli dubium est ⟨quia sit⟩ unusquisque 52, 24; quia suspensa
sunt nulli dubium est 97, 29
quidam: *s.* velut epy-
logum quendam 95, 23;
sarcinam quandam verbo-
rum 97, 27
quidem *fast immer — μέν*;
s. nec . . . quidem; siquidem 28, 1; 29, 18; 78, 34;
83, 15; 85, 3; 98, 29
quin *immer m.* potius *verbunden*
quippe quae continet 25, 12;
quippe cum renovetur 25,
16; quippe qui non valeas
80, 9; Eunomius quippe
99, 16
qui — quis Interrog. 9, 9 (*A*):
für die L A in CM vgl.
unde et quis vel a quo
missus esset 5, 12; 52, 11;
53, 5; 68, 28; 73, 21; 70,
23; 83, 14 (quis *C*); 89, 15
(*C*); *m. Ind. in indirekten
Fragen 28 mal; m Konj.
19 mal;* quoniam nesciunt
quid faciunt (faciant *CM*)
75, 15; *vgl.* qui omnino
nesciat quomodo defunctus
est 44, 11; dicat quis
(= uter, vgl. 52 11; 79,
23) ex duobus extruxerit
et quid agebat unus 39, 9;
dicat quam destruxerit prophetiam 61, 2; dicat quae
alia dogmata destruxit
61, 2
si qui = si quis 44, 2; 49,
24; non potest dividere

quid duas substantias 38,
28; *f.* si quis *s.* si
quo dominus videat et retribuat 62, 21; quo idoneus
efficeretur adsertor 78, 25;
sonst — ‚wohin‘
quod causale. *m. Konj.* 24,
29; 51, 17; 65, 13; 76, 10;
92, 18; *m. Ind.* 23, 4; 55,
21; 92, 11; 97, 9; 98, 26;
eo quod *m. Konj.* 1, 17;
34, 33; 51, 16; 52, 17;
61, 21; 66, 19; 84, 1;
nicht m. Ind.; ex hoc quod,
m. Konj. 43, 19; *nicht m.
Ind.*; ex eo quod; *m. Konj.*
51, 2; *m. Ind.* 29, 23; 38,
18; 45, 26; 59, 11; 78, 4;
83, 12; idcirco quod *m.
Ind.* 66, 26; pro eo quod
m. Konj. 61, 18; 78, 17;
83, 7; *m. Ind.* 24, 11; 51,
15; 83, 12; 88, 24; prop-
ter hoc quod *m. Konj.* 48,
4; propter quod *m. Konj.*
20, 25; 26, 2; *m. Ind.*
67, 27; 74, 2; 81, 31; quod
*nach Verb. sent. u. decl.:
m. Ind.* 23, 23; 35, 10;
35, 16; 41, 21; 63, 29;
79, 28; *m. Konj.* 47, 15;
57, 21; 60, 19; 65, 14;
67, 7; 67, 14; 78, 15; 83,
10; 86, 7; 95, 27; 96, 12;
100, 1; quod (= quan-
tum) spectat ad propria
28, 14; in tantum sto-
liditatis progressum esse
diabolum putabimus quod
(= ut) non senserit 32,
14; huiuscemodi est genus
hominum quod indigeat
47, 33; proclamant quod
esse non posse 99, 17; *s.
Infin.*; sermonem Moysi
quod (quo *CM*) ait 74, 25;
vgl. de sermone quod dic-
turi est 86, 23
quomodo *m. Ind. in indir.
Fragen* 15, 20; 31, 13; 44,
11; 65, 7; 68, 24; 77, 8;
82, 23; *m. Konj.* 7, 20;
19, 26; 26, 29; 27, 21;
29, 11; 37, 3; 47, 5; 53,
4; 62, 5. 6; 90. 3; 91, 2
quoniam *causale m. Ind.
außer vielleicht* 99, 18 *nach
Verb. sent u. decl. m. Ind.*
31, 19; 34, 2; 36, 7; 64,
11; 64, 18 (?); 69, 7; 73,

9

adtendentes spiritibus seductoribus 57, 24
semel absolute 31, 8; de
semel 56, 26
zizaniorum seminatorem
24, 22
sensus — νοῦς 8, 19; —
ἔννοια 15, 25; nec sensum
nec animam humanam ha-
buisse dominum 99, 27;
sensum id est mentem ne-
gant 99, 31
sera fehlt
cum a servatoribus hospi-
tiorum interrogaretur 5, 11
quem tantum severum* pu-
tant dominum 98, 21
si est est: *dieser Typus sehr
häufig (mehr als 50 mal)*; si
quissequitur morietur 19, 16
(*dieser Typus um 20 mal*);
si non est homo nec ten-
tus est 88, 27; si creditis
Moysi credideritis et mihi
77, 15; si hoc possibile
est quare non dicamus 29,
8; si capiebat nulla est
differentia 41, 34; si esca
erat necessaria capiebat 41,
29 (si erat erat *3 mal*); si
provenerit — qua ratione
poterit — si parebat? 42,
21; si expectandus est —
inferior erit — quod si inferior erit perfectus non
erit 63, 9 (si erit erit
5 mal); si non est passus
nomen aufertur 84, 14 (*um
12 mal*); perduravit si cui
vires fuerunt 3, 1; si quae
indulserunt (indulsere *M*
indulgerent *C*) praesumpserunt 3, 13 (*5 mal*); *für*
si fuerit est (erit) *s. unten*;
si admisceantur (ammiscen-
tur *M*) exterminantur 25, 9;
si dicas ostenditur 29, 14
(*um 23 mal*); si abiciatur
capietis 23, 25; si consideretis invenietis 26, 29;
si negem expetet (expetit
C M) 28, 11; *vgl.* 37, 23;
38, 4; 41, 23; 63, 14; 74,
14; si nolis proclamet 85,
15 (*nur hier*); si introdu-
ceret erat videre 55, 22 (*nur
hier*); si esset esset fehlt;
si fuerit est (erit) *usw.: für
diesen „Condicionalis"-Ty-
pus s. Blase, Archiv f. lat.*

*Lex. u. Gram. Bd. 10. S.
313 ff. Indik. und Konj.
Formen sind im Folgen-
den zusammengegeben:* si
deceptus fuerit (γίγνεται)
effundit (effundet *A*) (καταχέει) 14, 25; si concusserit
(σαλεύσῃ) fit (γίγνεται)
15, 17; si laverit (λούεται)
vulnerat (πήσσει) 16, 24;
si exierit (ἐξέλθῃ) traditur
(tradetur *A*) (παραδίδοται)
18, 22; sin ostendero interimenda est 25, 11; neque
inhabitator conlocatur si
non sit extructum 33, 28;
si placuerit indulget 40, 5;
vgl. 72, 23; 79, 12; 81, 3;
84, 21; 87, 5; si dicusseris
(*allgemeine 2. Person nur
hier w. e. sch.*) 99, 31; si
quis messuerit (θερίζει)
demetetur (θερισθήσεται)
— si miserit (βάλλῃ) mit-
tetur (βληθήσεται) — si
consparserit (φυρίσῃς)
conspargetur (φυραθήσε-
ται) — si coxerit (ὀπτή-
σῃς) excoquetur (ὀπτηθή-
σεται) 17, 18—20; si ex-
presserit adparebit 27, 13;
27, 23; 30, 30; sicut ad-
suat quis fit — si adso-
ciatum fuerit interiet 33,
11; si dicatur — erit si
non acceperit 35, 5; 40, 11;
si provenerit poterit si parebat 42, 21; si ostendero
confiteberis 47, 15; 52, 28;
si protuleris et facias genuisti et diceris 54, 9; *vgl.*
69, 9; 72, 3; 79, 12; 84,
21; 88, 3; 98, 2; si dixeris
fuit et recipit 29, 21; si
protuleris et facias genuisti et diceris 54, 9; habuimus si dixeris 84, 2; si
gesseris et abieceris 54, 11;
si potuerit dico absciderit
97, 31; si verum eflige
iustissimum est 69, 17; si
dixerit nolite 58, 2. 5. 6;
vgl. 57, 14; 64, 30; si pervenisset aiebat 5. 9; si
supervenisset quid fiebat
41, 26 (*dieser Typus nur
hier*); si non obtemperasset
qua ex causa fuisset 32, 3
(*nur hier*); contemplemur
si non ita se habent 34, 16;

dicat si est iudicium 51, 26;
passiones ad deitatem re-
ferunt si animam non ha-
buit 100, 2; *für* si quidem
s. quidem; *s. auch* ac si,
si tamen, tamquam si, velut
si; *vgl.* cum, qui
miror quod sic tam cito transferimini 57, 11; corpus sic
de Maria confitentur ut
hoc de caelestibus vindi-
cent 99, 29 (*diese Korre-
lation nur hier*)
sicut — sicut si 33, 11;
42, 33; *gewöhnlich* — ὡς,
s. ὡς; sicut . . . ita 37, 34;
56, 31; sicut . . . ita et
24, 9; 40, 26; sicut . . .
ita etiam 23, 20; 84, 25;
ita . . . sicut 90, 20
signaculum exprimere 27,
13; apostolus addit tam-
quam signaculum quoddam
testamenti 58, 25
dabunt signa magna et prodigia 58, 4; *vgl.* 58, 13. 31;
59, 13; 68, 21
universam eius verborum silvam abscideret 97, 32
similiter — ἴσα 6, 29; —
ὁμοίως 20, 22
similitudinem — ὁμοίωσιν
19, 27; per similitudines
dicam 40, 32
simpliciorum (ἁπλουστέ-
ρων) magistri 6, 25; sim-
pliciores (ἁπλείους) 19, 24
ne corrumpantur sensus vestri
a simplicitate (ἁπλότη-
τος) 28, 4
simpliciter — ἁπλῶς 6, 30
rogavit simul uno tempore
69, 6
sinere (sinire *C M*) praecepit 83, 14; sinere (sinerent
C) 89, 7
si anima est et corpus et
non solum corpus sine
anima 32, 27; non solum
. . . verum etiam 45, 9;
nec solum . . . sed 50, 1;
non solum . . . sed et 50,
19; non solum . . . verum
etiam et 55, 24
deum solummodo nomine
appellas 39, 16; trium solummodo sermonum men-
tionem fecisti 46, 13
si quid imperitum aut rusticum sonabit oratio 63, 30

cui et clementius et cum
venia responsum dare dig-
natus est 83, 5

ad iudicium venire 52, 8;
in notitiam venerit 58, 11;
non veni solvere legem 65,
8; veni gladium mittere
75, 21; ad baptisma venit
89, 2; in desiderium veniebat 97, 8

verbo citius 23, 2; verbum
dci 40, 29; verbum vitae
62, 20; pro anima inhabi-
tatorem fuisse verbum
deum 99, 32

vernaculis inperavit deferre
3, 23

vero *fast immer* — δέ

verum ut (ut vero *M*) 1, 20;
si qui verum (vero *M*) rogaret 44, 2

vesper 2, 20; 77, 20; 89, 27

vespera 5, 9; 37, 25

primatus sibi vindicare
(vendicare *CM*) cupientes
90, 14; *sonst immer* vindicare

Marcellus vir notus 8, 17;
Marcelli viri incliti gratia
78, 24; vir (*C*) piissimus
Marcellus 1, 20; 3, 19; *vgl.*
hospitalissimus Marcellus
5, 10; viri fratres 23, 17;
89, 29; 95, 26; viri auditores 41, 13

virtus *häufig* — δύναμις;
nullam te video facere virtutem 59, 11

si quae propriis indulserunt
visceribus 3, 13; *vgl.*
84, 5

vitriarius 35, 32

corpus gaudet ab anima se
vivificatum 33, 8

numquam ullus (nemo un-
quam *M*) gustaverit 29, 32

unanimos (unanimes *M*)
35, 20

unigenitum (μονογενῆ)
Christum 7, 23

pro salute universitatis
84, 7

omnium universa quae a
corpore sunt dicunt esse
Satanae 99, 7

unum uni adversantem 9, 19;
de grege tulit unum hedum
40, 34; rogavit simul uno
tempore 69, 6; *s.* εἷς

aer anima est volatilium
(πετεινῶν) 17, 24

volo *nicht m. Konj.*

urbs *8 mal*; oppidum *fehlt*

usque nunc 44, 20; 45, 18;
56, 26; usque modo 49, 12.
15; eo usque (ἄχρι τούτων)
7, 22; huc usque 3, 16;
usque ad *21 mal*; usque
nunc *3 mal*

usquequo *m. Konj.* 13, 21;
16, 22. 26; 21, 30; 37, 16;
42, 13; 59, 32; 61, 16;
68, 6. 15; 70, 20; 73, 2. 17.

tempus aderat ut penderemus
2, 24; desiderium fuisse
tenebris ut in sequerentur
illud 24, 20; excaecat ut
non euangelio deserviant
24, 23; quid est quod in-
pediat uti ne opinemur
29, 4; uti ne quisquam
audeat dicere 35, 15; non
habetis opus ut scribam
62, 28; *s. auch* ne, ita

utique — πάντως 36, 11;
9 mal

utendo ex eo perverse 31, 22

Wortspiel: ostendere non ex
Mane originem mali huius
manasse 96, 7; *vielleicht*
ut paene manus inicerent
in Manen 34, 31; *vgl.* indignatus . . . dignatus est
48, 24

tenebrae sumpserunt intuitum
et yles* enfasin 97, 13

quid zelatus est? qui enim
zelatur 31, 29

zizaniorum seminatorem
24, 22

zodiacum circulum descri-
bere 38, 6

Berichtigungen.

In der Einleitung S. XXIII Z. 9 v. o. lies im Frühjahr 1904 statt vor. Jahres.

Im Apparat zu S. 5, 9 lies peregrinus *A*.

Im Texte 10, 25 ist parens zu streichen.

Im Texte 28, 23 lies conversibilitatem statt convertibilitatem.

Im Texte 28, 25 lies conversibilitas statt convertibilitas.

Im Texte 28, 27 lies conversibilitatis statt convertibilitatis.

Im Texte 35, 28 lies quos statt quod.

Im Apparat zu 36, 32 ist intellegitur *C* zu streichen.

Im Texte 37, 16 lies inferiori statt inferioris.

Im Texte 61, 7 lies indutias statt inducias.

In den Bibelcitaten zu 90, 19 lies II Tim. 3, 9.

Im Apparat zu 91, 18 ist simulabat *F* zu streichen.

Im Apparat zu 93, 7 lies accquirit statt accquint.